中国建筑业高质量发展研究
——现状、问题与未来

卢彬彬　郭中华　朱晓萌　尤　完　著

中国建筑工业出版社

图书在版编目（CIP）数据

中国建筑业高质量发展研究：现状、问题与未来 / 卢彬彬等著. —北京：中国建筑工业出版社，2021.9

ISBN 978-7-112-26478-0

Ⅰ.①中… Ⅱ.①卢… Ⅲ.①建筑业-经济发展-研究-中国 Ⅳ.①F426.9

中国版本图书馆CIP数据核字（2021）第165891号

建筑业高质量发展，既是促进建筑业自身持续健康发展的基础，也将对相关产业链的转型升级发挥重要的积极作用。本书以习近平新时代中国特色社会主义思想为指导，基于产业发展理论，突出反映党的十八大以来建筑业改革发展取得的重大成就，系统阐述建筑业高质量发展的内涵和影响因素，提炼建筑业高质量发展的评价指标体系，并在分析影响建筑业发展的内部因素和外部环境基础上，面向"十四五"新的历史发展时期，谋划建筑业高质量发展的重点任务，探索建筑业高质量发展的实现路径。

责任编辑：牛　松　张国友　田立平
责任校对：赵　菲

中国建筑业高质量发展研究——现状、问题与未来

卢彬彬　郭中华　朱晓萌　尤　完　著

*

中国建筑工业出版社出版、发行（北京海淀三里河路9号）
各地新华书店、建筑书店经销
北京鸿文瀚海文化传媒有限公司制版
北京建筑工业印刷厂印刷

*

开本：787毫米×960毫米　1/16　印张：13　字数：262千字
2021年9月第一版　　2021年9月第一次印刷
定价：**39.00**元
ISBN 978-7-112-26478-0
（37870）

版权所有　翻印必究
如有印装质量问题，可寄本社图书出版中心退换
（邮政编码　100037）

前言

党的十八大以来,在以习近平总书记为核心的党中央坚强领导下,全国住房城乡建设系统认真贯彻落实党中央、国务院决策部署,为完成投资建设任务和改善人民居住条件做出了巨大贡献,建筑业已经发展成为国民经济的支柱产业、民生产业和基础产业。正如习近平总书记在2019年元旦新年贺词中的评价:中国制造、中国创造、中国建造共同发力,继续改变着中国的面貌。党的十九大明确提出,中国经济已经从高速增长阶段转向高质量发展阶段。面向"十四五"时期乃至更长的历史发展阶段,建筑业如何实现高质量发展是必须要破解的难题。

在全球科技革命的推动下,以信息技术、能源资源技术、生物技术、现代制造技术、人工智能技术等为代表的战略性新兴产业迅速兴起,对未来经济社会发展具有重大引领带动作用。因此,在这个大趋势下,现代科学技术与传统建筑业的融合,极大地提高了建筑业的生产力水平,变革了建筑业的生产关系,形成了多种类型的新型建造方式。因此,建筑业高质量发展体现为绿色化发展、智能化发展、新型工业化发展、精益化发展和国际化发展。

《中国建筑业高质量发展研究——现状、问题与未来》是由北京建筑大学立项和资助的重点研究专著。研究目的在于在党的十九大和十九届五中全会精神指引下,探讨建筑业如何准确把握新发展阶段,深入贯彻新发展理念,加快构建新发展格局,揭示新时代建筑业发展的新特征、新规律、新趋势,推进传统建筑业逐步向现代化产业体系转型升级,加快建筑业高质量发展的步伐。本书基于产业经济学的分析视角,深入研究建筑业高质量发展的内涵和内容构成,着力探索建筑业产业组织方式、建筑产业现代化水平、建筑业技术创新能力、建筑业从业人员技能素质、建筑业工程质量与安全生产管理、建筑业高质量发展面临的挑战、机遇和举措,从多个维度提出建筑业高质量发展的政策建议,提供具有实践指导意义的参考。

本书的写作和出版得到了中国建筑业协会建筑业高质量发展研究院、中国亚洲经济发展协会建筑产业委员会、中国科技新闻学会科技创新传播工作委员会、浙江省建筑施工协会、福建省建筑业协会、中国建筑第八工程局有限公司、中铁六局集团有限公司、中建科工集团有限公司、兴泰建设集团有限公司、广联达科技股份有限公司、华胥智源（北京）管理咨询有限公司、北京建筑大学、中国科学院大学、中国建筑出版传媒有限公司等协会、企业、高等院校 10 多位专家、学者、企业实际工作者的大力支持，在此表示衷心感谢！在研究和撰稿过程中，我们参考了国内外专家的观点和研究成果，在此一并致以真诚谢意！

目录

第1章 中国建筑业发展现状 ········ **001**
1.1 建筑行业规模快速扩大，整体质量明显提高 ········ 002
1.2 建筑企业实力明显增强 ········ 004
1.3 建筑业对国民经济贡献明显提高 ········ 006
1.4 建筑业对外开放度显著提升 ········ 008
1.5 建筑业技术创新能力明显提升 ········ 009

第2章 建筑业高质量发展的内涵 ········ **012**
2.1 什么是高质量发展 ········ 012
2.2 理解高质量发展的视角 ········ 014
  2.2.1 系统平衡观 ········ 014
  2.2.2 经济发展观 ········ 014
  2.2.3 民生指向观 ········ 015
2.3 建筑业高质量发展的内涵 ········ 017
2.4 建筑业高质量发展的影响因素 ········ 020
2.5 推进建筑业高质量发展的条件与环境 ········ 023
  2.5.1 经济发展阶段 ········ 023
  2.5.2 社会文化环境 ········ 024
  2.5.3 政策法律环境 ········ 025
  2.5.4 质量技术基础 ········ 026
2.6 建筑业高质量发展评价指标体系 ········ 027
  2.6.1 建筑业高质量发展评价指标体系构建 ········ 027
  2.6.2 建筑业高质量发展评价指标体系量化赋权 ········ 029
  2.6.3 "十三五"期间我国建筑业发展质量综合指数及评价 ········ 033

第3章 建筑业产业组织方式 ········ **036**
3.1 建筑业产业组织结构 ········ 038
3.2 建筑企业所有制结构 ········ 041
3.3 建筑产业链构成 ········ 042
  3.3.1 建筑材料 ········ 044

3.3.2　建筑部品构件 ……………………………………… 045
　　　3.3.3　建筑机械设备 ……………………………………… 047
　　　3.3.4　建筑全产业链集成 ………………………………… 048
　3.4　建设工程项目组织模式 ………………………………………… 051
　　　3.4.1　建设工程项目的主要组织模式 …………………… 051
　　　3.4.2　建设工程项目总承包实施现状 …………………… 053

第4章　建筑产业现代化水平 ……………………………………… 057
　4.1　建筑产业现代化内涵 …………………………………………… 057
　　　4.1.1　建筑业工业化 ……………………………………… 058
　　　4.1.2　建筑业产业化 ……………………………………… 060
　　　4.1.3　建筑业信息化 ……………………………………… 060
　　　4.1.4　建筑业绿色化 ……………………………………… 061
　4.2　建筑产业现代化发展现状 ……………………………………… 063
　　　4.2.1　建筑业工业化现状 ………………………………… 063
　　　4.2.2　建筑业信息化发展现状 …………………………… 067
　　　4.2.3　建筑业产业化发展现状 …………………………… 069
　4.3　建筑产业现代化面临的主要问题 ……………………………… 072

第5章　建筑业技术水平及创新能力 ……………………………… 075
　5.1　建筑业技术水平现状 …………………………………………… 075
　　　5.1.1　我国建设工程技术标准体系 ……………………… 076
　　　5.1.2　我国建筑技术工法现状 …………………………… 078
　　　5.1.3　我国建筑业技术装备率 …………………………… 079
　5.2　建筑业技术创新能力现状 ……………………………………… 081
　5.3　新型建造方式及技术水平 ……………………………………… 085
　　　5.3.1　新型建造方式的数字化变革 ……………………… 086
　　　5.3.2　智能建造助推工程建造组织方式创新 …………… 086
　　　5.3.3　装配式建造推动建筑工业化进程 ………………… 090
　　　5.3.4　绿色建造保障建筑业可持续发展 ………………… 094

第6章　建筑业从业人员技能素质 ………………………………… 099
　6.1　建筑业专业技术人才 …………………………………………… 100
　　　6.1.1　专业技术人才存量 ………………………………… 100
　　　6.1.2　专业技术队伍建设存在的主要问题 ……………… 101
　6.2　建筑业产业工人 ………………………………………………… 103
　　　6.2.1　我国建筑劳务用工制度的变迁 …………………… 104

6.2.2 我国建筑劳务用工方式变迁 ··· 104
6.2.3 建筑劳务工人就业质量现状 ··· 106
6.3 我国建筑业工人队伍存在的问题 ··· 108
6.4 促进建筑劳务工人向产业工人转型 ·· 110
6.4.1 完善建筑业用工制度 ·· 110
6.4.2 提高建筑劳务工人人力资本价值 ······································· 112
6.4.3 构建建筑劳务工人融入城市的渠道 ···································· 113
6.4.4 推进建筑工业化进程 ·· 114
6.5 建筑产业高技能人才培育模式 ··· 114
6.5.1 我国与发达国家建筑业人才培育模式的对标 ······················· 115
6.5.2 建筑业工人获取技能的途径和影响因素 ····························· 117
6.5.3 建筑业高技能人才培育的"四三模式" ······························· 118

第 7 章　建筑业工程质量与安全生产管理 ······································ **122**
7.1 工程质量与安全生产管理现状 ··· 122
7.1.1 工程质量管理现状与问题 ·· 122
7.1.2 安全生产管理现状与问题 ·· 123
7.2 工程质量与安全行业监管法规 ··· 126
7.2.1 综合法 ··· 127
7.2.2 部门、行业规章条例 ·· 128
7.3 工程质量管理的国际借鉴 ··· 130
7.3.1 建设工程质量法规体系 ··· 130
7.3.2 建设工程质量监管体系 ··· 132
7.3.3 建筑行业市场准入和资质管理 ·· 136
7.3.4 建设工程质量保险制度 ··· 137
7.4 建筑施工生产安全事故预测分析 ·· 139
7.4.1 生产安全事故预测模型与应用 ·· 140
7.4.2 研究方法和数据处理 ·· 142
7.4.3 数据收集和处理 ·· 143
7.4.4 生产安全事故预测模型的建立与分析 ································· 143

第 8 章　建筑业高质量发展面临的挑战 ··· **147**
8.1 工程建设组织模式不适应高质量发展需要 ·································· 147
8.2 项目成本上升压缩企业利润空间 ··· 149
8.3 技术能力难以适应行业转型提质要求 ······································· 152
8.4 企业国际化进程风险增大 ·· 154
8.5 融投资业务风险防控难度加大 ·· 157

第 9 章 建筑业高质量发展面临的机遇 ········· 160
9.1 国家和区域发展战略蕴含巨量投资需求 ········· 160
9.2 "一带一路"为建筑业"走出去"提供平台 ········· 162
9.3 产业转型升级为建筑业高质量发展提供宝贵机遇 ········· 163
9.4 新技术创新应用助推建筑业向现代化迈进 ········· 165
9.4.1 绿色建造 ········· 165
9.4.2 装配式建造 ········· 167
9.4.3 BIM 技术 ········· 167
9.4.4 3D 打印技术 ········· 169

第 10 章 促进我国建筑业高质量发展的举措 ········· 172
10.1 优化产业组织结构,整合完善全产业链条 ········· 172
10.2 加快培育建筑产业工人队伍 ········· 174
10.3 建立健全建筑行业质量管理体系,构建竞争有序市场环境 ········· 177
10.3.1 完善建设工程质量政府监督 ········· 178
10.3.2 发挥建设工程监理的质量监管职能 ········· 179
10.3.3 强化落实建设工程参建各方的质量责任 ········· 180
10.3.4 完善建筑市场信用制度 ········· 180
10.3.5 推行建设工程质量保险制度 ········· 181
10.4 深化工程项目组织方式改革,提高建筑业生产效率 ········· 182
10.5 增强建筑企业技术水平和创新能力,提升建筑业产出效率 ········· 185
10.6 构建创新发展体系,推进建筑产业现代化 ········· 187
10.7 践行"走出去"战略,在国际化竞争中实现高质量发展 ········· 191

参考文献 ········· 194

我国经济进入高质量发展的历史性阶段，是与我国社会主要矛盾转化为人民日益增长的美好生活需要和不平衡不充分的发展之间的矛盾这一历史性变化相一致的。高质量发展就是"必须坚持质量第一、效益优先，以供给侧结构性改革为主线，推动经济发展质量变革、效率变革、动力变革，提高全要素生产率"，"发展是解决我国一切问题的基础和关键"，只有用高质量的经济发展才能逐步解决当前我国社会的主要矛盾。建筑业作为国民经济的支柱产业必须积极适应"高速增长阶段转向高质量发展阶段"这一经济发展的深刻转变。

建筑业的快速发展特别是改革开放 40 年来取得的成就令世人瞩目。改革开放 40 年来，伴随着国民经济的巨大发展和社会的巨大进步，我国建筑业和房地产业蓬勃发展。根据国家统计局数据，2019 年，全国建筑业总产值达到 24.84 万亿元，增加值达 70904 亿元，占 GDP 的 7.16%，房地产增加值 69631 亿元，占 GDP 的 7.03%，两者之和占 GDP 比重约为 14.2%，建筑业已经无可置疑地成为国民经济的重要支柱产业，其发展质量和水平关系人民群众切身利益、国民经济投资效益和建筑业可持续发展。但是，另一方面，从建筑业生产总值增速近 10 年的变化情况来看，自 2010 年升至 25.03% 的最高值之后便逐年下降，2017 年为 10.53%，2018 年为 9.88%，2019 年为 5.68%。上述数据在一定程度上反映出建筑业发展依靠整体规模快速扩张出现增长乏力的状况。随着我国经济发展步入新常态，粗放型经济增长模式越来越难以持续，建筑业要破解发展过程中面临的困难和挑战，就要坚持高质量发展导向，加快转变发展方式，转换提升发展动力。

第 1 章

中国建筑业发展现状

改革开放以来，我国建筑业保持持续、快速发展，在产业规模、国民经济贡献率、对外开放度等方面均呈现出明显提高，从建筑业大国不断走向建筑业强国。我国建筑业发展成就主要体现在建筑行业规模快速扩大，整体质量明显提高，建筑企业实力明显增强，建筑业对国民经济贡献明显提高，建筑业对外开放度显著提升，建筑业技术创新能力明显提升等方面。

1.1 建筑行业规模快速扩大，整体质量明显提高

随着我国经济建设快速发展、城镇化大规模进行和基础建设投资快速增长，建筑业获得了前所未有的迅速发展，其在国民经济中的比重不断提高，支柱产业地位逐步确定，对经济增长的支撑作用愈发明显，对整个国民经济发展的推动作用越来越突出。1978年，全国建筑业完成增加值139亿元，占GDP的比重为3.8%。2019年，建筑业增加值达到7.09万亿元，占GDP的比重达到7.16%，建筑业从业人员达5427.08万人，占全国从业人员的7.0%。建筑业在国民经济中的支柱产业地位继续增强，对推进我国城乡建设和新型城镇化发展、改善人民群众居住条件、吸纳农村转移劳动力、缓解社会就业压力做出重要贡献。

从建筑业企业状况来看，企业数量和质量明显增加。2019年，全国各种类型建筑业企业已超过10万家，比1980年的6604家增长了14.7倍。同时，建筑企业所有制逐步呈现多元化的发展趋势，从改革开放初期清一色的国营建筑公司，发展到涵盖了国有、集体、股份制、私营等内资企业，以及港澳台商投资企业、外商投资企业等多种所有制形式的企业主体结构。2019年，建筑业企业中，国有企业3309家，占全部企业比重仅为3.2%；年末从业人员406.1万人，占全部企业比重7.5%；集体企业2632家，占全部企业比重为2.52%；年末从业人员142.4万人，占全部企业比重2.6%；私营企业53483家，占全部企业比重达到51.7%；年末从业人员2170万人，占全部企业比重40.1%；外商投资企业198家，占全部企业比重达到0.2%；年末从业人员9.2万人，占全部企业比重0.17%。1995—2019年中国建筑业企业数量、从业人员、产值变化情况如图1-1～图1-3所示。

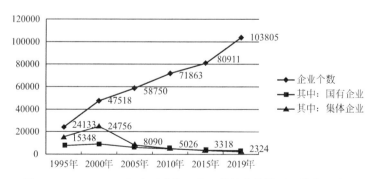

图1-1 1995—2019年中国建筑业企业数量变化情况（单位：个）

数据来源：中国统计年鉴2020。

在建筑业从业企业数量迅速增长的同时，企业质量也在不断提升。40年来，建筑业企业通过深化所有制改革、人事制度改革、内部管理改革，加快人才培

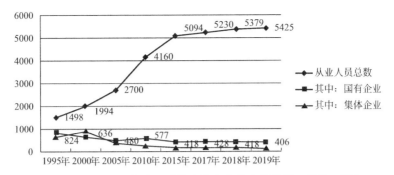

图 1-2　1995—2019 年中国建筑业从业人员变化情况（单位：万人）

数据来源：中国统计年鉴 2020。

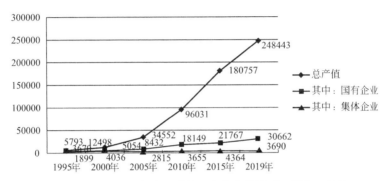

图 1-3　1995—2019 年中国建筑业产值变化情况（单位：亿元）

数据来源：中国统计年鉴 2020。

养、技术创新，积极培育具有全球竞争力的世界一流企业。2020 年根据美国《工程新闻纪录》（ENR）发布的国际承包商 250 强榜单，中国内地共有 76 家企业入围 2019 年度"国际承包商 250 强"，其中 3 家中国企业进入榜单前 10 强，分别是中国交通建设集团（排名第 3 位，国际营业额 227.27 亿美元）、中国电力建设集团（排名第 7 位，国际营业额 137.75 亿美元）、中国建筑股份有限公司（排名第 9 位，国际营业额 128.13 亿美元）；共有 10 家中国企业进入榜单 50 强，体现了中国企业在全球基建行业的领军地位（表 1-1）。

2020 年国际承包商前 10 名　　　　　　　　　表 1-1

2020 年排名	2019 年排名	公司名称	国别（地区）	国际营业收入（百万美元）
1	1	ACS	西班牙	38950.3
2	2	HOCHTIEF	德国	29303.0
3	4	VINCI	法国	24499.0
4	3	中国交通建设集团	中国	23303.8

续表

2020年排名	2019年排名	公司名称	国别(地区)	国际营业收入(百万美元)
5	6	BOUYGUES	法国	17142.0
6	5	STRABAG	奥地利	15659.4
7	7	中国电力建设集团	中国	14715.9
8	9	中国建筑股份有限公司	中国	14143.3
9	8	SKANSKA AB	瑞典	12881.3
10	11	TECHNIPFMC	英国	12852.3

建筑业从业人员数量和质量大幅提高。建筑业属于劳动密集型行业，其就业弹性远高于国民经济全行业平均水平。40年来，建筑业健康平稳发展不断地为社会提供了新增就业岗位，吸纳了更多劳动力就业，稳就业作用明显。1980年，建筑业年末从业人数648万人，2019年达到5427万人，比1980年增加4779万人，年均增加122.5万人。1985年，建筑业企业实现劳动者报酬83亿元，2019年达到14432亿元，比1985年增加14349亿元，年均增加422亿元。2019年，建筑业从业人员占全国就业人员的比重达13.2%，较1980年提高了11.7个百分点。40年来，建筑业人员素质也同步快速提升，既有国际视野又有民族自信的建筑师、建筑业高级管理人才、工程技术人才大批涌现，行业专业人才队伍不断壮大，执业资格人员数量逐年增加。截至2018年底，全国共有注册建筑师（一级）3.48万人，勘察设计注册工程师19.5万人，注册监理工程师20.9万人，注册造价工程师（一级）17.1万人，注册建造师（一级）64.8余万人。2019年，建筑业企业工程技术人员达到810万人，是1999年同类型人数的13.1倍。建筑业农民工技能培训力度不断加大，住房城乡建设系统培训建筑农民工700余万人，技能鉴定500余万人，建筑农民工培训覆盖面进一步扩大，技能素质水平进一步提升。

1.2　建筑企业实力明显增强

近年来，建筑行业深入推进供给侧结构性改革，加快国有企业改革步伐，建筑业企业不断做大做强，企业实力快速壮大。建筑业资产规模、营业规模迅速扩大，盈利能力不断提高，行业综合实力显著增强。2019年，全国建筑业企业实收资本40614.9亿元，是1998年的17.8倍；资产总计256630亿元，是1998年的21.6倍；营业收入232616.2亿元，是1998年的25.3倍；企业资产负债率68.7%；比1998年的74.1%下降了5.4个百分点（表1-2）。

2019 年建筑业资产规模及营业规模（单位：亿元） 表 1-2

总产值	实收资本	资产总计	负债	所有者权益	营业收入	利税
2448443.3	40614.9	256629.5	176472.9	80154.7	232616.2	15442.6

数据来源：中国统计年鉴 2020。

国有建筑企业优化重组步伐加快。近年来，国有建筑企业在发展战略上主业归核、资产归集、产业归位，凝聚企业核心竞争力，培育优势企业集团，实现企业可持续发展。建筑行业深化国有企业改革、优化资源配置，打破地区、所有制的界限，采取联合、兼并、资产重组等形式，不断加快企业改革步伐，兼并重组取得重大突破。通过改革重组，一批国有建筑企业延伸了产业链、提升了企业综合竞争力，拓展了更为广阔的发展空间。

企业技术能力和信息化水平显著提升。为了满足日益增长的各种建筑产品的需要，建筑业企业不断加强建筑技术改造，加大现代化建筑机械装备投入，企业装备水平进一步提升。截至 2019 年，建筑业固定资产投资达 635364 亿元，建筑业企业自有施工机械设备总台数 983.32 万台，总功率突破 2.51 亿 kW，比 2000 年分别增加了 357.42 万台和 161 亿 kW。一批具有自主知识产权、居国际先进水平的建筑施工设备，如大型地铁盾构机、大型挖泥船等，打破了国外成套施工设备的垄断，成为我国地铁建设、海岛吹填等工程的推进利器。近年来，建筑业企业普遍加大科研投入，积极采用建筑业 10 项新技术为代表的先进技术，围绕承包项目开展关键技术研究，提高创新能力，创造大批专利、工法，取得丰硕成果。加快推进信息化与建筑业的融合发展，建筑品质和建造效率进一步提高，积极推进建筑市场监管信息化，基本建成全国建筑市场监管公共服务平台，建筑市场监管方式发生根本性转变。

部分建筑技术世界领先。40 年来，我国建筑行业不断提升建筑设计水平，突出地域特征、民族特点和时代风貌，突出建筑使用功能及节能、节水、节地、节材和环保等要求，大力推广节能建筑技术，积极发展装配式混凝土和钢结构建筑，坚持标准化设计、工厂化生产、装配化施工、一体化装修、信息化管理、智能化应用，在新建建筑和既有建筑改造中推广普及智能化应用，实现建筑舒适安全、节能高效。"十二五"期间，我国在高难度、大体量、技术复杂的超高层建筑、高速铁路、公路、水利工程、核电核能等领域具备完全自有知识产权的设计建造能力，成功建设上海中心大厦、南水北调中线工程等一大批设计理念先进、建造难度大、使用品质高的标志性工程。党的十八大以来，我国建筑施工技术水平再次实现了新跨越，高速、高寒、高原、重载铁路施工和特大桥隧建造技术迈入世界先进行列，离岸深水港建设关键技术、巨型河口航道整治技术、长河段航道系统治理以及大型机场工程等建设技术已经达到了世界领先水平。

世界顶尖水准项目批量建成。40 年来，随着中国建筑技术的不断成熟和进步,世界顶尖水准项目批量建成。全世界最大的水力发电站和清洁能源生产基地三峡大坝,其综合工程规模、单项建筑物、金属结构等许多工程设计指标都突破了世界水利工程的纪录,居世界第一;世界上海拔最高、线路最长、被国外媒体评价为"有史以来最困难的铁路工程项目""是世界上最壮观的铁路之一"的青藏铁路;被誉为"第四代体育馆"的伟大建筑北京鸟巢——国家体育场;曾经是中国大陆最高的大楼金茂大厦、上海地标性建筑物东方明珠、上海环球金融中心;曾是中国第一高塔、世界第二高塔、昵称"小蛮腰"的广州塔,其塔身168—334.4m处的"蜘蛛侠栈道",是世界最高最长的空中漫步云梯。上海磁悬浮、世界最大港口上海港、各大新机场等著名建筑产品数不胜数。党的十八大以后,中国建筑企业充分发挥在高铁、公路、电力、港口、机场、油气长输管道、高层建筑等工程建设方面的比较优势,以新技术、新装备打造世界领先工程。有标志着中国工程"速度"和"密度"、以"四纵四横"高铁主骨架为代表的高铁工程;有标志着中国工程"精度"和"跨度"、以港珠澳大桥为代表的中国桥梁工程;还有代表着中国工程"高度"的上海中心大厦、代表着中国工程"深度"的洋山深水港码头以及代表着中国工程"难度"的自主研发的三代核电技术"华龙一号"全球首堆示范工程——福清核电站5号机组。这些超级工程的接踵落地和建成,成为彰显我国建筑业设计技术和施工实力的醒目标志。

1.3 建筑业对国民经济贡献明显提高

40年来,建筑业企业创税能力不断增强,对国家财政收入和地方政府收入的贡献也不断加大。尤其是1994年"分税制"改革之后,建筑业企业上缴税金呈快速增长态势,税金总额和人均税额大幅提高。1991—2019年上缴税收从43亿元增加到7163亿元,增长了近166倍。2019年,建筑业企业缴纳税金占全国税收收入(扣除出口退税)的比重达4.5%,比1991年上升3.1个百分点,成为国家特别是各级地方财政收入中稳定而重要的增长点(图1-4)。

建筑业企业对我国基础设施建设的改进和完善做出了巨大贡献,圆满完成了一系列关系国计民生的重大基础设施工程项目的建设任务,确保了我国农田水利设施建设快速推进,交通路网建设继续提速,信息和能源等设施建设迈上更高台阶,城乡医疗设施建设、大中小学以及幼儿园校舍建设成绩显著,改变了我国基础设施的原有面貌。1978年,我国铁路营业里程只有5.2万km,到2019年,我国铁路营业里程达到13.99万km,其中高速铁路运营里程达3.5万km,位居世界第一;1978年,我国运输机场仅有78个,2020年我国境内民用航空(颁证)机场共有237个(不含香港、澳门和台湾地区),远超改革开放之初。党的十八大以来,建筑企业在国家建设"宽带中国""美丽中国""健康中国""教育

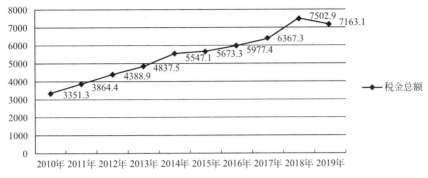

图 1-4　近 10 年我国建筑业企业税金总额变化情况（单位：亿元）

数据来源：中国统计年鉴 2020。

中国"等一系列宏观调控措施的指引下，积极投入建设力量，为我国取得改革开放和社会主义现代化建设的历史性成就提供了强有力的设施保障。城镇地区通公路、通电、通电话、通有线电视已接近全覆盖，农村地区"四通"覆盖面不断扩大。2020 年，互联网普及率达到 64.5%，其中农村地区互联网普及率达到 46.2%；全国发电装机容量超过 17 亿 kW。城镇地区医疗、教育设施日益丰富，农村地区得到有效改善。

我国建筑业积极进行城乡基础设施建设，不断改善着城乡居民居住环境。党的十八大以来，建筑行业更加致力于创建绿色城市、绿色社区，大力实施"四好农村路"建设，消除制约农村发展的交通瓶颈，推动城乡绿色发展。通过大力开展城市地上地下设施、海绵城市建设，积极推进棚户区改造、城乡园林绿化和农村基础设施、卫生设施建设，城乡环境建设成果丰硕。从市政设施及居住环境看，2019 年末，全国公路总里程 501.3 万 km，比 1978 年末的 89 万 km 增加了 412.3 万 km；境内高速公路里程 14.96 万 km，而直到 1988 年我国境内高速公路里程也仅有 0.01 万 km；城市园林绿地面积超过 315.2 万 hm^2。2019 年末，全国有 44 个城市开通了轨道交通；农村公路里程 420 万 km，年末全国通公路的乡（镇）占全国乡（镇）总数 99.99%，通公路的建制村占全国建制村总数 99.98%。城市乡村交通畅通，人居环境实现了质的提升，城镇化建设继续稳步推进。2019 年年末，我国共有建制镇 21297 个，而 1978 年仅有 2176 个，是其 9.8 倍，年均增加超过 466 个；2019 年年末，我国常住人口城镇化率为 60.06%，比 1978 年末提高 42.16 个百分点。城乡人民共享发展成果。

建筑业房屋建设能力大幅提高，住宅建设规模连年增加，住宅品质明显提升。尤其是党的十八大以来，建筑行业继续加强住宅开发，增进人民福祉，全国住宅建设规模也不断跃上历史新台阶，满足了人民群众对更美好更高品质住宅的需求。从建设规模看，1981 年，全社会竣工住宅面积 6.9 亿 m^2，2019 年达到

27.1亿 m²。1981—2019年，全社会竣工住宅面积528.4亿多 m²。2019年，城镇居民、农村居民人均住房建筑面积分别比1978年增加33.1m²、40.8m²。从住宅品质看，20世纪70年代，城镇居民的住房大多为冬冷夏热的平房、筒子楼，没有独立的卫生间、厨房、上下水等，条件简陋，居住环境拥挤。而今，新建住宅种类丰富多彩，既有普通住宅、公寓式住宅，也有高档住宅、别墅等；既有低层、多层、小高层，也有高层、超高层等；既有钢混框架结构、钢混剪刀墙结构，也有钢混框架—剪刀墙结构、钢结构等，满足了人民日益增加的多样化居住需求，人民居住条件得到极大改善。与此同时，城市乡村各种新建住宅小区和谐美丽，园林绿化率更高，配套设施更加全面先进便利，小区管理更加有序，人民在住有所居中享受新生活，创造新生活（图1-5）。

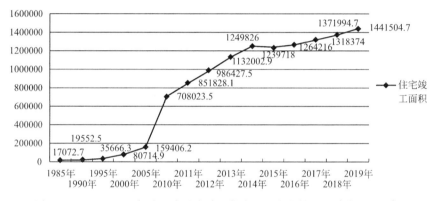

图1-5　1985—2019年我国全社会竣工住宅面积变化情况（单位：万 m²）
数据来源：中国统计年鉴2020。

1.4　建筑业对外开放度显著提升

建筑企业一直积极开拓海外市场。中国建筑企业"走出去"大致经历了三个发展阶段：从改革开放初期到20世纪90年代中期，建筑企业主要通过输出劳务的方式进入海外市场，这一阶段主要以劳动力要素输出为主；第二阶段是在20世纪90年代中后期，这一时期由于国内的制造业水平不断提高，原材料、制造工艺和技术标准达到较高水平，能够按照国外制造标准生产出符合当地需求的建筑产品，在劳务输出的同时输出建筑设备材料；进入21世纪，随着中国建筑企业技术管理水平、施工能力、工程总承包能力和综合实力进一步提升，海外市场开拓的广度和深度进一步提高，"走出去"的主要方式从劳务输出转变为技术、装备和资本输出。

"十三五"期间，我国对外工程承包保持良好增长态势，对外工程承包营业额年均增长9.1%，新签合同额年均增长10.3%。我国建筑企业在欧美等发达国家市场开拓取得新进展，企业海外承揽工程项目形式更加丰富，投资开发建设、工程总承包业务明显增加，企业进入国际工程承包前列的数量明显增多，国际竞争能力不断提升。特别是党的十八大以来，随着"一带一路"倡议的不断推进，我国建筑企业深度参与沿线65个国家和地区重大项目的规划和建设，聚焦关键通道、关键城市、关键项目，联结陆上公路、铁路道路网络和海上港口网络，着力推动陆上、海上、天上、网上四位一体的设施联通建设。2014—2019年，我国在"一带一路"沿线国家新签对外承包工程合同额超过5000亿美元，其中，2019年达到1548.9亿美元，占同期我国对外承包工程新签合同额的59.5%；完成营业额979.8亿美元，占同期总额的56.7%。海外业务成为许多建筑业企业新的业务增长点。2019年，我国企业对外承包工程全年完成营业额11927.5亿元，同比增长6.6%；新签合同额17953亿元，同比增长12.2%（图1-6）。

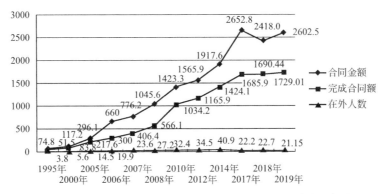

图1-6　1995—2019年建筑业对外承包工程变化情况（单位：亿美元）

数据来源：中国建筑业年鉴2020。

1.5　建筑业技术创新能力明显提升

科技进步、技术创新是决定经济增长的重要因素和推动行业可持续发展的重要力量。改革开放40年来，我国建筑业由肩扛手抬的落后生产方式，逐步向掌握大量处于世界领先水平施工设备的机械化生产方式转型，建筑施工技术有了长足的进步和发展。国家统计局资料显示，1982年建筑业企业自有施工机械设备总台数仅为20.38万台，2020年已达到983.3万台，是1982年的48.2倍；2019年末建筑企业自有机械设备总功率突破2.5亿kW，为1982年的8.6倍；2019年末自有机械设备净值达5845亿元，为1982年的47倍。目前，国内研究普遍选取技术装备率为衡量建筑业技术水平的一个重要观测指标，它是指年末建筑业企业自有机械设备净值与年末全部员工人数的比值。1995年中国建筑业企业技术装备率为4264元/人，2019年达到10770元/人，是1995年的2.5倍，同比增长14.2%。建筑业技术创新，可以有效减少建筑成本，提高工程质量，加快工程进度，同时使建筑形态得到丰富（图1-7）。

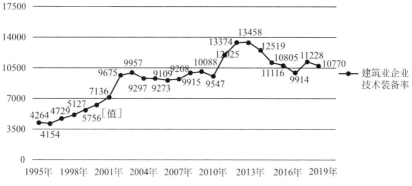

图1-7　1995—2019年建筑业企业技术装备率变化情况（单位：元/人）

数据来源：中国建筑业年鉴2020。

建筑业科技研发投入显著增加。近年来，我国支持科技研发创新政策频出，相比其他行业，建筑业研发费用处于领先地位。2019年，我国科技研究与试验发展经费总支出为22143.6亿元，同比增长12.5%，1995年仅为348.7亿元，二十多年来增加了近62.5倍。2019年，研发费用支出前10位中建筑业央企占据4家，分别为中国建筑、中国铁建、中国中铁和中国交建，其研发费用分别为218.71亿元、165.28亿元、165.21亿元和126.47亿元，其他几家如电建、中冶也能排在前20位。此外，技术研发人员是科技成果转化的基础，也是推动技术进步与行业转型的关键一环。随着经济稳步发展，建筑业从业人员在大幅增加的同时，研发人员比例的逐步上升与工程技术人才的大批涌现，使得从业人员整体素质提升显著。2018年，建筑业企业研发人员占比14.7%，相比2007年上涨近5个百分点，实现逐年稳步增长；建筑业企业工程技术人员达704.7万人，为1999年人数的11.5倍，年均增长13.7%（图1-8）。

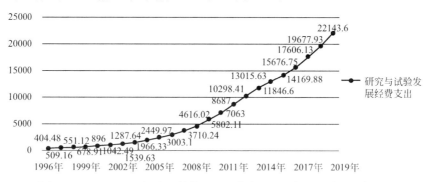

图1-8　1996—2019年我国科技研发经费支出变化情况（单位：亿元）

数据来源：国家统计局。

科技创新产出稳步增长，专利技术不断突破。我国建筑业创新投入规模不断扩大的同时，作为产出成果衡量标准之一的专利技术数量也增加显著。参照国际通用的 IPC 专利分类标准，建筑行业专利主要属于固定建筑物 E 部。1995 年固定建筑物专利申请授权数量仅 2828 项，2018 年增至 143039 项，是 1995 年的 50 倍，年均增长 18.6%。在 2001—2018 年间，建筑业公开发布国家级工法 256 项，被国外主要检索工具收录土木建筑类论文约为 3000 余篇，呈逐年增加的态势。新专利技术的融入为建筑行业以及相关领域的创新发展提供了新的思路。例如，在数字技术、信息技术领域，BIM 技术近年来趋于成熟，并且正逐步引入到建筑工作的实践中来，由此也为绿色建材、绿色建筑、装配式建筑等多个相关领域的创新注入了新鲜血液。与此同时，"大数据""互联网＋"等信息技术也已逐步运用于建筑领域，以新型信息化的管理模式进行完备的精细化管理，为建筑业的信息公开、传递以及流通提供了新渠道，加快了信息传递速率，带来企业运营效率的提升（图 1-9）。

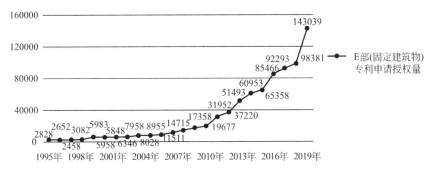

图 1-9　1995—2019 年建筑业专利申请授权量变化情况（单位：项）
数据来源：国家统计局。

第 2 章
建筑业高质量发展的内涵

党的十八大以来，习近平总书记作出我国经济发展进入新常态的重大判断，提出创新、协调、绿色、开放、共享的新发展理念。党的十九大明确我国经济发展已由高速增长阶段转向高质量发展阶段。在我国进入经济发展新阶段，国民经济发展由高速度向高质量转型的关键节点上，厘清建筑业高质量发展的内涵、影响因素和发展路径，既是促进建筑业自身持续健康发展的基础，也将对相关行业和延伸领域的转型升级发挥重要的积极作用。新形势下，建筑业依靠规模快速扩张的传统发展模式难以为继，同时行业发展面临着前所未有的机遇和挑战，有必要从发展国民经济、服务社会的视角出发，对建筑业发展质量进行再认识，研究新时代建筑业高质量发展的内涵，为行业管理和产业发展提供借鉴。

2.1 什么是高质量发展

党的十八大以来，习近平总书记围绕为什么要推动高质量发展、什么是高质量发展、怎样推动高质量发展等问题发表了一系列重要讲话，为我们深刻认识高质量发展的科学内涵、核心要义和基本要求提供了根本遵循。2017 年 10 月，习近平总书记在党的十九大报告中指出："我国经济已由高速增长阶段转向高质量发展阶段，正处在转变发展方式、优化经济结构、转换增长动力的攻关期，建设现代化经济体系是跨越关口的迫切要求和我国发展的战略目标。"2017 年 12 月 6 日，总书记在主持召开党外人士座谈会时指出："实现高质量发展，是保持经济社会持续健康发展的必然要求，是适应我国社会主要矛盾变化和全面建设社会主义现代化国家的必然要求。高质量发展是我们当前和今后一个时期确定发展思路、制定经济政策、实施宏观调控的根本要求，必须深刻认识、全面领会、真正落实。"2017 年 12 月 18 日，总书记在中央经济工作会议上进一步阐述高质量发展的内涵："高质量发展，就是能够很好满足人民日益增长的美好生活需要的发展，是体现新发展理念的发展，是创新成为第一动力、协调成为内生特点、绿色成为普遍形态、开放成为必由之路、共享成为根本目的的发展。"确立了"创新、协调、绿色、开放、共享"的高质量发展观，同时指出："高质量发展，就是从'有没有'转向'好不好'。"党的十九届五中全会进一步提出，"十四五"时期经济社会发展要以推动高质量发展为主题，"经济、社会、文化、生态等各领域都要体现高质量发展的要求。"在把握中央关于高质量发展的论述的基础上，要全面理解高质量发展的内涵，还需要厘清高质量发展与高速度增长之间的关系。

社会经济发展作为一个连续推进的过程，呈现出明显的阶段性特征，在不同的历史阶段，经济增长和发展的方式及状态是不同的，不同的发展阶段以不同的质态相区别。中国改革开放40年来，国民经济发展以"高速增长"为目标，数量和规模的快速扩张是其最突出特征。进入新时代，这样的高速增长完成了其历史使命，中国经济将转向高质量发展阶段。那么，从经济学的基础理论上分析，高速增长与高质量发展的质态有何异同？两者间的内在关系又如何呢？

一个国家的发展程度和生活水平取决于它生产物品与劳务的能力。从根本上说，无论是高速增长还是高质量发展，其本质含义首先都是社会所生产和消费的"有用产品"的增加，其经济学含义是产品使用价值量的增加，用更多的使用价值满足人民日益增长的需要。在中国经济高速度增长阶段，供给侧的基本特征是"落后的生产力"，经济发展主要的关注点是经济产出，要解决的主要问题是产品和服务供给量的不足。当度过了高速度增长阶段，经济发展取得了巨大成就后，经济社会的内在矛盾和问题也积累并日益显现出来。十多年前，人们就开始认识到中国经济发展存在"不平衡、不协调、不可持续"的突出问题。习近平总书记在党的十九大报告中又进一步指出："中国社会主要矛盾已经转化为人民日益增长的美好生活需要和不平衡不充分的发展之间的矛盾"，这些矛盾具体表现为，经济关系中的工具性目标，即收入、利润、GDP等，成为社会追求的最重要目标。当经济增长的"量的不足"即"落后"问题基本解决后，经济发展"质的问题"凸显出来。从市场经济的商品二重性角度观察，高速增长转向高质量发展，就是经济运行的目标和动力机制从主要侧重于交换经济中以货币单位计算的产品总量增加，转向更加注重产品和经济活动的使用价值及其质量合意性。[1]

进入新的发展阶段，由于经济质态的变化，发展的质量要求也会提高，高质量发展所涉及的基本因素与以往时代也不尽相同，发展的政策目标以及各目标的优先次序将有很大改变。新发展观，即创新、协调、绿色、开放、共享的发展理念，就成为对新时代高质量发展的新要求，也构成对是否实现了高质量发展的评价准则。而且，新时代经济社会发展要求的实现也内在地决定了经济运行必须是效率和质量导向的，即体现质量第一、效率优先，以实现更高质量、更有效率、

---

[1] 金碚. 关于"高质量发展"的经济学研究[J]. 中国工业经济，2018（4）：5-18.

更加公平、更可持续的发展。

经济发展的基础是经济增长，离开了经济增长也谈不上经济发展，因此，经济发展的概念势必包括"经济增长速度"和"经济发展质量"两个方面的内涵。近年来，国内外学者对经济发展质量的研究结果越来越趋向一致，经济发展质量应该是一个在经济增长的基础上，综合考虑经济效益、社会效益、产业结构、发展的可持续性和协调性等各方面因素的多维度概念。

2.2 理解高质量发展的视角

建筑业发展质量是一个涉及经济、社会、生态环境、制度等多领域的复杂系统，其内涵也应涵盖规模增长、经济与社会效益、产业机构、可持续发展和产品与流程质量等多个维度[1]。实现高质量发展，基本前提是科学把握高质量发展的核心内涵。综合考虑现有文献，可以从系统平衡观、经济发展观、民生指向观三个视角来理解高质量的内涵[2][3]。

2.2.1 系统平衡观

由高速度发展转向高质量发展，涉及外部环境、经济新常态、社会主要矛盾、生产要素、资源环境等方面一系列重大变化。高质量发展具有系统性和全面性。高质量发展的目标包括经济转型、结构调整、动力优化、风险可控、共同富裕及环境优化等。因此，高质量发展的内涵体现在多个维度，不是简单指经济总量和物质财富数量层面的增长，而是在经济、政治、文化、社会、生态等方面全面提升，着重解决经济社会环境发展中突出的不平衡、不充分问题。

2.2.2 经济发展观

推动建筑业高质量发展，经济增长是重点领域，也是重要支撑，高质量发展离不开经济层面的考量。在经济学研究领域，经济学家对质量问题的研究较多是从宏观经济发展的速度、效率、均衡等方面切入。本书对于经济发展质量的研究则是从建筑产业组织模式、行业技术水平、从业人员素质等角度入手，从经济系统构成的单元、组织与结构逐一研究高质量的特征和实现条件。在发展观视角下，高质量发展涉及发展过程、方式、动力、效果的全面提升，要求转变增长方式、切换增长动力、提升发展效率、分享发展成果。

---

[1] 冯俏彬. 我国经济高质量发展的五大特征与五大途径[J]. 中国党政干部论坛，2018（1）：59-61.
[2] 刘迎秋. 四大对策应对高质量发展四大挑战[N]. 中华工商时报，2018-01-23.
[3] 安淑新. 促进经济高质量发展的路径研究：一个文献综述[J]. 当代经济管理，2018，40（9）：11-17.

2.2.3 民生指向观

经济高质量发展的微观基础是更高质量的产品和服务,这是经济发展质量高的直观体现。经济生产的最终目的是为了满足人的实际生活需要,生产者提供使用价值,产品使用价值要体现质量的合意性。随着经济发展,人民群众需求层次迅速上升,需求由"有没有"变为"好不好"。与此同时,质量理念也在不断演变,从符合性、适用性、满意性,发展到卓越质量的理念。从民生的视角看,高质量发展要提升质量的合意性,解决好坏的问题,解决满意不满意问题。高质量发展最根本的目标是更好满足人民日益增长的美好生活需要。产品和服务的质量高低对人民美好生活满足程度影响最为直接,能否提高中国制造、中国服务、中国建造的供给质量,直接决定了中国经济能否实现从高速增长转向高质量发展。

根据上述定义,经济高质量发展,从系统性看,意味着物质文明、政治文明、精神文明、社会文明、生态文明等得到全面提升;从经济角度来看,涉及宏观经济的稳定,产业结构合理,企业产品和服务质量的提升;从民生角度看,经济发展要充分满足人民日益增长的美好生活的需要,其中也包括生态环境、民主法制、公平正义、安全方便等非物质产品。

根据党的十九大和中央经济工作会议精神,高质量发展是能够很好满足人民日益增长的美好生活需要的发展,可以体现创新、协调、绿色、开放、共享的新发展理念。因此,无论从理论层面和还是政策层面看,高质量发展需要统一宏观与微观、速度与质量、目标与过程等多个维度。在宏观层面提升国民经济整体质量和效率,在中观层面提升产业和区域发展质量,在微观层面提升产品和服务质量。

从宏观层面看,高质量发展是指经济增长稳定,区域城乡发展均衡,以创新为动力实现绿色发展,让经济发展成果更多更公平惠及全体人民。[1] 一是表现为增长的稳定性。在推动经济高质量发展的同时,保持适度的速度和规模,高质量发展意味着必须保持经济增速稳定,不能出现大起大落的波动。二是表现为发展的均衡性。在高质量发展进程中,经济发展的速度依旧重要,但是强调在更加宽广领域上的协调发展。就经济体系而言,国民经济重大比例关系要合理,需实现实体经济、科技创新、现代金融、人力资源协同发展,构建现代化产业体系;就创新而言,创新要成为推动高质量发展的主要动力,不断推动经济发展从规模速度型向质量效率型增长、从粗放增长向集约增长转变,推动经济发展向结构更合理、附加值更高的阶段演化;就城乡区域发展而言,高质量发展需是城乡之间、区域之间的均衡发展。三是表现为环境的可持续性。绿色发展理念为高质量发展提供了更加丰富、广泛的内涵。高质量发展要求我们能够创造更多物质财富和精

---

[1] 史丹,赵剑波,邓洲. 从三个层面理解高质量发展的内涵[N]. 经济日报,2019-09-09(14).

神财富，满足人民日益增长的美好生活需要。尤其是要提供更多优质生态产品，满足人民日益增长的优美生态环境需要。四是表现为社会的公平性。高质量发展要兼顾生产、生活与生态，质量的内涵还涉及经济、社会、生态等诸多方面，应把增进民生福祉作为发展的根本目的，并且形成有效社会治理、良好社会秩序，促进社会公平正义。

从产业层面看，目前学术界对"产业发展质量"的研究尚不是很丰富，但是理解"产业发展质量"的内涵，可以借鉴"经济发展质量"的定义和内涵[①]。一般认为，经济发展质量内涵应包括经济效益和社会效益两个方面的内容，应将经济系统、社会系统和生态环境系统作为一个综合系统来看待[②③]。20 世纪 80 年代中期，以 Romer 和 Lucas 等为代表的一批学者提出了新经济增长理论，将知识和专业化的人力资本引入增长模式，Romer（1986）构建了一个具有内生技术变化的长期增长模型，Lucas（1999）则将人力资本视为经济长期增长的内生动力。托马斯（2000）认为，经济增长质量是"构成增长进程的关键性内容，比如机会分配、环境的可持续性、全球性风险的管理以及治理结构"。Barro（2002）提出经济增长质量应从投资率、通货膨胀率、收入分配、政治制度等方面综合加以考虑，其强调的是经济增长要能够促进社会的发展以及社会福利的提高。这些思想对于认识经济发展及其质量具有重要的启示作用。国内一些学者，如刘义成（2009）给出了产业发展质量的定义：指区域特定产业在发展过程中所蕴含或体现出来的发展能力，包括产业自身的持续发展力、关键要素对产业发展的支撑力以及产业表现出来的市场竞争力等三个方面。

产业层面的高质量发展，应包括产业布局优化、结构合理、动态升级，并不断提升产业发展的效益。一是产业规模不断壮大。现代农业、先进制造业、现代服务业等不断完善发展，形成健全的现代产业体系。二是产业结构不断优化。产业实现高质量发展，要求产业组织结构日益优化，一二三产业结构合理，并且不断深化融合发展。三是创新驱动转型升级。创新是产业实力的综合反映，是竞争能力的核心要素。实现高质量的创新发展，就要在中高端消费、创新引领、绿色低碳、现代供应链、人力资本服务等领域培育新的增长点、形成新动能。四是质量效益不断提升。质量与效益提升是产业转型的重点，要以最小的质量成本产出最大的质量效益，并不断提升可持续发展的能力。

从市场活动主体看，企业作为市场活动主体，其高质量发展包括一流竞争力、质量的可靠性与持续创新、品牌的影响力，以及先进的质量管理理念与方法等。一是具有全球一流竞争力。具有国际竞争力的世界一流企业，应具备国际竞

---

① 田秋生. 高质量发展的理论内涵和实践要求［J］. 山东大学学报，2018（6）：1-8.
② 赵大全. 实现经济高质量发展的思考与建议［J］. 经济研究参考，2018（1）：7-9，48.
③ 刘志彪. 强化实体经济推动高质量发展［J］. 产业经济评论，2018（2）：5-9.

争力、影响力、带动力。竞争力体现在企业能够跨越多个经济周期，在经济效益、风险防范、公司治理、管理水平、人才队伍建设等方面始终保持竞争优势，在激烈的国内外竞争中不断胜出、持续发展、创造价值。影响力体现在企业具有举足轻重的行业地位，在规模实力、区域布局、品牌影响力等方面处于行业的前列，在行业标准、行业规则制定上有话语权，是行业的重要整合者。带动力体现在企业是行业发展和变革的引领者，在技术创新、制度创新、商业模式创新、管理创新等方面走在前面，其产业培育与孵化能前瞻性地把握行业趋势，具有导向性和指引性。二是保持产品质量的可靠性与持续创新。质量的范畴不仅包括产品质量，还应该包括服务质量和工程质量。坚持"质量为先"，就要提高农产品、工业产品的质量，以及服务质量和工程质量，全面提升我国质量总体水平。还要看到，高质量发展一定是由创新驱动的，需以企业为主体，强化技术创新和产品创新，才能不断增强经济创新力和竞争力。应该看到，提高产品创新能力是提高企业竞争力和产业竞争力的关键，创新能够提高产品和服务的附加值，降低资源消耗，以更少的生产资料生产出高质量产品。创新还能有力驱动生产率的提高和产品性能的提升，促进新科技、新模式、新产品、新业态的出现，不断推动产业向价值链的中高端迈进。三是具有品牌影响力。从品牌价值看，"中国制造"还未具有"日本制造"或者"德国制造"那样的整体影响力，由于长期强调"质优价廉"的理念，造成"中国制造"的高端品牌不足。在企业层面实现高质量发展，意味着大量具有世界影响力的品牌出现，企业要顺应消费个性化、多样化发展的大趋势，努力增加高品质商品和服务供给，在产品细节、做工、创新、性能上多下功夫，形成具有全球影响力的知名品牌。四是拥有先进的质量管理方法和技术基础。企业层面的质量管理包括企业先进质量管理方法、认证与检测、标准与计量等支撑产品质量提升的内容。企业推动高质量发展，要大力推广先进技术手段和现代质量管理理念及方法，并形成具有中国企业特色的质量管理体系，致力于全面提升质量和效益。

2.3 建筑业高质量发展的内涵

建筑业作为我国重要的物质生产部门，是国民经济的重要组成部分和支柱产业，也是国民经济各行业赖以生存和发展的物质基础。因此，建筑业发展质量与经济发展质量有着紧密的联系，并对经济发展质量起着重要的引导和制约作用。建筑业高质量发展是提升我国经济发展质量的坚实基础。作为国民经济的支柱产业，对建筑业发展质量的评价既有与经济发展质量评价共性的一面，也应有考虑建筑业自身特殊性的一面。

所谓"高质量"是与"高速度"相对应提出的，不再单纯追求经济发展的速度，而是通过技术创新、服务创新、产品创新增加产品和服务的附加值，掌握核心技术，实现新旧动能转换，促进经济绿色低碳可持续发展。推动高质量发展，要思考谋划如何转变发展方式、优化经济结构、转换增长动力等问题，不断增强建筑业的创新力、竞争力和带动力。结合建筑业的行业特征和企业运行规律，建筑业高质量发展，其内涵至少包括高质量的产品和服务、核心技术、经营管理水平、盈利能力、人才素质、国际化程度、社会责任履行、绿色发展等。目前，建筑业企业核心竞争力不强、产业结构不合理、建设组织模式落后、市场主体活力不够、监管体制机制不健全等问题和矛盾仍然很突出。把握高质量发展的深刻内涵，找准短板弱项，创建和完善制度环境，全面推进行业转型升级，形成产业规模大、产业结构合理、创新驱动能力强、经济效益和贡献突出、具有可持续发展的技术和资本密集型的支柱产业，为人民提供更高质量标准、更高端的产品和服务，推动建筑业发展进入高质量发展新阶段。

高质量的建筑业发展应包含"创新、协调、绿色、开放、共享"的发展理念，包含规模增长、经济效益提升、产业结构优化、可持续发展能力以及建筑业产品与流程质量的提升等多方面的内容，总体而言是指建筑业内部不断协调和优化升级、建筑业与外部环境之间实现高度协调，从而能够高效、可持续地满足全社会对建筑产品和服务需求的发展。建筑业发展质量是建筑业发展满足使用者需要并满足经济、社会持续发展及环境可持续发展的需要的能力或程度。因此，建筑业发展质量是一个涉及经济、社会、生态环境、制度等多领域的复杂系统，其评价也应涵盖规模增长、经济与社会效益、产业机构、可持续发展和产品与流程质量等多个维度。具体而言，建筑业发展质量的内涵维度主要涵盖以下几个方面：

一是可持续增长。建筑业的规模增长是建筑业发展最为直接的表现形式，建筑业的规模增长主要体现在总量和增速上。可持续发展侧重于发展过程，表现为科技创新能力的提高，转变落后生产方式，降低资源消耗，保护生态环境，又可划分为创新和绿色两个维度，采用装配式建筑、绿色建筑等方式提升建筑业生态效益，增强可持续发展能力。

二是经济与社会效益。建筑业的高质量发展首先表现在建筑业增加值的提升方面，通过 GDP 的增加带动经济力量的加强，刺激建筑业高质量需求与社会需求的发展，使需求量持续增加，从而导致供需比减小，通过行业发展直接或间接地推动了企业发展、市场规范和建筑业高质量的发展。建筑业发展质量从经济效益的角度来看主要表现为一定的投入要素获得更多的产出，抑或是一定的产出需要更少的投入；共享性为社会效益的重要指标，意味着建筑业带来的社会福利水平的提高；提高产出效益的主要方式有加大对建筑业的技术投入，提升劳动者的专业素质，提高建筑业生产效率，摆脱以往高投入、低产出、密集型劳动模式。

三是产业结构。任何一个行业的发展都是分阶段的,建筑业也是如此,每一阶段的变化都对应着一次重大的产业结构调整与升级,从产业结构的角度,主要是建筑企业所有制结构、组织结构、业务结构的升级调整。通过对国有建筑企业产权制度改革,规范全过程工程咨询、工程总承包等建设组织模式,引导我国建筑企业开展多元化经营,实现产业间融合和优势重组等方式,推进建筑业产业结构转型。

四是产品与流程质量。建筑业作为一个庞大的产业,是第二产业的重要分支,其产品多以固定资产形式存在,生产过程具有高度综合性,行业的高质量发展也离不开建筑产品及其生产过程的质量提升,建设工程质量应具有符合性和适用性。工程质量的"符合性"是指工程实施的全过程应符合相关的法律、法规、标准规范、施工工艺、国家主导的方针政策和管理规程等;工程质量的"适用性"是指建造的工程的使用功能或生产(运行)能力在满足工程质量安全的前提下,对客户需求的满足程度,即尊重客户意愿的程度。

五是现代技术与传统建造方式融合。建筑行业发展需要新的增长动力,通过技术进步推动建造方式创新。BIM、3D打印等技术与传统产业相结合,出现了装配式建造、绿色建造、智能建造等新型建造方式,带动工程建设组织模式创新和精益建造水平提升,进而推动建筑业发展方式变革,形成建筑业高质量发展的新动能。传统产业并不等于夕阳产业,经过信息化和智能化改造,完全可以重获新生并具有强大的市场竞争力。与此同时,新兴技术通过与传统产业的融合发展,可以获得新的市场需求和优质生产资源,加快自身成长速度并提高质量。通过适当的产业政策、营造公平竞争的市场环境,鼓励传统建筑企业在技术研发、市场开发上相互合作,组成企业联盟来推广具有新旧融合性质的经济发展模式,支持企业在采用新技术改造传统产业的过程中尝试新的商业模式,通过建设综合性的科技服务和专利交易平台,推动科技成果的流通与转让,加快新技术与应用场景结合,让创新成果迅速楔入应用领域,转化为现实生产力,服务于产业发展。

六是全球竞争力。在全面开放的格局下,充分利用"一带一路",构建新的全球价值链和创新链,是建筑行业在未来一段时期的新的增长点。在新一轮的全球化变革中,依托"一带一路"建设,提高"走出去"的规模和质量,提高对外工程承包的技术和资本含量,逐步摆脱在原有分工框架下企业被锁定在价值链低端的困境,重新构建新型全球价值链,鼓励国内建筑企业走出去,通过国际工程承包、项目合作、参股入股和企业并购的方式,获取高端的设计和建造能力,在研发、设计和服务等高附加值领域积累长期的、可持续的、难以复制的竞争优势。

综上所述,建筑业高质量发展的内涵,既包括产业组织结构、技术水平,也包括由发展质量提高带来的经济和社会效益以及国际竞争力的提升，具体来说，包括以下几个方面：建筑业组织结构，包括市场集中度、规模经济性、规模结构、产业链完备度、专业分工结构等；科技创新及应用水平，包括研发机构、技术装备水平、研发经费投入、专利等技术创新产出等；从业人员素质，可用专业技术人员比例、员工受教育程度结构、在职培训投入等指标衡量；工程质量与施工安全，包括工程质量水平、施工安全实施完备度、各方主体质量安全责任落实情况等；企业经济效益，具体表现为企业营业收入、利润率、劳动生产率等指标的优化；资源消耗与环境保护，主要指建筑节地、建筑节水、建筑节材、建筑节能和保护环境的"四节一环保"标准，体现建筑产品制造、使用过程中能耗水平、物耗水平、环境影响程度等；国际竞争力，包括国际市场占有率、对外工程承包合同额、高端项目比重、市场准入障碍及技术壁垒等指标。

2.4 建筑业高质量发展的影响因素

建筑业高质量发展需要政府、市场、企业协调运作。通过人才培养、核心技术研发实现产品创新、低碳绿色施工和高质量服务，并承担其经济社会责任，实现企业良性增长、行业可持续发展的同时，更好地满足人类需求的发展变化。

从政府层面看，首先，政府产业政策对建立公平有效市场、推动行业技术创新和提升企业投入产出水平都有较强的激励功能，产业政策完备度、行业管理效率、制度激励效率都会大大影响建筑业发展质量提升的进程和效果，政府制定的政策要满足高质量发展需要，市场主导下的建筑业存在的诸多问题需要政府利用宏观调控手段进行调控，政策要服务于创新驱动发展的需要、优化行业布局的需要、消费升级的需要和绿色发展的需要。首先，通过促进企业发展和增加科技投资，推动技术创新和提高资源利用率，提高行业收益，提升行业发展可持续性，带动行业发展；其次，从政府管理水平看，加强政府管理水平能够规范市场管理，优化营商环境，吸引更多人才向建筑业聚集，激励科技创新，最终推动行业发展。政府应通过实施优化营商环境的一系列改革措施，提高政府管理水平，实现政府管理机制多样化，建立优质高效的公共服务、政务服务，加大市场监管力度，建立公平竞争的市场环境促进高质量发展，实施有效的市场监管，从多个角度推动企业发展、行业发展、市场规范和建筑业高质量的发展；另外，政府通过不断完善建筑业相关法律体系，提高建筑企业的自我管理能力，在政策影响下，促使其不断完善激励约束制度，提高建筑企业自主实施高质量发展的积极性。建筑业高质量发展前期阶段需要政策引导，加强政府对企业的规范化管理，通过制定奖惩机制有效地激励引导建筑企业发展高质量的意愿和行为，为建筑业高质量的长期发展奠定基础，在高质量发展进行到一定阶段，应通过完善的法律体系和社会信用机制，实现企业自我管理和市场有序发展。

从产业层面看，产业组织结构、产业现代化程度以及可持续发展能力是建筑业高质量发展的必要条件。产业组织结构包括产业链完备度、专业分工结构等因素，建筑产业由设计、施工、安装、装修等行业组成，围绕"建筑"这样一个共同产品展开活动，产业链条长、涉及环节多，行业"碎片化"和产业"系统性"的矛盾突出，同时由于产业要素市场尚未完全建立，产业结构未得到充分优化，资源达不到合理有效配置。多年来建筑业的改革发展路径缺乏基于"产业"的系统思维和方法，依然沿用行业管理思维改造传统行业。

建筑业在这种传统的行业管理思维模式下，在长期的发展过程中，脱离了以建筑作为最终产品的基本特性，忽略了各行业之间的关联性和产业的系统性，忽略了建筑产品全生命周期整体效益最大化的问题，更多地注重各行业内部经济活动的效率效益和发展，这种"产业系统"思维缺失导致建筑业产业现代化进程缓慢、产业组织方式落后、发展质量低下，因此，未来我国建筑业高质量发展必须注重产业问题，从产业发展入手，运用产业思维，拉动产业链各个环节协同运作，围绕"建筑"这个最终产品的理念，研究产业发展目标、产业组织形式，培育产业链的系统性、整体性和协调性，促进行业高度融合。建筑行业中包括设计单位、勘察单位、施工单位、监理单位、咨询单位等多种专业化组织机构，分别承担着不同的项目分工，需要加强建筑业组织机构的一体化融合，在此基础上推动建设管理模式创新、建造方式创新、推动建筑产业现代化，在保证建筑产品质量的同时，节约社会资源和成本，提高建筑企业利润率，实现建筑业可持续发展。建筑产业现代化和可持续发展，主要包含经济可持续、社会可持续和环境可持续发展，它强调发展的过程，具体体现在技术创新、生产方式、资源能耗、生态环境方面，不仅可以提升建筑业的生态效益，还能增强其可持续发展能力。

从市场层面看，首先，建筑业高质量发展要求市场主体的竞争实力不断提升。在各大行业市场激烈竞争的背景下，建筑业企业可以通过占据市场份额、获取外部资源要素，并综合加以利用，来巩固自身的市场地位，为未来取得更多优势资源做好准备。其次，产品供需达到基本平衡。建筑业市场能否高效运行的关键在于，消费者需求和产品供给能否互相满足，因此，在建筑业高质量发展下建筑产品不仅可以满足消费者的购买意愿，还应当保证企业获得正常利润率。再者，市场应具有较为完备的自动调节机制，由于建筑产品的供求变化引起市场波动，建筑市场会自动调节劳动力、资金、资源等生产要素，并在各部门之间进行分配，使之大体保持平衡，合理、均衡的市场自主调节有利于资源配置和企业经营，从而加强企业和市场的联系，促进良性竞争。促进建筑市场健康发展的关键问题是在公平竞争条件下建立良好的市场秩序。打破行业垄断，可以促进行业发展；建立良好的市场秩序，让企业在平等交换和公平竞争的环境下运营。

从企业层面看，首先是建筑业人员素质的提高。建筑业高质量发展需要人才推动，行业中的人才资源应具有创新意识，在技术、组织和制度方面进行创新，根据市场需求的快速变动，可以进行科学决策并相应地调整生产经营方向，能够对公司内不合理的制度结构进行改造、创新。其次是技术水平拉动企业发展。建筑业高质量的发展需要核心技术手段推进。技术以及技术设备水平影响着高质量发展的效率。创新能够提高产品和服务的附加值，降低资源消耗，以更少的生产资料产出高质量的建筑产品。高质量发展需以企业为主体，由创新驱动，强化技术创新和产品创新才能不断增强经济创新能力和竞争力。另外，通过高质量发展引导企业文化改革。企业文化是企业个性化的根本体现，它是企业生存、竞争和发展的灵魂。建筑业高质量发展依赖于企业员工改变固有建筑观念，从传统建筑理念转向高质量发展理念，激发员工的自主性、使命感和责任感。企业要能保持诚实可信的品质，把握市场和行业发展方向，协调目标和各种资源以获得最佳解决方案。

综上所述，影响建筑业高质量发展的主要因素可以概括为以下几个方面：从企业层面看，包括企业员工知识技能和素养，表现为员工受教育水平、职业资格、员工流动性等；企业技术和管理水平，技术水平主要表现为企业研发投入、职工职业技能培训投入、专利、工法等研发产出、新技术新设备采用率，组织管理水平主要表现在组织结构、管理模式、激励约束制度、内部沟通交流机制等方面；企业文化体现了企业基本的价值观和愿景，影响企业战略目标的实现，企业文化的形成方式、传播方式、内容质量、员工认可度等直接反映了文化价值观对企业战略行为的影响。从产业层面看，产业组织因素包括产业链完备度和专业分工结构的合理性。建筑产业特有的产业链条长、涉及环节多的特征，使得产业链成为影响产业发展的关键因素之一。产业链质量体现在产业链完备度、产业链融合度和产业链协调性几个方面，其中产业链完备度指建设领域各行业、建筑产品各环节的完备程度，产业链融合度指相关技术、人才、资金等生产要素在行业间的流动性、共享性，产业协调度是行业间生产效率、技术水平和投入产出结构之间的协调；产业专业分工体现了各行业分工的细化程度和合理性。从市场层面看，包括市场竞争程度、市场规范化程度和行业利润水平。其中市场竞争度体现在各行业不同规模的企业数量、市场份额集中度等；市场规范程度体现在所有制结构、信用体系建设、行业协会、企业自律等；行业利润率水平反映了通过市场化竞争企业获取利润的能力，也反映了市场竞争程度、竞争质量、对资本、人才等要素的吸引力以及产业未来的发展潜力。从政府层面看，"放管服"改革和营商环境质量直接影响产业发展质量，产业政策等制度供给的质量、产业政策完备程度、政策执行力度、政府提供公共服务的质量和效率等因素构成了公共政策和公共服务层面对建筑业发展的影响（图2-1）。

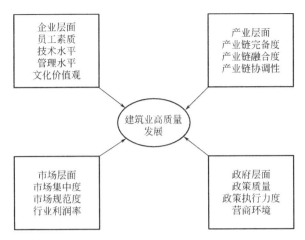

图 2-1　建筑业高质量发展的影响因素

2.5　推进建筑业高质量发展的条件与环境

高质量发展受到经济发展阶段、社会文化环境、政策法律环境的影响，经济增长质量问题与经济发展阶段特征紧密相关，追求精益求精的质量文化和质量消费自觉有助于创造高质量发展的氛围，良好的法律法规体系能够提供"依法治质"的保障并形成良好的质量治理体系。

2.5.1　经济发展阶段

改革开放 40 年来中国经济高速增长，为高质量发展打下良好的基础。中国经济发展体现出新的特征，由低收入阶段转向中等收入发展阶段，资源和环境条件的约束越发明显，正在向质量效益型增长转型。转向高质量，也必须立足于经济发展现状与问题。针对消费升级，推动经济从"有没有"到"好不好"发展。此外，随着劳动力成本上升带来传统优势的丧失，国际竞争不能再以低成本取胜，而是要以品质取胜。

长期以来，我国经济保持了高速增长，2019 年经济总量已达 98 万亿元。推动高质量发展，应该在"量"的基础上提升"质"。我国经济供给结构不能适应需求结构的变化，以制造业为例，尽管我国制造产品大部分功能性常规参数能够基本满足要求，但在功能档次、可靠性、质量稳定性和使用效率等方面有待提高，与发达国家制造产品质量整体上差距较大，产品档次偏低，标准水平和可靠性不高，高品质、个性化、高复杂性、高附加值的产品供给能力不足，高端品牌培育不够，总体上制造质量与制造大国地位并不相配。高质量发展就是要满足消费不断升级的需求，提供更多高品质的经济产出，包括中国制造、中国服务和中国建造产品。

2.5.2 社会文化环境

高质量发展需要全方位多层次的质量文化。文化指的是人类在社会历史发展过程中所创造的物质和精神财富的总和。质量文化是伴随工业化进程而形成的、渗透到工业发展中的物质文化、制度文化和精神文化的总和。文化因素对经济社会发展具有基础性、长期性、决定性影响。自17世纪英国工业革命后，美国、德国、日本等国家形成了各自的现代制造文明。世界最优秀的制造工业，如德国制造、日本制造、瑞士制造，背后都有着一丝不苟的质量文化和精神的支撑。所以，质量文化具有传播、认知、规范、凝聚、调控、创新等功能。质量文化有助于实现人的全面发展，是增强工业实力和经济发展的重要手段，是国际影响力提升的重要途径。质量是国家硬实力的体现，是科技水平、创新能力、资源配置、管理能力、劳动者素质的多种因素集成。质量又是国家软实力的体现，质量文化规范了经济发展的管理制度、组织形式、价值体系、行为准则、经营哲学等。只有软硬实力兼备，才能赢得优良的经济发展环境，才能推动技术体系、生产体系、资源体系、管理体系发生变化，这些行为会形成新的社会价值观，产生新的文化并推动产业转型和经济发展。

深受延绵数千年的农耕文化的影响，中国工商业领域的从业人员普遍具有封闭保守、自给自足、追求快速盈利、做事不精细等显著特征。在近几十年工业化的转型发展过程中，出现了投机取巧、急功近利等浮躁之风，产品质量和安全问题时有发生。现阶段，中国还未形成追求质量的社会文化环境，主要原因在于：一方面，市场中存在急功近利的思想。中国存在着一定的"重商不重工"的普遍心态。从好的方面来说，重商能够加快经济增长，而从坏的方面，重商则增长了急功近利的思想，使得中国丧失了在工业和科技上长期的核心竞争力。另一方面，经济脱实入虚现象已经愈演愈烈，越来越多的资金在逃离实体经济后，进入房地产市场、商品市场、股票市场甚至债券市场，资产泡沫程度越来越高。由此带来恶性循环，实体经济的回报率越低，资本越投向虚拟经济，资产泡沫程度越来越高，又进一步提升了实体经济的运营成本。由于实体经济的持续低迷，企业不断减少质量和品牌的投入，产业转型升级的步伐步履维艰。

随着中国经济的发展与经济规模的壮大，必须形成自己独特的工业文化和质量文化。中国经济的转型将越来越取决于能否逐渐形成现代工业文明的社会文化和实业基础，积淀下植根于中国本土的实业精髓。梳理中国产品和服务品牌的个案，中国工商业企业并不缺乏自主创新精神和能力，但如何将这种精神和能力内化为整个社会的文明理念，需要更多标杆企业的出现。因此，在吸收传统优秀文化的基础上，努力培育和发展符合时代要求的质量文化，为高质量发展提供支撑和保障。培育先进质量文化，需要以社会主义核心价值观为指导，不断推进先进质量文化建设，提升全民质量意识，倡导科学理性、优质安全、节能环保的消费理念，努力形成政府重视质量、企业追求质量、社会崇尚质量、人人关心质量的良好氛围。

2.5.3 政策法律环境

推动高质量发展，要汇聚全社会的共识与智慧，通过微观产品（包括产品、服务与工程）质量的提升驱动产业发展，实现乃至宏观经济和社会发展整体的质量提升。以质量为立足点促进经济社会的全面发展，涉及政府、企业、消费者、社会组织和质量技术服务机构促进高质量发展的治理权限划分与责任承担等复杂的社会关系，有必要制定专门的质量促进法，对高质量发展中的社会共治关系进行专门的规范和调整。从发达国家的经验看，质量促进法是一部规定政府、企业、消费者、社会组织和质量技术服务机构等各类质量主体共同分享高质量发展中的治理权限，共同促进微观产品、产业发展和经济社会发展质量提升的促进型立法，在法制环境建设、激励制度建立和国民质量意识提升等方面，明确了政府的主导和推动作用，明确了企业、社会组织、质量技术中介机构和消费者的质量权利与义务，对于推动经济社会高质量发展十分重要，也势在必行。

国际上具有成功的立法案例可资借鉴。国外发达国家普遍通过立法和政策，明确构建全社会质量共治机制促进产业和经济社会的发展。在工业化过程中，美国、德国、日本、韩国等国家都经历过"质量低谷期"，这些国家普遍采用质量促进立法等举措，促进质量提升与发展，并取得了显著成效。德国建立了一整套有效的"法律法规—行业标准—质量认证"体系，并不断完善《设备安全法》《产品安全法》《食品法》等法律法规，范围广泛的法律体系成为德国产品质量的根本保证。日本在 20 世纪 60 年代把"质量救国"作为国家战略，在全国范围推广全面质量管理，1999 年颁布《生产基础技术促进基本法》，明确规定了国家、公共团体、生产经营者在促进生产基础技术方面的职责；《消费者教育促进法》还专门规定了消费者教育的基本方针和主要措施。为了应对日本制造的竞争，美国政府 1987 年推出《质量振兴法案》，通过在制造和服务领域追求卓越、对质量改进工作进行战略规划，提高美国在全球市场的有效竞争力。通过设立"国家质量奖"，实施"卓越绩效评价标准"，激励企业提升产品质量。通过质量促进立法，美国在多个产业领域重夺领导地位。韩国 2005 年提出"质量第一韩国"的愿景，出台《质量管理和工业产品安全控制法》，授权产业通商资源部负责企业、公共机构及团体的质量管理综合政策，对提升国家竞争力发挥了重要作用。韩国每五年制定一次质量发展规划，支持质量管理机构和奖励质量管理优秀企业，并推行质量管理体系认证和质量标识监管。

中国现有的质量立法偏重管理型立法，侧重政府质量管理行为的设计与规定，忽视了企业、消费者、社会组织和质量技术服务机构在质量治理中的积极参与和促进作用，单一的质量治理模式是中国质量问题长期得不到解决的根源，亟待通过法律固化全社会质量共治机制，解决质量治理难题。如果通过制定质量促进法以法律形式将质量社会共治制度固定下来，促进政府、企业、消费者、社会组织和质量技术服务机构的均衡建设，将能够弥补质量管理型立法对多元主体参与质量治理的制度性短缺，整合不同质量主体的力量共同促进中国经济社会高质量发展。因此，应加快制定质量促进法，从根本上提升全社会质量意识，提高质量发展水平，推动中国经济的转型发展。质量促进法的制定应借鉴国外质量立法经验，总结国内质量发展实践，着重规定国家质量创新发展的政策措施。

2.5.4 质量技术基础

质量发展的技术基础主要是指国家质量技术基础（National Quality Infrastructure，NQI），是经济社会发展技术传承的重要载体。国家质量基础是制造强国的重要支撑，必须建立高水平的质量服务体系，如计量基础、标准体系、认证认可体系、检验检测体系等。通过发挥标准的规范性、计量的准确性、认证认可的公允性、检验检测的符合性，对国家竞争力和产业价值链提供有力支撑，并通过与国际组织的互动，形成与国际市场接轨的国际质量基础，提升国际贸易和合作的竞争力。

质量技术基础具有基础性、整体性、公益性、国际性等特征。从基础性看，国家政权的建立与稳固，必须有统一和权威的计量体系作保证，必须以标准为经济社会发展提供技术规则。质量技术基础通过解决计量的准确性、标准的一致性、认证的公允性、产品的符合性等问题，全面保障质量安全，提升产业竞争力，促进经济社会可持续发展。从整体性看，计量、标准、认证认可和检验检测相互作用、相互支撑，共同促进质量发展。从公益性看，这四者都是公共产品，都具有公益性科研的特征，需要国家在这些领域投入大量的财政资金，用于支撑在质量技术基础方面的公益性产出。从国际性看，质量技术基础不仅服务于国内经济社会发展，更是参与国际竞争、维护国家核心利益的重要利器。计量、标准、认证认可、检验检测已经成为国际通用的"技术语言"，是国际贸易游戏规则的重要组成部分。因此，争夺国际标准制定的主导权和话语权，成为各国特别是发达国家标准化的核心战略重点。

新产业变革和科技革命背景下，质量技术基础的重要意义越发凸显。计量和标准正在成为国际科技和贸易竞争的制高点，认证认可和检验检测已经成为全球质量治理的共同手段。通过推动计量科学、标准和科技来保障经济安全，提升生活质量，从而提升创新水平和产业竞争力。尤其在新产业变革和科技革命背景下，巩固国家质量技术基础，尤其能够确保中国在计量、标准等方面的国际领导地位。能够避免新技术所带来的复杂、苛刻的计量及标准方面的挑战，维护中国经济和国家安全。高质量发展需要夯实质量技术基础，需要强化质量技术基础保障能力，充分发挥标准的规范性、计量的基准性、认证认可的公允性、检验检测的符合性的功能，提升产业的核心竞争力，为质量提升提供基础性、支撑性作用。夯实质量发展基础，需要加强标准化、计量、检验检测、认证认可等国家质量基础设施，提升技术标准水平，增强技术进步对质量提升的支撑作用，护航中国经济持续发展的能力。

2.6 建筑业高质量发展评价指标体系

2.6.1 建筑业高质量发展评价指标体系构建

建筑业发展质量是一个涉及经济、社会、生态环境、制度等多领域的复杂系统，建筑业发展质量的内涵应当涵盖经济与社会效益、投入产出效率、工程质量、科技创新及应用水平、工业化水平、产业组织水平、绿色化水平和国际竞争力八个维度（表2-1）。

（1）经济与社会效益。选取建筑业利润总额、建筑业总资产报酬率作为反映建筑企业经济效益的代表指标，分别反应建筑业的盈利水平以及单位资产的盈利能力。建筑业社会效益表现为建筑业的发展对经济增长和居民生活质量的拉动作用，建筑业对经济增长的拉动作用体现在建筑业增加值占国民生产总值GDP的比重；建筑业对居民生活质量的影响体现为建筑业从业人员在全社会就业人数中所占比例、相对工资率水平等指标。

（2）投入产出效率。投入产出效率是衡量产业技术水平、管理水平、市场竞争力、资源配置和使用效率以及发展质量的重要指标。建筑产业生产力水平受人力资本、技术条件、固定资产投资额和总资产规模效应的影响，建筑业的投入水平主要从人力资源投入和机械设备投入进行衡量，选取从业人员数、固定资产投资额、建筑企业资产总值为投入指标；产出以建筑业增加值作为评价指标，规模使用施工面积作为评价指标，并采用产值利润率来衡量要素投入、产品产出与获利能力之间的关系。

（3）工程质量。工程质量评价体系的完善程度可以反映工程质量水平。根据实施主体不同，工程质量评价可分为责任主体自评、社会评价、主管部门评价三类。建设主管部门及工程质量监督机构通过制定工程质量标准进行的工程质量标准化管理属于主管部门评价；建筑行业协会评选优质工程属于社会评价；建设、施工、监理单位现场项目部及公司为加强工程质量管理而开展的质量评价属于责任主体自评，特别是建设单位为加强对开发项目和承包商的管理而委托第三方专业机构进行的工程实体实测实量是工程质量评价[①]。选取工程质量标准数量、第三方专业质量检测机构数量、优质工程数量分别衡量不同主体对工程质量的管控。

（4）科技创新及应用水平。在以科学技术为第一生产力的市场环境下，企业自身所具备的核心技术和专利已经成为企业竞争力的重要组成部分。以建筑业科技创新研发投入可用研究与试验发展经费支出为指标来衡量，研发产出则以重大科技成果数量和工法数量为代表指标。用科技贡献率和劳动生产率两项指标衡量科技进步带来的效率提升。

（5）工业化水平。与建筑业技术要素相关的统计指标为技术装备率与动力装备率，选取技术装备率与动力装备率作为建筑产业工业化生产体系的代表指标。装配式建筑作为典型的工业化建筑，采用装配式建造方式是实现建筑工业化乃至产业化的主要途径，选取装配式建筑面积作为衡量建筑工业化专用体系完善程度的指标。

（6）产业结构水平。产业结构的持续优化是建筑业可持续增长、高质量发展的重要保证。建筑业产业结构水平包括产业生产规模化程度、产业链整合程度以及产业链完整程度。通过对建筑产业全产业链的产业构成、组织构成等进行梳理与集成，实现产业结构、资源配置、生产力布局的最优化、组织之间协同的最大化和产业链组织集成化。选取市场集中度指标衡量产业生产规模化、部件构件企业数量衡量产业链完整度，作为国际上通行的建设项目组织实施方式，工程总承包（EPC）是一种系统化的工程管理模式，能够适应建筑全产业链建造活动，应对复杂的系统工程，因此选取建筑业工程总承包的营业额占比来衡量建筑业产业链整合程度。

（7）绿色化水平。建筑业高质量发展是绿色可持续的发展，应尽可能减少建筑施工等活动造成的污染。在建造过程中，通过采用绿色建造技术、绿色建材等中间产品、绿色施工，降低建筑的能源和资源消耗，监督建筑垃圾产生率。绿色建造的实施过程和绿色建筑的生产和推广过程需要完善的政府公共政策、产业标准的制定和实施，选取绿色建材采用率、建筑过程资源消耗率评价绿色建造过程，对绿色建筑的评价则采用绿色标识认证面积指标。

（8）国际竞争力。国际工程承包企业业务体现在建筑产业链，涵盖了投资项目融资、设计、采购、施工、管理运营、技术贸易、劳务合作等诸多领域。选取ENR上榜企业数量和外向度指标衡量建筑业对外开放规模和程度，国际工程承包企业的国际竞争力除了体现在数量和规模上，还体现在质量和可持续发展方面，采用国际工程产值利润率衡量国际工程合同的盈利能力和可持续发展。

---

① 李涛，梁新华，吕如楠，等. 建筑工程质量评价体系研究［J］. 工程质量，2020，38（7）：4-8.

建筑业高质量发展评价指标体系　　　　　　　　　　表 2-1

一级指标	二级指标
经济与社会效益	建筑业企业利润总额
	建筑业总资产报酬率
	建筑业增加值在 GDP 占比
	建筑业从业人数占比
	建筑业从业人员相对工资水平
投入产出效率	建筑业从业人数
	固定资产投资额
	建筑企业资产总值
	建筑业增加值
	建筑业产值利润率
工程质量	工程质量标准总数量
	第三方专业评估机构数量
	优质工程数量
科技创新及应用水平	研发及培训支出
	重大科技成果
	工法数量
	劳动生产率
	科技进步贡献率
工业化水平	技术装备率
	动力装备率
	装配式建筑新增面积
产业组织水平	产业链规模化:市场集中度 C10
	产业链完整度:部件构件生产企业数量
	产业链整合度:工程总承包营业收入占比
绿色化水平	绿色建材采用率
	建筑过程资源消耗率
	绿色标识认证面积
国际竞争力	ENR 上榜企业数量
	建筑业外向度(国际工程承包合同额/总合同金额)
	国际工程产值利润率

2.6.2 建筑业高质量发展评价指标体系量化赋权

确定评价指标权重的方法可划分为主观赋权法和客观赋权法两大类，主观赋权法主要包括层次分析法、专家调查法等，客观赋权法主要有熵值法、主成分分析法等。主观赋权法对专家（被调查人）的依赖性强，受专家的主观判断影响大。为了减少主观因素的影响，使用主成分分析方法对基础指标进行客观赋权。在多指标综合评价中一些指标的信息重复，会增加计算工作量从而影响评价的准确性，主成分分析法就是通过降维将原来众多具有一定相关性的指标重新组合成一组新的相互无关、尽量少的综合指标来代替原来的指标，这些新的综合指标保留了原始变量的主要信息，同时彼此之间不相关，从而更能反映问题的实质。主成分分析操作可以通过 SPSS 软件实现，以下为主要步骤。

（1）确定分析变量，收集数据

分析变量为建筑业高质量发展评价指标体系中八个维度的 30 个二级指标，相关指标数据来源于历年的《中国统计年鉴》《中国建筑业统计年鉴》以及中国建筑网，研究数据的样本期为 2007—2019 年。

（2）指标数据标准化处理

为消除各指标量纲不同带来的影响，保证指标的可比性，对原始数据用均值法进行标准化处理。

（3）利用总方差解释矩阵确定主成分数目

运用 SPSS 软件对 2007—2019 年 30 个指标对应标准化后的数据进行主成分分析，输出总方差解释矩阵（表 2-2），确定主成分的数目。一般认为，在总方差解释矩阵中，当第 n 个特征值的累计方差贡献率达到 80% 时，即可选取前 n 个特征值所对应的主成分数目。

SPSS 输出总方差解释　　　　　　表 2-2

成分	初始特征值			提取平方和载入			旋转平方和载入		
	合计	方差(%)	累积(%)	合计	方差(%)	累积(%)	合计	方差(%)	累积(%)
1	7.783	57.834	57.834	7.783	57.834	57.834	7.023	47.197	47.197
2	1.563	14.095	71.929	1.563	14.095	71.929	2.109	22.735	69.932
3	1.227	11.502	83.431	1.227	11.502	83.431	1.732	13.499	83.431

由表 2-2 可知，第 1、2、3 成分的方差贡献率分别为 57.83%、14.10%、11.50%，前三个主成分的累计百分比达到 83.43%，大于 80%，因此，需要选取三个主成分。

（4）计算各指标的主成分系数，确定每个指标的权重

通过 SPSS 输出的成分矩阵，可以得到各主成分在各指标上的荷载，先将各主成分在各指标上的荷载除以该主成分相对应的特征值平方根，得到各指标的主成分系数，再对各指标的各主成分系数按照方差贡献率进行加权平均得到权重，最后对该权重进行归一化处理，使其权重综合为 1，即得到了评价指标体系中每

个二级指标对应的权重。各二级指标主成分系数及权重见表 2-3，建筑业高质量发展评价指标体系及各指标权重见表 2-4。

各二级指标主成分系数及权重 表 2-3

指标	第一主成分系数	第二主成分系数	第三主成分系数	权重
建筑业企业利润总额(亿元)	0.369	−0.172	0.044	0.0715
建筑业总资产报酬率(%)	0.440	0.159	−0.188	0.0328
建筑业增加值在 GDP 占比(%)	0.504	0.385	0.199	0.0439
建筑业从业人数占比(%)	0.226	0.023	0.092	0.0213
建筑业从业人员相对工资水平(亿元)	0.324	−0.197	0.021	0.0240
建筑业从业人数(万人)	0.467	0.036	−0.163	0.0339
固定资产投资额(亿元)	0.319	0.173	−0.178	0.0502
建筑企业资产总值(亿元)	0.323	−0.083	0.194	0.0674
建筑业增加值(亿元)	0.218	0.201	0.036	0.0697
建筑业产值利润率(%)	0.328	−0.108	0.194	0.0209
工程质量标准总数量(项)	0.310	−0.220	0.124	0.0265
第三方专业评估机构数量(个)	0.662	−0.284	−0.047	0.0252
优质工程数量(项)	0.292	0.286	−0.374	0.0203
研发及培训支出(亿元)	0.156	0.128	0.042	0.0359
重大科技成果(项)	0.304	−0.315	0.109	0.0231
工法数量(个)	0.397	−0.092	0.015	0.0209
劳动生产率(元/人)	0.298	0.179	−0.422	0.0215
科技进步贡献率(%)	0.252	−1.20	0.073	0.0102
技术装备率(元/人)	0.353	0.182	−0.024	0.0431
动力装备率(kW·h/人)	0.427	0.242	−1.32	0.0379
装配式建筑新增面积(万 m²)	0.354	0.085	0.080	0.0396
产业链规模化:市场集中度 C10(%)	0.288	−0.123	0.442	0.0301
产业链完整度:部件构件生产企业数量(家)	0.135	−0.669	0.518	0.0428
产业链整合度:工程总承包营业收入占比(%)	0.265	0.084	0.548	0.0299
绿色建材采用率(%)	0.134	−0.076	0.029	0.0239
建筑过程能源消耗量(万吨标准煤)	0.160	−0.261	0.543	0.0327
绿色标识认证面积(亿 m²)	0.226	0.308	−0.173	0.0418
ENR 上榜企业数量(家)	0.104	−0.236	0.198	0.0158
建筑业外向度(国际工程承包合同额/总合同金额)	0.214	0.060	−0.388	0.0247
国际工程产值利润率(%)	0.191	0.557	0.320	0.0185

建筑业高质量发展评价指标体系及各指标权重　　　　表 2-4

一级指标	二级指标	指标权重	综合权重
经济与社会效益	建筑业企业利润总额	0.0715	0.1935
	建筑业总资产报酬率	0.0328	
	建筑业增加值在 GDP 占比	0.0439	
	建筑业从业人数占比	0.0213	
	建筑业从业人员相对工资水平	0.0240	
投入产出效率	建筑业从业人数	0.0339	0.2421
	固定资产投资额	0.0502	
	建筑企业资产总值	0.0674	
	建筑业增加值	0.0697	
	建筑业产值利润率	0.0209	
工程质量	工程质量标准总数量	0.0265	0.0720
	第三方专业评估机构数量	0.0252	
	优质工程数量	0.0203	
科技创新及应用水平	研发及培训支出	0.0359	0.1116
	重大科技成果	0.0231	
	工法数量	0.0209	
	劳动生产率	0.0215	
	科技进步贡献率	0.0102	
工业化水平	技术装备率	0.0431	0.1206
	动力装备率	0.0379	
	装配式建筑新增面积	0.0396	
产业组织水平	产业链规模化:市场集中度 C10	0.0301	0.1028
	产业链完整度:部件构件生产企业数量	0.0428	
	产业链整合度:工程总承包营业收入占比	0.0299	
绿色化水平	绿色建材采用率	0.0239	0.0984
	建筑过程资源消耗率	0.0327	
	绿色标识认证面积	0.0418	
国际竞争力	ENR 上榜企业数量	0.0158	0.0590
	建筑业外向度(国际工程承包合同额/总合同金额)	0.0247	
	国际工程产值利润率	0.0185	

2.6.3 "十三五"期间我国建筑业发展质量综合指数及评价

将"十三五"期间我国建筑业发展质量各二级指标数据进行无量纲化处理，再分别与指标权重相结合，所得到的一级指标指数反映了各年份建筑业在该指标维度上的发展质量；将一级指标指数再进行加权处理，得到我国建筑业发展质量综合指数，该指数是对我国建筑业发展质量的综合性评价，不仅可以描述各年份建筑业发展质量水平的历史变化，对未来质量发展趋势也有指导意义。表 2-5 汇总了"十三五"期间我国建筑业发展质量指标数据，经加权计算后的一级指标指数见表 2-6，一级指标指数、综合指数变化趋势如图 2-2 所示。

2016—2019 年我国建筑业发展质量指标数据　　　　表 2-5

指标		2019 年	2018 年	2017 年	2016 年
社会经济效益	建筑业企业利润总额(亿元)	8279.55	7974.82	7491.78	6986.05
	建筑业总资产报酬率(%)	9.5	9.21	8.77	8.13
	建筑业增加值在 GDP 占比(%)	7.16	7.12	6.96	6.9
	建筑业从业人数占比(%)	7.01	7.17	7.12	6.68
	建筑业从业人员工资总额(亿元)	14431.7	15949.5	14283.9	13969.2
投入产出效率	建筑业从业人数(万人)	5427.08	5305.23	5529.63	5184.5
	固定资产投资额(亿元)	32263.48	34987.23	3647.92	4577.43
	建筑企业资产总值(亿元)	256629.5	234002.5	204664.1	182482.1
	建筑业增加值(亿元)	48397	43695	39765.33	37626.8
	建筑业产值利润率(%)	3.37	3.39	3.5	3.61
工程质量	工程质量标准总数量(项)	1012	954	936	908
	第三方专业评估机构数量(个)	4061	3985	3537	3075
	优质工程数量(国家优质工程奖获奖工程)(项)	634	609	562	512
科技创新及应用水平	研发及培训支出(亿元)	21098.34	19677.93	17606.13	15676.75
	重大科技成果(专利申请授权数量(项))	260999	257112	172549	159376
	工法数量(注:国家级工法每两年评选(个))	564	564	564	537
	劳动生产率(元/人)	399674	373193	347963	336991
	科技进步贡献率(%)	1.91	1.78	1.64	1.71
工业化水平	技术装备率(元/人)	10770	11774	9914	10805
	动力装备率(kW·h/人)	4.6	4.9	4.6	4.9
	装配式建筑新增面积(万 m²)	42000	29000	16000	11400

续表

指标 \ 年份		2019年	2018年	2017年	2016年
产业组织水平	产业链规模化:市场集中度C10(%)	12.31	11.65	11.03	10.73
	产业链完整度:部件构件生产企业数量(家)	230	202	183	156
	产业链整合度:工程总承包营业收入占比(%)	11.6	11	10.5	9.8
绿色化水平	绿色建材采用率(%)	33	31.7	26.8	23.6
	建筑业能源消耗总量(万吨标准煤)	9012	8685	8243	7847
	绿色标识认证面积(亿 m²)	13.8	12	10.7	8.4
国际竞争力	ENR上榜企业数量(家)	74	76	69	65
	建筑业外向度(国际工程承包合同额/总合同金额)	16.9	16.5	15.2	14.1
	国际工程产值利润率(%)	3.01	2.97	2.88	2.79

数据来源：国家统计局、中国建筑业统计年鉴、中国建筑网。

2016—2019年我国建筑业发展质量一级指标指数及综合指数　　表 2-6

一级指标指数 \ 年份		2019年	2018年	2017年	2016年
建筑业发展质量	社会经济效益指数	16.815	13.295	7.634	4.806
	投入产出效率指数	17.663	12.990	5.768	2.094
	工程质量指数	7.205	5.112	2.726	0.652
	科技创新及应用水平指数	10.896	8.467	3.779	0.778
	工业化水平指数	8.944	6.377	4.595	2.854
	产业组织水平指数	10.28	6.406	3.295	0.835
	绿色化水平指数	9.84	7.198	3.705	1.227
	国际竞争力指数	5.612	5.210	3.301	2.769
	综合指数	12.458	9.714	4.943	2.285

图 2-2 显示，2016—2019 年，我国建筑业发展质量在社会经济效益、投入产出效率、工程质量、科技创新及应用水平、工业化水平、产业组织水平、绿色化水平和国际竞争力等八个维度上均保持稳定增长。在八个指标指数中，投入产出效率指数增幅最大，表明建筑业作为典型的高耗能产业，"十三五"以来其资源的有效配置和高效利用能力显著提升，也体现了我国经济发展方式由粗放型向提高质量和提高效益的转变。社会经济效益指数增幅仅次于投入产出效率指数，这符合我国经济社会发展的实际，建筑业的发展要以"利人"为主，其最终目的是

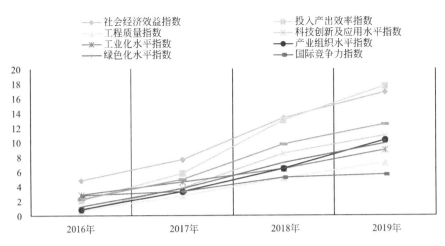

图 2-2 2016—2019 年我国建筑业发展质量一级指标指数及综合指数变化情况

实现社会进步与人民生活水平的提高。国际竞争力指数在八个指标指数中增长最为平缓，目前中国建筑业国际竞争力水平与发达国家相比仍处于比较劣势地位，在全球建筑业价值链上处于较低位置。随着我国"一带一路"政策的推进，我国将不断对"一带一路"沿线国家大力开展基础设施建设，为建筑业的国际业务拓展带来新的发展机遇。总的来说，"十三五"期间我国建筑业发展质量综合指数提高了近 6 倍，建筑业发展质量得到显著提升，且提升速度保持稳定。

第 3 章

建筑业产业组织方式

"产业"是由利益相互联系、具有不同分工、多个相对独立的行业组成，尽管不同行业的经营模式、企业组织、流通环节具有不同特征，但其经营对象和经营范围围绕共同产品展开。产业组织（Industrial Organization）是指某一产业内各企业间的相互关系及其发生、发展和演化的过程。从资源配置的角度来看，它着力解决产业内部各经济实体即企业间的资源配置问题。对于建筑产业而言，是由设计、生产、施工、安装、装修等行业组成，围绕"建筑"这样一个共同产品展开活动，形成了各行业之间的技术、利益和机制体制之间的相互关联，即"建筑产业链"。

建筑业是国民经济的支柱产业之一，对国民经济起重要支持作用。国民经济支柱产业应具有规模巨大、增长潜力强、资本使用效率高、技术敏感性高、产业关联程度高和经济波及能力强等特点。在近十年的发展中，我国建筑业取得了长足的进步，产业规模不断扩张，劳动生产率、人均利润和技术装备率持续增长，工程质量优良品率保持相对稳定。但是，与发达国家同行业相比，我国建筑业仍处于劳动密集型产业阶段，产业增长方式属于粗放型增长，建设项目组织实施方式和生产方式落后，产业结构不合理、生产方式落后，产业现代化程度不高，技术创新能力较弱，劳动生产率处于较低水平，劳动生产率和产值利润率过低，产业增值能力有限，市场同质化竞争过度，总产出受社会投资规模影响较大，这些问题的存在制约了建筑业企业总体竞争力提升，行业利润率偏低，企业研发投入不足、技术更新速度慢，导致建筑企业综合实力、科技创新能力、技术装备水平、建筑工业化程度与发达国家的差距较大，企业的国际化竞争力不强。这些问题制约了产业发展水平和质量，建筑企业正面临发展中的质量困境。具体来说，一是产业结构不合理，生产能力过剩，市场供需失衡；市场秩序不良，交易行为不规范，由此导致建筑业存在严重的"三低一高"现象，即产值利润率低、劳动生产率低、产业集中度低、市场交易成本高，这种扭曲的状况也给质量、安全、环境管理埋下了隐患。二是生产方式落后。由于管理体制和管理方法等多方面的原因，造成建筑产品生产链条处于分裂状态，项目可行性研究、设计、施工、采购相互分割，企业无法形成总承包管理能力，不能进行整体协同优化管理，工程承包内容和方式没有发生质的变化，多年在施工和劳务服务低端徘徊，高端市场没有突破，工程设计、咨询以及发达国家和地区的市场份额较少。三是建筑业研发投入不足，建筑企业综合实力、科技创新能力、技术装备水平、建筑工业化程度与发达国家的差距较大，缺少领袖型企业，相比较国际上海外市场的知名承包商，国内建筑企业的规模较小。例如，2019年，全球250家最大国际承包商排名第一的西班牙ACS公司的海外营业额为389.50亿美元，中国海外市场规模最大的中国交通建设集团的营业额仅为233.03亿美元。四是工程建造活动对资源和能源消耗巨大，节能减排工作亟待加强。五是管理型、复合型人才缺乏，精通国际工程承包的专业技术人员、商务合同人员、高层次管理人员严重制约企业承包范围的扩展，建筑业人才培养和使用机制有待完善；劳务管理滞后，操作工人业务素质不能适应现代建筑产品快速发展的要求。在推进建筑业高质量发展以及相关的体制机制改革的过程中，系统地革除长期制约建筑业持续健康发展的痼疾，提升资源整合能力和供应链的运行效率，顺应行业发展趋势，逐步拓宽业务领域，延伸产业链，提升价值链，抢占战略转型制高点，培育竞争新优势，更好地促进企业转型升级和建筑产业现代化步伐。

在我国传统计划经济体制下，行业的划分，以及大量建筑工程都受政府影响并由政府主导建设，建筑业形成了根深蒂固的行业管理的机制体制。改革开放40多年以来，虽然在建设行政管理方面进行了一些机构改革，但始终延续行业管理的业态和发展路径，没有突破行业划分和组织模式，逐步形成了建筑产业的"碎片化"，造成建筑产业"大而不强"，企业整体效率偏低，核心能力不强，产业整体素质与国际化水平不高，目前仍处于劳动密集型、建造方式相对落后的传统产业。随着建筑业改革的不断深入，行业中各种层次的矛盾和问题复杂地交织在一起，行业"碎片化"和产业"系统性"的矛盾最为突出，产业要素市场尚未完全建立，产业结构未得到充分优化，资源达不到合理有效配置。多年来建筑业改革发展路径缺乏基于"产业"的系统思维和方法，依然沿用行业管理思维来改造传统行业。

建筑业在这种传统的行业管理思维模式下，在长期的发展过程中，忽略了各行业之间的关联性和产业的系统性，忽略了建筑产品全生命周期整体效益最大化的问题，更多地注重各行业内部经济活动的效率效益和发展，这种"产业系统"思维缺失导致建筑业产业现代化进程缓慢、产业组织方式落后、发展质量低下，因此，未来我国建筑业高质量发展必须注重产业问题，从产业发展入手，运用产业思维，拉动产业链各个环节协同运作，围绕"建筑"这个最终产品的理念，研究产业发展目标、产业组织形式，培育产业链的系统性、整体性和协调性，重视产业基础建设，构建现代化的建筑产业体系，迈向现代化、绿色化、工业化、信息化、集约化和社会化的高质量发展之路。

3.1 建筑业产业组织结构

从建筑业产业组织结构来看，20世纪90年代末，我国初步形成了以施工总承包企业为龙头，以专业承包为依托，以劳务分包企业为基础的建筑业结构体系。近年来，我国建筑业产业结构、资质结构渐趋优化，高资质等级企业市场占有率不断提升，产业集中度进一步提高。2018年，我国特级、一级建筑业企业数量为95400个，较上年增加7341个，占全部建筑业企业个数比重为9.2%。特级、一级建筑业企业签订合同额、完成建筑业总产值、房屋施工面积和从业人员数占全行业的比重分别达到70.33%、62.32%、64.74%和55.86%，具有较高资质等级的建筑业企业对全行业的影响力进一步增强。但是，随着我国市场经济的不断完善，建筑市场上存在的诸多矛盾与问题也逐渐凸显，如大企业中没有形成龙头主导企业，小企业不精不专；建筑市场混乱，对外竞争力缺乏；建筑市场管理难度大；市场管理的针对性差；企业间竞争激烈；日益严重的拖欠款问题等。

第一，没有形成集成化的产业链。碎片化的产业生态和零散的生产建造模式会造成企业成本和市场交易成本的增加。产业碎片化的突出表现是小企业所占比重过大，规模偏小；大企业无法形成规模经济，在产业链中的龙头带动作用不突出。从企业数量来看，2018年，我国三、四级企业数量只占全部资质以上企业数量的70%左右；从产业链集成看，相关上下游企业较少且分散，在实际实施中没有形成一个囊括投资主体、施工企业、制造业、物流业等各类建筑产业参与主体的集成化产业链体系，不仅不能为建筑产业现代化的生产建设提供产业链上的支持，而且为了某项产业化项目的建设再重新整合资源，会大大提高企业成本和市场交易成本[①]。

第二，建筑行业市场集中度过低。参照美国经济学家贝恩及日本学者的研究，用绝对集中度C10数值大体划分建筑业的市场结构分类：当20%≤C10<40%时，产业市场结构属于低、中集中型；而当C10<20%时，市场结构属于非集中竞争型。2018年，我国建筑行业的市场绝对集中度为13.9%，远低于20%的标准，市场集中度过于低下，属于过度竞争的市场结构；而美国为16.7%，日本为15.5%[②]。在市场经济条件下，市场集中度的影响因素主要是建筑业的技

---

① 中国建筑业协会工程项目管理专业委员会. 建筑产业现代化背景下新型建造方式与项目管理创新研究 [M]. 北京：中国建筑工业出版社，2019.
② 孙继德，郑春燕. 中美建筑业规模结构研究及启示 [J]. 建筑经济，2020，41（S2）：13-17.

术经济特点、市场容量、市场变化、市场进入壁垒四个因素，同时，特定的经济制度和政策也会成为影响市场集中度的重要因素，如受条块分割，地方保护体制的影响等等。产业发展实践表明，建筑业的规模经济并不表现为批量问题，而是在于产业组织形态，产业内的企业组织结构（表3-1）。

2018年中美两国建筑产业集中度比较 表3-1

行业集中度	美国	中国
C4	8.2	10.1
C8	12.1	11.4
C50	29.5	18.2
C80	33.2	19.5

数据来源：美国经济分析局、2019年美国《工程新闻记录》、中国统计年鉴2019。

第三，产业内企业组织结构不合理。主要表现在两个方面：一是行业内大、中、小企业的数量比例不合理。大型、特大型企业的数量比例过大，且没有形成合理的以总承包为龙头，以专业承包为依托，以劳务分包为基础的三层次承包服务、组织结构体系。以2018年统计为例，企业比例特级、一级为7.1%，二级为22.4%，三级为37.4%，其他为33.1%。而日本的大、中、小企业结构基本上构成金字塔型结构，特大型企业只占1%。二是行业内大、小企业没有形成合理的分工协作关系，同层次或相邻层次间企业竞争激烈。总承包企业没有起到龙头作用，专业承包企业没有与总承包龙头企业建立相对稳定的总分包关系，导致专业承包企业参与市场竞争过度，企业中标率低下，企业利润过低（表3-2）。

2018年特级、一级资质企业规模占比 表3-2

指标名称	全部资质以上企业			特级、一级资质企业	
	2018年	同比增长	增速(%)	2018年	占全部资质以上企业比重(%)
企业数量(个)	95400	7341	8.34	6782	7.11
总产值(亿元)	235085.5	211311.6	9.88	146515.7	62.32
房屋建筑施工面积(万 m^2)	1408920.4	91725.05	6.96	912097.18	64.74
房屋建筑竣工面积(万 m^2)	413508.79	−5565.3	−1.33	230215.8	55.67
新签工程承包合同额(亿元)	272854	18188.3	7.14	191890.6	70.33
利润总额(亿元)	8104	612.2	8.17	6941.7	85.66

数据来源：中国建筑业年鉴2019。

第四，尚未形成规范有序的市场竞争环境。市场竞争力和市场协调能力，都是市场保持规范化的关键因素。市场竞争力提高了建筑市场与在整个行业市场中的份额占比，为建筑企业创造了稳定高效的发展环境；市场协调能力可以促进市场的健康发展，进而带动建筑业在良好的市场秩序中发展自我，促进内部价值的提升。因此，不断强化市场规范对行业发展、企业发展存在着正向的推动作用。

我国的建筑业属于典型的劳动密集型产业，技术含量和附加值相对较低，必要的资本壁垒和技术壁垒极低。在计划体制下，只有靠行业分割，部门、系统条块分割形成壁垒，或进行地方保护。另外，由于我国建筑企业缺乏创新自主的生产技术和管理技术，也没有形成明显的建筑业产品差别，这种差别在产业市场上表现为对抗竞争的一种手段，也是一种有效果的非价格壁垒竞争手段。建筑业产业规模经济不显著，使得建筑业产业内部的大企业或联合企业的生成机制不强，企业之间的激烈竞争成为建筑业组织的基本常态。在这种背景下，恶性竞争、无序竞争成为建筑市场常态。

建筑产业高质量发展对产业组织方式提出了新的要求，需要对产业链资源进行整合，通过行业内的产业集约效应引导行业市场的运行方向，从而推动产业现代化进程和产业发展质量。建筑产业高质量发展主要是实现产业现代化，实现产业链的集成，充分发挥设计、施工、生产、物流等多类型企业的协同作用，改变现行建设模式下各分行业条块分割、各行其是的运作流程，建立起协同创新的技术体系和融合发展的产业生态。我国目前只是建立了产业化示范基地，相关产业链集成行业尚未参与进来，产业生态体系构建不完善，仅依靠某一环节或某一项目的产业化不能实现整个产业化建筑市场的规模化运作。集成体系的构建要求规模化的生产，单是部品或某个产业化项目的建设是无法达到产业化大规模高效率、高质量生产建设的。建筑产业高质量发展必须实现全产业链高度集成化。

从产业链集成的角度看，传统的工程建设组织方式主要是将工程建设项目的资本运作、建筑设计、物资采购、新技术应用和施工管理割裂进行组织设计。而现在工程建造组织方式创新将其进行组织集成，形成资源的优化配置，从而提供更全面的服务内容。并利用这种组织集成更好地适应装配式建筑、BIM、大数据、云计算、物联网、移动互联、人工智能等信息技术的运用，促进建筑产业现代化的不断发展。其具体内容主要包括以 EPC 模式促进装配式建筑发展，BIM 技术以及大数据、云计算、物联网、移动互联、人工智能等信息技术对工程建设组织方式带来的变革。

从项目融资的角度看，在传统的项目融资的基础上，衍生了更多的组合、创新的融资方式。伴随着一体化集成的工程建造组织方式的创新，其投资方式也发生了相应的改革和变化。项目融资主体和渠道的不断丰富，使得融资形式也日渐丰富。现如今已产生多种多样的融资模式，如 PPP、BOT 及其衍生模式、PFI、ABS 等，这些创新融资模式都将项目的业务链条拉长，不再只关注项目建造的过程，而是多主体前期共同参与，更多的是站在融资角度建立的工程建造组织架构。结合具体的项目背景与特点，对融资方式进行组合使用，灵活且最大限度增加项目公司在项目资本运营、建筑设计、物资采购、新技术运用和施工管理的资源灵活优化配置。

建筑业产业组织方式优化和产业链集成有赖于工程总承包模式 EPC 的进一步推广。EPC 模式有利于实现工程建造组织化，是推进建筑产品生产过程一体化、全过程、系统性管理的重要途径和手段。有别于以往的传统管理模式，EPC 模式可以整合产业链上下游的分工，将工程建设的全过程联结为一体化的完整产业链，实现生产关系与生产力相适应，技术体系与管理模式相适应，全产业链上资源优化配置、整体成本最低化，进而解决工程建设切块分割、碎片化管理的问题。

3.2 建筑企业所有制结构

从所有制结构看，中国建筑企业的所有制结构，大致经历了两次变革。1956—1984 年，中国的建筑企业只有国有企业和集体企业两种经济类型，所有制结构比较单一。20 世纪 80 年代中期开始大力推进所有制结构改革，对我国建筑业的所有制结构进行了根本性调整，形成了多种所有制结构类型，极大地推进了行业发展。目前有国有企业、集体企业、私营企业、联营企业、股份制企业、港澳台企业、外商投资企业和其他建筑企业八种基本形式。长期以来，我国建筑业国有企业占主导地位，国有企业的平均规模要远大于其他类型企业。2005 年我国注册登记的建筑企业有 58750 家，国有和集体企业共 14097 家，占 23.99%；建筑企业从业人员共 2699.9 万人，国有和集体企业从业人员 841.6 万人，占 31.17%；建筑总产值共 34552.1 亿元，国有和集体企业总产值 11247.2 亿元，占 32.55%。无论是从绝对数还是相对数上看，我国建筑业的国有和集体企业在各项指标中所占比例都不高，而私营建筑企业所占比例迅速上升并占据了优势。但是私营企业的规模普遍较小，大中型企业仍然是国有企业占绝大多数，缺乏私营大中型企业。国有企业在平均规模、生产效率以及技术实力方面具有一定的比较优势，因此在高等级、技术性强和风险大的项目中国有企业具有竞争优势，依然发挥着骨干的作用，但是在企业效益、利润率、管理成本等方面，国有企业要落后于私营企业。因此，产业组织结构调整的一个重要目标应该是逐步实现混合所有制改革，建立以非公有制企业为主体，少数上市的股份制公司为骨干，适应乡镇生产力发展水平的集体所有制企业为补充的经济类型结构，进而提高市场的竞争活力和产业内部资源的合理分配（图 3-1、图 3-2）。

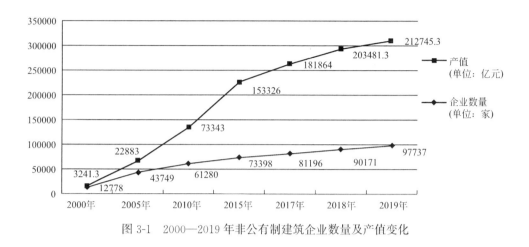

图 3-1 2000—2019 年非公有制建筑企业数量及产值变化

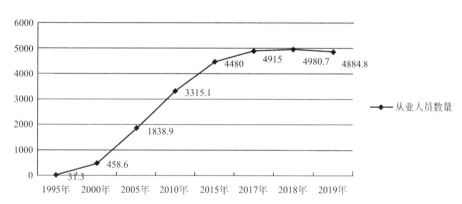

图 3-2 1995—2019 年非公有制建筑企业从业人员数量变化（单位：万人）

数据来源：中国统计年鉴 2020。

3.3 建筑产业链构成

作为产业经济学中的一个基本概念，产业链是指各个产业部门之间基于一定的技术—经济关联，并依据特定的逻辑关系和时空布局关系客观形成的链条式关联关系形态。产业链是一个包含价值链、企业链、供需链和空间链四个维度的概念。这四个维度在相互对接的均衡过程中形成了产业链，是用于描述一个具有某种内在联系的企业群结构，存在两维属性：结构属性和价值属性。产业链中大量存在着上下游关系和相互价值的交换，上游环节向下游环节输送产品或服务，下游环节向上游环节反馈信息。

传统的建筑业产业链包括设计、生产、施工、运营四个主要环节，历史上由于劳动密集度高、技术含量低、行业进入门槛低等特征，形成建设领域行业条块分割管理的模式。受分割管理体制的影响，工程建设环节碎片化、分散化、分割严重，产业链整合程度低，缺乏产业链整体协同效率，建筑企业多集中于建筑业价值链的低端，在附加值高的融资建设、总承包、全过程工程专业咨询等方面仍落后于发达国家。同时，由于建筑业中长期存在技术体系繁多、标准化程度低的现象，企业投入大量资源研发自己的专有技术体系，并根据技术体系生产相应的构件，难以形成社会化、规模化生产效率；异型构件大量存在，增大了构件生产企业的模板、人工成本，同时也加大了现场的处理难度。这些技术、标准等方面的问题也增加了建筑产业链整合、产业高质量发展的瓶颈。

传统建筑生产组织方式已难以满足建筑工业化的发展需求，以产业链的组织形式发展建筑工业化是现阶段增强产业竞争力的必然选择。因此，建筑工业化背景下的产业链整合是当前急需研究的关键问题，建筑产业现代化是建筑业结构升级的重要途径，建筑产业链优化是建筑业现代化和高质量发展的必要条件。现代化的建筑产业链条是以高质量建筑产品作为最终交付成果，通过对设计研发、工厂制造、现场装配、产品销售全过程进行物流、资金流、信息流的有效控制，涉及开发商、设计单位、施工单位以及构件生产单位的网状链条。建筑产业现代化包括设计标准化、生产工厂化、施工装配化、管理信息化和运营一体化等为主要特征的建筑生产方式，同时，又结合了现代化的产业组织模式和管理方法来管理建筑产业，从而形成的完整的有机的产业系统。从全产业链的系统角度考量建筑产业现代化，需要打通所有的价值链环节，除了建筑标准制造外，还包括前端的新建筑材料、新工艺的开发利用、中端的产业运营智能化、末端的建筑集成智能化等，以及建筑产业的后市场衍生服务。因此，现代化的建筑产业链中应包括房地产开发类企业、建筑工业化全产业链式企业、混凝土预制构件生产企业、钢结构生产企业、部品一体化生产企业等不同类型分工协同的企业类型（图3-3）。

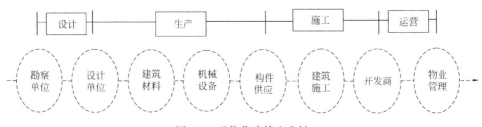

图3-3 现代化建筑产业链

建筑行业全产业链是投资、开发施工、构配件生产、物业管理、更新、维护、改造、重建等整个系统，包括所有设备装备、建材、构配件等中间产品，以及设计、施工、构配件生产、部品生产等企业主体。现代化建筑产业链应包括开发商、设计方、施工方、构件供应商等市场主体。开发商在决策阶段、设计阶段、建造阶段确定是否采用工业化生产方式、选择设计方案、采购构件、委托监理进行质量安全监督；设计单位在设计阶段和建造阶段提供设计方案，协助施工单位装配化施工；施工单位承担施工任务；构件供应商则生产标准化构件、组织构件运输等。随着建筑工业化、现代化发展进程，我国建筑产业链完善需要在新材料、部品构件、机械设备、装配集成以及智能运营等关键节点重点发力。

3.3.1 建筑材料

建筑材料包括墙体材料、保温绝热材料、防水密封材料和建筑装饰材料四大类。目前，我国新型墙体材料产量占墙体材料总量的比例达到65%以上，新型墙体材料市场容量超过2000亿元，包括活性炭墙体、加气混凝土砌块、陶粒砌块、小型混凝土空心砌块、纤维石膏板、新型隔墙板等产品。我国对保温材料的需求将以每年9.4%的速度增长，至2018年市场规模达110亿美元。目前，泡沫塑料仍然主导着中国的保温材料市场，此外高端产品有反射隔热保温涂料材料、耐高温隔热保温涂料材料、纳基隔热软毡等。防水密封材料包括沥青油毡（含改性沥青油毡）、合成高分子防水卷材、建筑防水涂料、密封材料、堵漏和刚性防水材料等五大类产品，我国新型防水密封材料初步形成较完整工业体系。发达国家改性沥青油毡和高分子防水卷材的市场占有率已达到80%~97%，我国的市场占有率仅为30%。未来改性沥青油毡和高分子防水卷材将会迎来重大的转型发展期。我国的新型装饰装修材料主要包括以下几类：纸面石膏板、建筑涂料、塑料型材及门窗、建筑镀膜玻璃、塑料管道及PCCP等复合管道、GRC轻质墙板、矿棉装饰吸音板及卫浴五金产品等。目前，我国装饰装修材料的花色品种已超过数千种，已基本形成较具规模、产品门类较齐全的工业体系（表3-3、图3-4~图3-6）。

目前我国四大类新型建筑材料　　　　　表3-3

类别	领域	细分产品
新型建材	新型墙体材料	轻质板材
		复合板材
		砖类
		砌块类
	保温绝热材料	有机类绝热制品
		岩矿棉
		硬质绝热类制品

续表

类别	领域	细分产品
新型建材	防水密封材料	防水涂料
		高分子防水卷材
		SBS/APP改性卷材
		硅酮建筑密封材料
		丙烯酸建筑密封材料
	新型建筑装饰材料	建筑涂料
		塑料型材及门窗
		建筑镀膜玻璃
		纸面石膏板

图 3-4 中国建材行业企业数量（单位：家）

图 3-5 中国建材行业主营业务收入（单位：亿元）

3.3.2 建筑部品构件

建筑部品是指按照一定的边界条件和配套技术，由两个或两个以上的住宅单

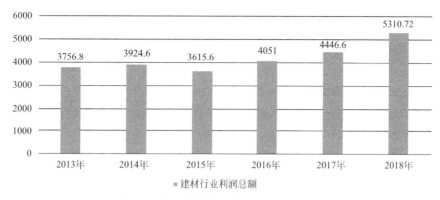

图 3-6　中国建材行业利润（单位：亿元）

一产品或复合产品在现场组装而成，构成建筑某一部位中的一个功能单元，能满足该部位一项或者几项功能要求的产品。目前我国建筑构件包括以下四种技术体系。

外墙挂板体系。其技术特点为内墙用大模板以混凝土浇筑，墙体内配钢筋网架；外墙挂预制混凝土复合墙板，配以构造柱和圈梁。该技术体系的优点是便于施工，加快进度，提高建筑的工厂化加工，在确保工程质量和不降低抗震能力的前提下节约建设投资。该体系的预制部件包括外墙、叠合楼板、阳台、楼梯、叠合梁等，适用于高层、超高层建筑。

预制装配式框架结构体系。预制装配式框架结构体系是按标准化设计，根据结构、建筑特点将柱、梁、板、楼梯、阳台、外墙等构件拆分，在工厂进行标准化预制生产，现场采用塔吊等大型设备安装，形成房屋建筑。预制部件包括柱、叠合梁、叠合楼板、阳台、楼梯等。该体系特点是工业化程度高、内部空间自由度好，但室内梁柱外露，施工难度和成本较高。适用于 60m 以下的公寓、办公建筑。

装配式剪力墙体系。装配式剪力墙结构是装配式混凝土结构的一种类型，其定义是主要受力构件剪力墙、梁、板部分或全部由预制混凝土构件（预制墙板、叠合梁、叠合板）组成的装配式混凝土结构。在施工现场拼装后，采用墙板间竖向连接缝现浇、上下墙板间主要竖向受力钢筋浆锚连接以及楼面梁板叠合现浇形成整体的一种结构形式。该体系的预制部件包括剪力墙、叠合楼板、叠合梁、楼梯、阳台、空调板、飘窗、户隔墙等。其体系特点是工业化程度高，预制比例可达 70%，房间空间完整，几乎无梁柱外露，施工简易，成本最低可与现浇持平、可选择局部或全部预制，但空间灵活度一般。适用于高层、超高层建筑。

装配式框架—剪力墙体系。该体系预制部件包括柱、剪力墙、叠合楼板、阳台、楼梯、户隔墙等；体系特点是工业化程度高，内部空间自由度较好，但施工难度高,成本较高。

经过 20 多年发展,目前我国 PC 构件在建筑质量、抗震性、防水、隔音等方面的问题有了质的飞越,但是构件之间连接点的质量隐患较大。项目封顶后,很难检查连接节点的质量到底如何。而且目前我国建筑施工队伍的专业水平还难以保证连接节点的施工工艺完全做到保质保量,许多 PC 建筑的连接节点缺乏足够的试验论证支持,在施工和管理上也无法实现有效监管。

部品构建价值链包括构建制图、模具图纸设计、模具加工、绑筋、组模、预埋、混凝土浇筑、脱模养护等环节。

3.3.3 建筑机械设备

建筑机械是工程建设和城乡建设所用机械设备的总称,我国又称为"建设机械""工程机械"等,它由挖掘机械、铲土运输机械、压实机械、工程起重机械、桩工机械、路面机械、混凝土机械、混凝土制品机械、钢筋及预应力机械、装修机械、高空作业机械等多种机械组成。建筑机械装备是建筑在生产、运输和安装等各环节所需要的工具设备,按照生产流程,主要包括:PC 构件生产设备、工程机械和其他安装设备三大类(图 3-7)。

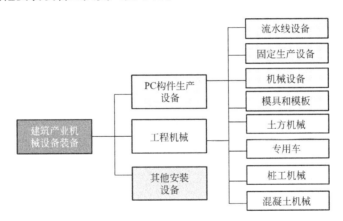

图 3-7 建筑机械设备行业细分

随着建筑业的发展,建筑施工机械化程度逐年提高。施工机械化的不断发展,推动了施工工艺的改革,高层建筑的出现,新工艺施工的推广,又促进了建筑施工机械化的进一步发展。改革开放以来,经过 40 年快速发展,我国建筑业摆脱了肩扛手抬的落后生产方式,转向拥有大量处于世界领先水平施工设备的机械化生产方式。2019 年,中国建筑业企业自有施工机械设备总台数 983.3 万台,比上年减少 109 万台。其中,浙江建筑业企业自有施工机械设备总台数 177.27 万台,位居全国第一;第二是江苏,建筑业企业自有施工机械设备总台数 125.77 万台;第三是湖北,建筑业企业自有施工机械设备总台数 72.06 万台。

建筑业企业自有施工机械设备年末总功率 25117.8 万 kW，比上年减少 639.9 万 kW，同比下降 2.48%（图 3-8）。

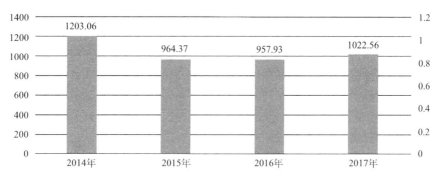

图 3-8　2014—2017 年中国建筑企业自有施工机械设备数量（单位：万台）

从工程机械全球行业格局来看，全球工程机械龙头主要集中在亚洲、北美和西欧。其中，来自于美国、日本和中国的工程机械企业销售规模最大，前 50 名的工程机械上市公司占据了全球工程机械市场的绝大部分。50 家企业的规模及变化趋势，一定程度上可以反映全球工程机械行业情况。美国卡特彼勒、日本小松、日本日立建机、德国利勃海尔、瑞典沃尔沃、韩国斗山、美国特雷克斯等大型跨国公司在全球工程机市场占据优势。在各细分领域，中国的移动起动机、挖掘机、装载机、压路机、塔式起重机、掘进机械和叉车产量均为世界第一，且有 9 家中国工程机械企业跻身全球工程机械制造商 50 强。国内龙头企业徐工集团、三一重工、中联重科、柳工集团、龙工、山推股份、厦工机械、山河智能、福田雷沃、恒立液压、艾迪精密等地位日益突出。

3.3.4　建筑全产业链集成

2020 年 7 月，住房城乡建设部发布的《关于推动智能建造与建筑工业化协同发展的指导意见》指出"要加大智能建造在工程建设各环节应用，形成涵盖科研、设计、生产加工、施工装配、运营等全产业融合一体的智能建造产业体系"，在信息化、工业化高度融合的基础上，利用新技术对建造过程赋能，推动工程建造活动的生产要素、生产力和生产关系升级，促进建筑数据充分流动，整合决策、设计、生产、施工、运维整个产业链，实现全产业链条的信息集成和业务协同、建设过程能效提升、资源价值最大化。

建造产业链以装配式建造产业为核心，带动上游建筑材料、部品部件、新型机械设备及建筑机器人等制造业的发展，并向下游装饰装修、房地产销售运营等产业延伸，把建筑部品、构件等中间品进行集成安装，形成完善的可具使用功能的建筑成品。同时，为更满足人的需求，进行其他配套功能集成，如智能系统解决方案、集成家居、新能源工程等。行业范围主要包括四类企业：建筑装配安装、集成家居解决商、智能建筑解决商、新能源解决商等。信息技术产业链以建筑信息模型（BIM）为核心，结合物联网、云计算、区块链等新兴信息技术，形成覆盖前期设计、采购、施工、运营各阶段的信息化咨询服务，带动上游面向数据采集、信息通信等硬件制造产业的发展，并向下游数据服务、平台运营等产业延伸。

设计阶段的建造产业链以建筑设计单位为主体，向上游市场采购工程勘察数据资料、人才资源服务及设计业务所需要的软件、平台和技术设备，向下游市场输出工程设计咨询服务。因此，设计阶段产业链上游的服务提供者主要包括工程勘察设计单位、地理信息采集服务供应商、人力资源及技能培训机构、建筑设计软件及平台供应商；中游市场参与者主要为各类建筑设计企业；下游的终端需求方是构件供应商和各类建筑施工单位。设计阶段的相关产业涵盖了制造业、科学研究和技术服务业等5个门类，共计17个小类产业[1]。

生产阶段相关产业生产阶段的建造产业链以预制构件、标准部品部件生产商为主体，向上游市场采购用于构件生产的原材料、机械设备和相关设计资料，向下游市场生产交付通用构件。因此，生产阶段产业链上游的服务提供者主要有原材料供应商、生产加工设备供应商、集成化信息系统服务商；中游市场参与者主要为预制构件供应商；下游的终端需求方主要是各类建筑施工单位。

施工阶段相关产业随着智能建造的不断推进，建筑工程管理覆盖面逐渐增大。施工单位作为施工阶段中游市场的参与主体，不但要向上游市场的劳务公司、材料设备供应商采购传统建造活动所需要的人、材、机，还需要向构件供应商采购标准化的部品部件，向智慧工地系统供应商采购智能化管理服务平台；并向下游终端需求方——以房地产公司为代表的各类有建筑开发需求的市场主体，提供专业化、精细化的工程管理服务和最终的建筑产品。施工阶段在建造产业链上的相关产业涵盖了制造业、建筑业、科学研究和技术服务业等产业。

运营阶段相关产业在智能运营层面，该阶段建造产业链以物业管理公司为主体，向上游市场采购智能家居、基础网络设备、集成化信息系统，向下游市场提供智能物业应用服务。运营阶段在建造产业链上的相关产业涵盖了制造业、房地产业、金融业等产业。

信息产业中的相关产业建造过程会产生大量的信息流动和数据流通，信息产业作为智能建造产业生态圈的基础性产业，为数据的可感知、可采集、可传输、可存储和可视化起到了至关重要的支撑作用。从数据采集端的硬件开发，到数据传输及处理过程中的运行维护，再到集成化软件及信息系统应用开发，信息产

---

① [1] 毛超, 张路鸣. 智能建造产业链的核心产业筛选 [J/OL]. 工程管理学报: 1-6 [2021-03-15]. https://doi.org/10.13991/j.cnki.jem.2021.01.004.

自身早已形成完整的产业链条。如何跳出原有的产业态，实现与建筑业互融共生，是现阶段发展智能建造急需思考的问题。

建筑产业链现代化过程受市场需求、技术条件、产业分工、政策体系等因素综合影响。首先，高质量建筑的市场需求对建筑工业化产业链的形成和发展起到至关重要的作用。用户对高品质建筑的选择，不仅取决于高品质建筑在质量、价格、个性化需求等方面相对传统建造方式的优势，也取决于人们对工业化生产方式在资源消耗、环境污染优点的认可。在建筑工业化发展的早期，由于技术、管理、规模等方面的原因，工业化建筑相较于传统建造方式，无论是从品质、价格还是性价比方面，都有一定的劣势。因此，政府有必要在政府需求方面加大工业化建筑的建设量，提高公共建筑、保障性住房等政府投资项目上的预制率和装配率要求，推动工业化建筑的市场需求。其次，在技术标准方面，对于核心在于装配化生产的工业化建筑，离不开标准化技术体系的支撑。当缺乏统一标准作为规范指导，或者不同地方标准、企业标准相互"不兼容"的时候，各环节的企业主体会从企业利益出发，无法形成适配整个产业链系统的产品体系，这将不利于建筑产业链的形成。因此，若想实现建筑工业化产业的发展，标准制定必须先行。再次，产业分工，特别是构件、部件生产能力。实现社会化大生产的条件之一是形成科学完善的标准化产品体系。按照是否作为结构的一部分，可以将构件分为结构构件和非结构构件。由于建筑物的单件性，即使推广标准化设计，出于质量、安全等方面的考虑，结构类构件也会由承包商组织生产和管理，而非结构构件则更容易在制定统一标准的前提下，实现社会化大生产。最后，政府的推动作用。在建筑产业链现代化发展初期，需要政府的推动作用促使其发展。近年来，住房城乡建设部门及各地方政府分别从土地政策、税收政策和金融政策等方面制订了鼓励建筑现代化发展的相关政策法规，对于推动建筑产品工业化、产业现代化和产业高质量发展起到了重要作用。

建筑工业化产业链整合有助于建筑工业化产业链条上各节点企业全面了解建筑工业化的发展现状及存在的问题，及时改进薄弱环节；有利于加强政府与企业、企业与企业之间的沟通交流，合理配置有限资源，寻求建筑工业化最佳发展模式和路径。工业化建筑建设企业外部政策环境和市场环境是导致企业参与产业链整合的原因之一，而企业参与产业链的能力很大程度上取决于企业拥有的资源状况，这些因素共同对产业链整合的实施过程（建筑工业化节点企业协同）产生影响，最终作用于产业链整合的组织绩效。

高质量的建筑业产业链应实现物料、信息、资金等供应链的协同整合以及在产业中不同企业间的顺畅流通。在物流方面，优化原材料和中间品的质量、交货时间，实现精益生产和柔性库存，降低交易成本；在信息流方面，通过建立统一共享的信息平台，实现信息交流的敏捷度和准确性，提高信息价值；在资金流方面，通过资金的顺畅流动提高资金使用效率，进而降低企业资金使用成本，提高企业利润率。在企业主体方面，通过协同研发和协同建造，整合不同企业间的技术体系，提高标准化程度、提高模数协同程度，通过产业链企业间的进一步分工，培育"专、精、特、新"型专业化企业，提升建造过程的预制率和部品化率。在市场层面，通过产业链龙头企业的技术带动作用和产品研发能力，加快建筑产品创新，推动和创造市场需求，通过节能、环保等新技术研发和扩散、降低企业成本、提高行业利润率。在政策层面，进一步完善政策体系，提高政策协调、激励作用，用制度激励企业高质量发展，推动建筑产业链现代化。

3.4 建设工程项目组织模式

从建筑企业工程项目组织来看，项目管理是规范工程项目组织模式、规范建筑市场监管、提高建设工程质量的重要环节，是建筑业生产方式变革和新技术应用的基础保障。

3.4.1 建设工程项目的主要组织模式

目前，我国建设工程项目主要采用以下几种组织模式：工程总承包模式、施工总承包模式、专业承包模式和劳务分包模式。

1. 劳务分包模式

劳务分包商是许多建筑业企业创业的原始起跑点。依靠劳务力的操作技能，通过劳务分包作业活动，完成劳务分包作业目标，同时，劳务分包商获得积累和发展。对操作工人的管理难度较大。

2. 专业承包商模式

需要掌握专业施工技术，拥有相应的施工设备，以及一定数量的技术工人和读识图纸的能力，承担专项工程的专业施工任务，业务单一，管理和技术的专业化程度高，建筑市场的细分化使得专业承包商有较大的生存发展空间。

3. 施工总承包商模式

这是目前众多建筑施工企业采用的主要运行模式，企业需要拥有多种施工技术和管理人才，基本特征是"按图施工"，强调优化组织施工资源。施工进度、质量、成本、安全生产控制是主要的管理目标，近年来更加强调绿色施工和环境保护。相对来说，施工的利润空间较小，主要通过降低成本和增加工程结算收入获取收益。

4. 工程总承包商模式

当施工承包商拥有了设计、采购等更多的功能后，可以上升为工程总承包商模式。常见的运行模式有：（1）设计、施工总承包（DB）：承包商按照合同约定，承担工程项目设计施工，并对承包工程的质量、安全、工期、造价全面负责。(2) 设计、采购总承包（EP）：承包商对工程的设计和采购进行承包，施工则由其他承包商负责。(3) 设计、采购、施工总承包（EPC）：承包商负责工程项目的设计、采购、施工、安装全过程的总承包，并负责试运行服务。

除了以上4种主要模式以外，近年来，随着我国建设管理体制改革的不断深化，建筑业企业的经营领域逐步放宽，建筑企业服务能力不断升级，也将建筑工程项目组织模式引向更高的层面[①]。

1. 工程建设服务商模式

这种模式也可以称之为项目管理服务商模式。该模式的特点是工程建设服务商不从事具体的工程施工，而是代表业主对工程项目的实施进行管理。这种模式中的工程建设服务商作为业主的代表或业主的延伸，要求其必须具备帮助业主进行项目前期策划、项目定义、可行性研究、办理项目报批、项目融资，以及对设计、采购、施工、试运行等整个过程承担有效的管理和控制，保证项目的成功实施。常见的有建设管理模式（CM）、项目管理服务模式（PM）、项目管理承包模式（PMC）等。

2. 产业发展商模式

当具备较大的资金实力后，工程总承包商或者工程建设服务商可以转型为产业发展商（包括房地产开发商、资源矿产项目开发商、工业项目开发商、旅游项目开发商、基础设施项目建设运营商等）。在这个层次上，通常伴随着产业资本与金融资本的相互融合，因而，对产业发展商而言，资本运营能力成为其核心能力，而工程管理能力或工程总承包能力仍然是重要的能力组合。产业发展商一般采用直接上市方式、信托方式、公司债券方式、私募基金方式或风险投资基金方式等获得产业发展所需要的大量资金。

3. 城市运营商模式

随着经济实力、品牌形象、影响力的升级，产业发展商进而转向城市发展商或运营商模式。城市发展商或运营商通过为城市提供集成规划、城市投融资、城市开发、城市建设方面的系统服务，从科学发展角度，统筹协调产业驱动、交通引领、招商融资、生态保护、空间拓展、人口聚集、城市形象等，实现城市的可持续发展及综合竞争能力的提升。城市发展商或运营商模式可以从老城区改造、城市交通建设、产业园区建设、新城区建设等不同的角度大手笔切入，站稳立足点，然后再纵深扩展覆盖面，最终在更多的领域占据城市经济发展运行的垄断地位。

建筑业企业的主营业务通常表现为"建筑承包服务"业务，这种特殊性使得建筑业具有"服务产业"的特性。在一定程度上，服务能力决定了建设工程项目

---

① 尤完，卢彬彬.基于"互联网+"环境的建筑业商业模式创新类型研究[J].北京建筑大学学报，2016，32(3)：150-154.

组织方式。

建筑业受之前分割管理体制的影响，工程建设环节碎片化、分散化、分割严重，尤其工程总承包推广缓慢，建筑企业多集中于建筑业价值链的低端，在附加值高的融资建设、总承包、全过程工程专业咨询等方面仍落后于发达国家。这就要求通过完善优化工程建设组织模式进一步提升生产力，以带动我国建筑业企业从低端走向高端市场，提升整体竞争力。这包括构建合理的工程建设组织模式，明晰工程建设各方各层的权责利，即强化建设单位的首要责任；加快推行工程总承包，促进设计施工深度融合，由分割管理转向集成化管理；培育全过程工程咨询，发挥建筑师的主导作用，由碎片化转向全过程。同时，市场主力两方面发展，一方面是龙头企业，即总承包企业和全过程工程咨询服务企业在国内外市场做优做强做大；另一方面是大量专业精准，特色鲜明的小微企业，提升单项专业能力，在细分市场中做专做精做细。龙头企业与小微企业开展合作，各取所长，优势互补，避免同质化进行，形成良好行业生态。

3.4.2 建设工程项目总承包实施现状

我国传统的项目组织实施方式主要采用设计、施工平行发包的传统工程建设模式，工程设计与施工脱节，导致管理成本过高，协调难度大等问题。目前，建筑市场存在诸多弊端，如中标前甲方压级压价肢解总包强行分包现象严重；中标后设计、施工方不断变更洽商追加投资超概现象严重；低层次恶性竞争激烈，质量问题频发等，都与项目分包模式有着千丝万缕的联系。有步骤推进工程总承包发展，有利于提升项目可行性研究和初步设计深度，实现设计、采购、施工等各阶段工作的深度融合，提高工程建设质量。因此，规范项目组织模式，推动工程总承包模式，是解决目前建筑市场诸多问题，尤其是建设工程质量问题的抓手。

自20世纪80年代，我国先后颁发了《关于设计单位进行工程建设总承包试点有关问题的通知》（计设〔1987〕619号）、《设计单位进行工程总承包资格管理的有关规定》（建设〔1992〕805号）等文件，此后，原建设部在1994年8月组织的工程项目管理研讨会上，阐释了"工程项目管理"的内涵，并在进一步的实践中形成了相应的体制、机制。2000年以来，原建设部相继颁布了《建设工程项目管理规范》《建设项目工程总承包管理规范》和《建设工程监理规范》，标志着我国工程建设项目管理在规范化、科学化、国际化方面迈开了新的步伐。在工程项目管理范式转换基础上，"设计—采购—建造"（Engineering-Procurement-Construction，EPC）模式在我国工程管理实践中得到推广和应用。

目前我国工业建筑项目和铁路、交通、水利建设项目主要采用设计施工总承包模式，即建设单位将工程项目的勘察、设计、采购、施工、试运行（竣工验收）等过程全部或部分发包给工程总承包企业，工程总承包企业按照合同约定对工程项目的质量、安全、工期、造价等向建设单位全面负责，工程总承包模式能有效控制建设投资、提高工程质量和效益、规范建筑市场秩序，有效遏制违法发包和转包、违法分包、挂靠等违法违规行为。2016年，住房城乡建设部印发《关于进一步推进工程总承包发展的若干意见》，推广工程总承包制，提出"建设单位在选择建设项目组织实施方式时，应当本着质量可靠、效率优先的原则，优先采用工程总承包模式。政府投资项目和装配式建筑应当积极采用工程总承包模式。"2017年，国务院办公厅住房城乡建设部发布了《关于促进建筑业持续健康发展的意见》等多项相关政策，对规范建设市场起到了积极的促进作用；2019年12月，住房城乡建设部发布《房屋建筑和市政基础设施项目工程总承包管理办法》，进一步明确了工程总承包方式的适用项目、工程总承包的主要方式、发包阶段和条件、发包方式、招标文件编制、工程总承包单位条件、项目经理条件、评标办法、合同价格形式、项目分包、工程总承包的质量、安全、工期责任等，提出建筑工程质量终身责任制，由工程总承包单位及项目经理依法承担质量终身责任，有力推进了工程总承包（EPC）管理模式的发展（表3-4，图3-9、图3-10）。

2017年各类特级、一级施工总承包企业建筑总产值情况　　表3-4

专业分类	建筑业总产值（亿元）		同比增长率（%）
	2017年	2016年	
合计	117506	105590	11.29
房屋建筑工程	78081	70370	10.96
公路工程	9141	7982	14.52
铁路工程	7813	6912	13.04
港口与航道工程	1854	1732	7.04
水利水电工程	3206	2944	8.90
电力工程	1503	1534	−2.02
矿山工程	701	628	11.62
冶炼工程	2591	2072	25.05
化工石油工程	1245	1399	−11.01
市政公用工程	8843	7768	13.84
通信工程	391	452	−13.50
机电安装工程	2137	1797	18.92

数据来源：中国建筑业年鉴2018。

但是，目前仍有一些现实问题掣肘着EPC管理模式的推行，并对建筑业高质量发展造成了不利影响。

首先，工程总承包市场培育不够。由于我国建筑全产业链资源配置有着自身

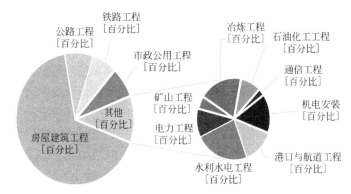

图 3-9 12 个类别特级、一级施工总承包企业建筑业总产值构成
数据来源：中国建筑业年鉴 2018。

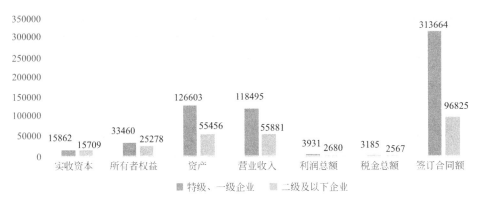

图 3-10 2017 年总承包企业主要财务指标（单位：亿元）
数据来源：中国建筑业年鉴 2018。

的特殊性，条块分割，专业分工过细过全，每一领域都有从规划、设计、到施工的资源配置，各成体系，互不关联。既有各专业设计市场之分，又有央企和地方企业区域市场之争，还有重大项目组建"指挥部""项目管理公司"等代行工程总承包管理的职能机构，这在一定程度上迟滞了工程总承包市场的发育。推行工程总承包动力不足。国外工程总承包模式走的是市场推动的自然成长路径，发、承包双方均有主动性。虽然，住房城乡建设部《关于进一步推进工程总承包发展的若干意见》（建市〔2016〕93 号）中有关于加快工程总承包的规定，但是，由于政府行政发文推动的被动性路径，发包方缺乏主动性，市场需求"动力不足"。一是业主基于权利和利益考虑，没有主动采用工程总承包的积极性，指定分包、随意肢解现象较为普遍，对项目管理介入或控制太多。二是业主在项目造价的定价过程中，对承包商报价的不信任，对承包商的总管能力不信任，导致施工企业在业主心中的信用处于较低地位，多数中标项目业主干预较多，致使工程总承包

项目管理产生异化现象。三是施工企业从施工总承包转型升级 EPC 总承包，管控能力还有待提高。

其次，EPC 运行机制缺失。一是业主需求不清晰，影响到工期和结算等问题。在规划设计阶段，业主急于招标，前期工作时间太短，所提供的招标资料比较简单且质量较低，设计意图不明显，功能需求过于笼统和不明确，给承包方的投标（概算、采购、施工组织设计、报价）和项目实施等后续阶段，带来较多变更及需要协调事宜。二是合同管控内容不明确，约定随意无标准。在合同签订及定价阶段，目前没有符合工程总承包本质意义的合同范本，各地政府主管部门通常是参考施工总承包合同形式，结合本地实际情况制定合同，合同条款的约定更像施工总承包合同。在实施过程中，业主不受合同约束随意提高设计标准，增加工程项目总量，但不允许调增合同总价。业主权利强势，使得承包方履约难度加大，利润空间被压缩甚至亏损。三是甲乙双方位置不对等，相关法规不健全。在合同履约阶段和结束阶段，发、承包双方会产生很多争议、扯皮现象，双方依法处理争议意识较为淡薄，现行的法律尚不具备处置工程总承包争议的机制，在实施的过程中还会遇到地方法律法规的制约。

再次，设计与施工的深度融合不足。施工企业承接的联合体中标的项目，多数为甲方指定设计单位，设计费用只是走企业的账务。EPC 管理团队和施工管理团队介入时间不同步。设计院介入项目较早，前期施工单位无人与设计院对接，而设计单位中对项目实施和现场施工难易程度考虑不全面，未进行提前预判与辨识，达不到设计与施工深度融合的目的。

第4章

建筑产业现代化水平

在实现"两个一百年"的奋斗目标中,建筑业承担着艰巨的建设任务。党的十九大报告指出,我国经济已由高速增长阶段转向高质量发展阶段,正处在转变发展方式、优化经济结构、转换增长动力的攻关期,建设现代化经济体系是跨越关口的迫切要求和我国发展的战略目标。建筑产业现代化是建筑业发展演变规律的客观要求,建筑产业现代化是应对新技术革命和产业革命挑战的需要,建筑产业现代化是转变建筑业发展方式的根本要求。

党的十九大报告提出要走新型工业化道路,并强调信息化是我国加快实现工业化和现代化的历史性任务。新型工业化道路的确定,是建立在对传统工业化反思基础之上的。尽管传统工业化曾对推进国民经济发展功不可没,但经营粗放、市场要素流动受限、对外开放程度较低、忽视环境建设等问题制约了产业发展。目前,我国建筑业传统发展模式存在工业化水平低、劳动生产率低、科技进步贡献率低、建筑质量和性能低,以及资源能源消耗高、环境污染程度高等突出问题。大力推进建筑产业转型升级,从高速增长向高质量转变迫在眉睫。建筑产业现代化将现代科学技术和管理方法应用于整个建筑产业,以工业化、信息化、产业化深度融合对建筑全产业链进行更新、改造和提升,为社会和用户提供性能优良的绿色建筑产品,实现建筑产业转型升级,打造产业核心竞争力。

4.1 建筑产业现代化内涵

现代建筑业是随着当代信息技术、先进建造技术、先进材料技术和全球供应链系统而产生的。现代建筑业的基本含义与传统建筑业的区别在于:现代建筑业就是用现代科学技术武装起来的建筑业,是现代科学技术与建筑业相结合的产物。现代建筑业的实质是建筑业结构的全面升级和优化。与传统建筑业相比,现代建筑业更加强调以知识和技术为投入元素,即应用现代建造技术、现代生产组织系统和现代管理理念进行的以现代集成建造为特征、知识密集为特色、高效施工为特点的技术含量高、附加值大、产业链长的产业组织体系。

建筑产业现代化是以现代科技进步为支撑，以工业化建造方式为核心，广泛应用节能、环保新技术、新设备、新材料，充分利用现代信息技术和管理手段，将建筑产品生产全过程的融投资、规划设计、开发建设、施工管理、预制件生产、使用服务、更新改造等环节联结为完整的一体化产业链系统，依靠高素质的项目经理人才和新型产业工人队伍，以世界先进水平为目标，实现全面提高工程质量、安全生产水平和生产效率，提供满足用户需求的低碳绿色建筑产品，不断推动传统建筑业向可持续发展的现代建筑业转变。建筑产业现代化的基本特征表现为：建筑设计标准化、中间产品工厂化、施工作业机械化、过程建造精益化、建筑生产工业化、最终产品绿色化、全产业链集成化、项目管理国际化、项目经理职业化、产业工人技能化。

从建筑产业现代化的定义和基本特征可以看出，建筑产业现代化作为建筑业转型过程的方向和目标，必须要有相应的新型建造方式作为实践的载体。换言之，只有大力发展新型建造方式，才能更加有效地推动建筑产业现代化的进程。现代科学技术与传统建筑业的融合，极大地提高了建筑业的生产力水平，变革了建筑业的生产关系，形成了多种类型的新型建造方式。这些新型建造方式包括装配式建造、智慧建造、绿色建造、精益建造、工程融资承包建造等。

"建筑产业现代化"是一个涵盖了"工业化""产业化"的综合概念。建筑产业现代化即用现代科学技术改善传统的建筑产业，并使之现代化的过程。通过大量新材料、新技术、新工艺、新设备的推广应用，大幅度提高建筑生产的劳动生产率和质量水平，降低生产成本。将先进的科学技术和管理方法应用于建筑产业，以社会化大生产的方式对建筑产业的生产过程进行组织，提高建筑产业各项技术、经济指标，为用户提供性能优良的绿色建筑产品，实现建筑产业的转型升级，使建筑产业达到和超越国际先进水平的过程。

4.1.1 建筑业工业化

建筑产业现代化的一个重要方面是工业化。根据产业经济学与产业组织理论，工业化的核心是构建基于现代生产技术的社会化生产方式及其产业组织体系，建筑工业化也不例外。根据《中国建筑业改革与发展研究报告（2014）》，"建筑工业化是以标准化设计、工厂化生产、装配式施工、一体化装修和信息化管理为特征的生产方式，并在设计生产、施工、开发等环节形成完整的、有机的产业链，实现凡物建造全过程的工业化、集约化和社会化[①]。"因此，建筑生产工业化是用现代工业化的大规模生产方式代替传统的手工业生产方式来建造建筑

[①] 徐奇升，苏振民，王先华. 基于系统动力学的建筑工业化支撑环境影响因素分析[J]. 工程管理学报，2012（4）：36-39.

产品。但不能把建筑生产工业化笼统地称为建筑工业化,这是因为建筑产品具有单件性和一次性的特点,建筑产品固定、人员流动,而工业产品大多是产品流动、人员固定,而且具有重复生产的特性。工业化生产方式,主要指在建筑产品形成过程中,有大量的构部件可以通过工业化(工厂化)的生产方式,它能够最大限度地加快建设速度,改善作业环境,提高劳动生产率,降低劳动强度,减少资源消耗,保障工程质量和安全生产,消除污染物排放,以合理的工时及价格来建造适合各种使用要求的建筑。

建筑生产工业化主要体现在以下几个方面:

一是建筑设计标准化。设计标准化是建筑生产工业化的前提条件。包括建筑设计的标准化、建筑体系的定型化、建筑部品的通用化和系列化。建筑设计标准化就是在设计中按照一定的模数标准规范构件和产品,形成标准化、系列化的部品,减少设计中随意性,并简化施工手段,便于建筑产品能够进行成批生产。建筑设计标准化是建筑产业化现代化的基础。

二是中间产品工厂化。中间产品工厂化是建筑生产工业化的核心。它是将建筑产品形成过程中需要的中间产品(包括各种构配件等)生产由施工现场转入工厂化制造,以提高建筑物的建设速度、减少污染、保证质量、降低成本。

三是施工作业机械化。机械化既能对目前已形成的钢筋混凝土现浇体系的质量安全和效益得到提升,更是推进建筑生产工业化的前提和保障。它在标准化的设计和定型化的建筑中间投入产品的生产、运输、安装,运用机械化、自动化生产方式来完成,从而减轻工人劳动强度、有效缩短工期。

四是建造过程精益化。用精益建造的系统方法,控制建筑产品的生成过程。精益建造理论是以生产管理理论为基础,以精益思想原则为指导(包括精益生产、精益管理、精益设计和精益供应等系列思想),在保证质量、最短的工期、消耗最少资源的条件下,对工程项目管理过程进行重新设计,以向用户移交满足使用要求工程为目标的新型建造模式。

从建筑生产工业化来看,建筑生产工业化是指用现代工业化的大规模生产方式代替传统的手工业生产方式建造建筑产品,流水线式的规模化生产部品构配件替代了传统建筑产业中以现场手工、湿作业为主的作坊式生产方式,将PC技术应用于预制构配件的拼装,将工业化生产出来的部品通过专业的物流运输企业运输至施工现场,以装配式作业代替传统浇筑作业,将先进的技术、现代化的管理方式以及具有专业知识的产业工人作为支撑,实现建筑产业的工业化。其基本内容是:建筑设计标准化、部品生产工厂化、现场施工装配化和精益化、产品供应成品化(结构装修一体化)、从业人员专业化等。建筑产业现代化通过工业化生产方式,使生产要素有机组合,减少中间环节,优化资源配置;通过标准化的模数组合,提高劳动生产率,减少现场湿作业,摆脱粗放型的生产方式,最大限度满足建筑业可持续发展的要求。

4.1.2 建筑业产业化

从建筑业产业链的角度看，建筑产业现代化是全产业链的现代化，相关产业包括以投资、集成应用为主的房地产开发业，提供标准化设计的建筑规划设计业，提供部品构配件工厂化生产的装配制造业，从事部品运输的物流运输业，以建筑工业化为核心的建筑施工业，从事装饰装修的装修行业以及提供管理维护的物业管理行业，通过整条产业链的整合、更新以及升级。建筑产业现代化涉及的开发—设计—生产—运输—施工—运营维护各个流程之间形成了相互协调并制约的运行状态，降低成本的同时提高了建筑产品的品质。

从产业集成化角度来看，产业链组织集成化是指使用综合集成的方法对工程全生命周期的参与者进行组织，实现资源配置的最优化。其基本内容是：产业链结构完整化、产业组织协同化、产业布局合理化、产业生产规模化。通过对全产业链条的更新升级和整合，使得产业链结构日益完整、资源配置水平逐渐提高、产业组织之间达到最大程度协同、生产力和产业布局逐步合理，同时集成建筑产品开发—设计—生产—运输—施工—运营等各部分环节一体化。集成化生产可以降低建造成本并提高运行效率，从而提高建筑产业的经济效益。

建筑生产过程和产品现代化的内涵是在工业化、产业化的基础上，还需包括管理手段和产品的信息化、建筑生产过程和建筑产品的绿色化。建筑企业利用先进的信息技术来建立自身的信息管理系统进行辅助管理。通过应用 BIM 技术、智能化操作技术、物联网技术等建立促进现代化建筑产业发展所需要的信息平台，引入信息化手段可以促进运行机制的高效运作，同时发挥现代化生产的规模效应。绿色化保证建筑产业发展的可持续性。绿色环保的建造过程和为社会提供绿色建筑产品，在建筑部品的生产和使用过程中集约化利用社会资源、最大程度上降低对环境的不良影响，努力创建环境友好型产业。

4.1.3 建筑业信息化

智能建造是我国传统建筑业转型升级的必由之路。2020 年 7 月，住房城乡建设部发布《关于推动智能建造与建筑工业化协同发展的指导意见》，指出"要加大智能建造在工程建设各环节应用，形成涵盖科研、设计、生产加工、施工装配、运营等全产业链融合一体的智能建造产业体系"，将智能建造及其产业体系的建设提升到战略高度。在新一轮科技革命的驱动下，传统建造产业面临着新的技术转型与服务重构。越来越多的企业认识到，我国建筑业必然要迈上数字化、智能化的高质量发展道路。

建筑产业要实现现代化，需要在信息化、工业化高度融合的基础上，利用新技术对建造过程赋能，推动工程建造活动的生产要素、生产力和生产关系升级，促进建筑数据充分流动，整合决策、设计、生产、施工、运维整个产业链，实现全产业链条的信息集成和业务协同、建设过程能效提升、资源价值最大化。[①] 建筑业信息化过程中几种新兴信息技术主要有 BIM、物联网、移动互联网和大数据。信息技术将在以下方面推动建筑行业信息化发展。

第一，高清晰度测量与定位技术能提升测量精度和速度。不可预知的地质问题是项目延期和超预算的关键原因，项目实施与前期勘探的差异往往需要后续工程中用大量的时间和精力去弥补。新技术可集成高分辨率图像技术、地理信息系统（GIS）技术等实现高速数字作图和测量。

第二，下一代 BIM、5D 技术提供未来的设计平台。目前在建设行业并没有协同性强的系统，项目业主和承包商经常使用不同的信息系统，相互之间不能形成良好的交互，这导致信息共享程度低，沟通成本高企。而在 20 世纪 70 年代，大型航空公司开始使用 3D 计算机模型，实现项目计划、设计、施工和运维全过程贯通，使得航空业生产效率提高了 10 倍。BIM 5D 技术不仅包含 3D 空间设计参数，还包括项目的成本和进度，实现全维度对项目进行控制，而且将帮助建筑企业实现项目计划、设计、施工和运维全过程贯通，显著提升项目整体运营效率。

第三，数字化协同和移动技术实现从办公室人员到现场人员无纸化办公。数字化协同办公实现实时信息共享，能实现信息在交互时透明、精准、及时，从而达到更好和更可靠的产出。

第四，物联网和高级分析技术协助进行智能的资产管理和决策。建筑工地上涉及人、机、料等大量工作在现场同时开展，它们产生海量的数据，但很多数据没办法被收集、处理和分析。而现在传感器、近场通讯（NFC）等设备能帮助监控工人和设备的生产效率，比如设备监控和维修、质量评估、安全管理等，实现经营效率的大幅提升。

第五，设计和施工技术构建未来的建筑材料和施工方法。现在大约 80% 的施工工作都得在现场进行，而现在预装配、3D 打印和机器人安装等能实现非现场施工，提高项目的可预测性和可重复性。

4.1.4 建筑业绿色化

绿色建造是在我国倡导"可持续发展"和"循环经济"等大背景下提出的，是一种国际通行的建造模式。面对我国提出的"建立资源节约型、环境友好型社会"的新要求及"绿色建筑和建筑节能"的优先发展主题，建筑业推进绿色建造已是大势所趋。研究和推进绿色建造，对于提升我国建筑业总体水平，实现建筑业可持续发展并与国际市场接轨具有重要意义。目前，国内对于绿色建造的理解

---

① 毛超，张路鸣. 智能建造产业链的核心产业筛选［J/OL］. 工程管理学报：1-6［2021-03-02］. https://doi.org/10.13991/j.cnki.jem.2021.01.004.

分为广义和狭义两个方面。

从广义上讲，绿色建造是在工程建造过程中体现可持续发展的理念，通过科学管理和技术进步，最大限度地节约资源和保护环境，实现绿色施工要求，生产绿色建筑产品的工程活动。绿色建造的本质是工程建设生产活动，但这种活动是以保护环境和节约资源为前提的。绿色建造中的资源节约是强调在环境保护前提下的节约，与传统施工中的节约成本、单纯追求施工企业的经济效益最大化有本质区别。绿色建造的基本理念是"环境友好、资源节约、过程安全、品质保证"。绿色建造在关注工程建设过程安全和质量保证的同时，更注重环境保护和资源节约，实现工程建设过程的"四节一环保"。绿色建造的实现途径是施工图的绿色设计、绿色建造技术进步和系统化的科学管理。绿色建造包括施工图绿色设计和绿色施工 2 个环节，施工图绿色设计是实现绿色建造的关键，科学管理和技术进步是实现绿色建造的重要保障。绿色建造的实施主体是工程承包商，并需由相关方（政府、业主、总承包、设计和监理等）共同推进。政府是绿色建造的主要引导力量，业主是绿色建造的重要推进力量，承包商是绿色建造的实施责任主体。

狭义的绿色建造是指在施工图设计和施工全过程中，立足于工程建设总体，在保证安全和质量的同时，通过科学管理和技术进步，提高资源利用效率，节约资源和能源，减少污染，保护环境，实现可持续发展的工程建设生产活动。也就是说，狭义的绿色建造仅包含了施工图绿色设计和绿色施工两个环节。

广义的绿色建造是指建筑生成的全过程，包含工程立项与绿色策划、绿色设计和绿色施工三个阶段；但绿色建造不是这三个阶段的简单叠加，而是其有机整合。绿色建造能促使参与各方立足于工程总体角度，从工程立项策划、设计、材料选择、楼宇设备选型和施工过程等方面进行全面统筹，有利于工程项目绿色目标的实现和综合效益的提高（图 4-1）。

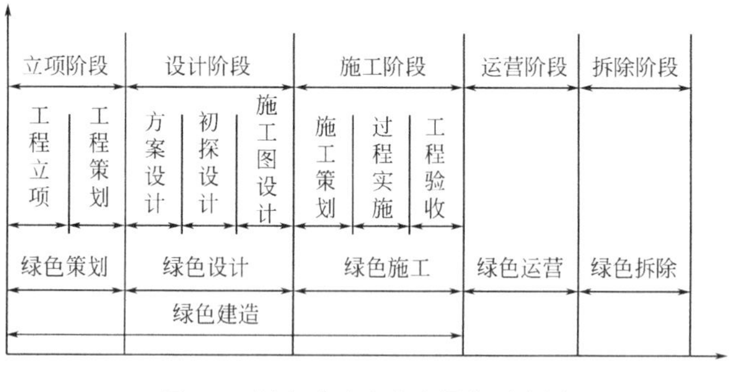

立项阶段	设计阶段			施工阶段			运营阶段	拆除阶段
工程立项 | 工程策划	方案设计	初步设计	施工图设计	施工策划	过程实施	工程验收		
绿色策划	绿色设计			绿色施工			绿色运营	绿色拆除
绿色建造								

图 4-1 绿色建造全生命周期示意图

4.2 建筑产业现代化发展现状

近年来,我国建筑业现代化进程不断推进,发展质量不断提升,日益显现出新的发展特征,主要体现在以下几个方面。一是行业地位彰显新效能。建筑业在保持国民经济支柱产业地位的同时,民生产业、基础产业的地位日益突显,在改善和提高人民的居住条件生活水平以及推动其他相关产业的发展等方面发挥了巨大作用。二是工程建造能力大幅度提升。建筑业先后完成了一系列设计理念超前、结构造型复杂、科技含量高、质量要求严、施工难度大、令世界瞩目的重大工程。三是以 BIM 技术为代表的信息化技术的应用日益普及,信息化技术正在全面融入工程项目管理过程。建筑企业对 BIM 技术、云计算、大数据、物联网、虚拟现实、可穿戴智能技术、协同环境等信息技术的应用比率、工程项目施工现场互联网技术应用比率逐年提高。四是工程总承包方式、装配式建造方式、绿色建造方式等新型工程建造方式正在逐步成为工程建设和管理的主流方式。

4.2.1 建筑业工业化现状

推进建筑工业化发展的核心是要实现建筑设计标准化,构配件生产工厂化,现场施工装配化,土建和装修一体化。当前,建筑工业化发达国家已从工业化专用体系走向大规模通用体系,以标准化、系列化、通用化建筑构配件、建筑部品为中心,组织专业化、社会化生产和商品化供应的住宅产业现代化模式,进入重点转向节能、降低物耗、降低对环境的压力以及资源循环利用的可持续发展阶段。目前,我国建筑工业化发展中尚存在以下问题。

建筑工业化标准规范有待健全。自 2015 年住房和城乡建设部发布《工业化建筑评价标准》(已废止)以来,国家和地方出台了一系列相关的工业化标准规范,2017 年批准《装配式建筑评价标准》为国家标准。但标准化、系列化、通用化程度不高,工业化建造的综合优势不能充分显现。从建筑业工业化标准来看,近年来,我国研究编制了大量的工业化设计、建造标准,初步建立了我国建筑工业化的标准体系。目前,我国装配式建筑设备技术体系还不完善,关键技术及系统集成还不成熟,注重研究装配式结构而忽视与建筑机电系统的相互配套;从设计、部品生产、装配施工、装饰装修到质量验收的全产业链关键技术缺乏且系统集成度较低;建筑和机电设备一体化程度较低。

建筑工业化关键环节有待突破。除了健全法规标准体系、全产业链建设、专业化配套以及质量检测设备等以外,各地在探索工业化发展的技术体系和实践应用时,出现了多种多样的技术体系,但大部分还在试点探索阶段,成熟的、易规模推广的还相对较少。当前,迫切需要总结和梳理成熟可靠的体系,作为全国各地试点项目选择的参考依据。专用标准缺乏,如构配件(叠合楼板、连接件、密封胶等）的检测方法标准和应用规程，短期内仍是以企业标准（多参考国外标准）为依据，隔震、减震等关系结构安全的关键性技术也有待进一步突破。建筑工业化关键技术需进一步攻关，从技术方式的角度重点推进以下三个方向：一是主体结构由预制构件的应用向建筑各系统集成建造转变；二是装饰装修与主体结构、围护结构一体化发展，推广全装修，鼓励集成装修模式；三是部品部件向标准化、通用化发展。

与建筑工业化发展相匹配的配套能力不足。尚未形成与工业化建造相匹配的产业链，配套能力不足，包括预制构件生产设备、运输设备、关键构配件产品、适宜的机械工具等，这些能力不配套，已严重影响了建筑工业化整体水平的提升。不论是设计、施工，还是生产、安装等各环节，都存在人才不足的问题，尤其是没有建成稳定的、训练有素的建筑产业工人群体，严重制约着建筑工业化的发展。

政府激励、监管体系尚待健全。现有的行业监管体制主要与长期发展的传统建造方式相互适应，不能满足工业化建造的发展要求。构件部件生产的监管边界不清，部门监管主体不明确，监管措施不完善；现行招标投标制度、项目的组织实施方式不利于装配式建筑的发展；质量验收、安全管理及监督检查标准不健全；项目立项审批、行政监管等各个环节需要流程再造。装配式建筑带来的环境效益和社会效益，未被充分认识，特别是由于缺乏政策引导和扶持，限制了建筑工业化的推进速度。

推进装配式建筑发展是我国建筑工业化发展的重要体现。2016 年 9 月，国务院办公厅发布《关于大力发展装配式建筑的指导意见》，提出因地制宜发展装配式建筑、力争用 10 年左右的时间，使装配式建筑占新建建筑面积的比例达到 30% 等工作目标。此后，全国各省市也在不断完善配套政策和细化落实措施。据《2019 年装配式建筑发展概况》报告，2016—2019 年，全国新开工装配式建筑面积平均增长率达 55%。其中，2019 年全国新开工装配式建筑达到 41800 万 m^2，较 2018 年增长 44.6%，约占新建建筑面积的 13.4%。从区域来看，重点推进地区 2019 年新开工装配式建筑占全国的比例为 47.1%，而其他一些省市也逐渐呈规模化发展局面（图 4-2、图 4-3）。

从产业实践来看，装配式建筑产业化发展主要存在以下问题：

装配式建筑产业化供给基础薄弱，对装配式建筑产业化发展的认识不足。发展装配式建筑对我国建筑领域来说具有变革性，而装配式建筑的推广仍以政府为主导，市场对装配式建筑在高效、环保等方面的优势认知不充分，仍然认为装配式建筑就是传统建筑的拆分。装配式建筑产业技术积累缺乏。我国常年以现场手工作业为特征的建造方式向以社会化大生产方式为特征的工业化建造方式转变的技术积累欠缺，致使装配式建筑技术体系模式单一。装配式建筑综合经济效益不

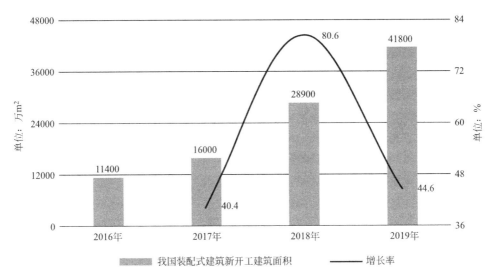

图 4-2 2016—2019 年我国装配式建筑新开工建筑面积及增长情况
数据来源:《2019 年装配式建筑发展概况》。

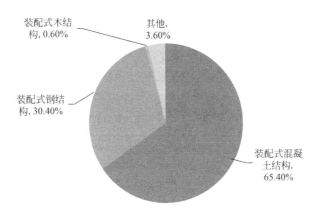

图 4-3 2019 年我国装配式建筑结构类型分布情况
数据来源:《2019 年装配式建筑发展概况》。

明显。装配式建筑产业发展前期投入大、成本高,特别是没有形成规模化发展,企业承担的经济风险较大。此外,装配式建筑全生命期综合经济成本缺乏具体分析,片面强调直接成本和短期利润,限制了装配式建筑的深入推广。

装配式建筑产业化发展供需错位,装配式建筑产业化供给能力与技术需求脱节。其本质是装配式建筑技术链与装配式建筑产业链之间不匹配造成的。从需求侧来看,装配式建筑产业化技术需求体现在 3 个方面,即依托产业化流程的装配式建筑技术体系、以装配式建筑全生命期为核心的管理技术体系和以装配式建筑经济效益提升的创新推广体系。而从供给侧来看,当下装配式建筑技术的构建大多是对传统现浇式建筑技术的拆分,在设计—加工—装配一体化技术上的应用还处于摸索阶段。此外,体现建造全生命期管理的EPC技术也处于推广阶段,不能发挥推动装配式建筑技术产业化发展的优势。装配式建筑产业化人力供给层次与需求层次不吻合。装配式建筑需要更多专业化、工业化人才的参与。2019年建筑业从业人数为5427.08万人(2020年国家科技统计年鉴),居各行业首位,其中,现场作业人员总数占总人数的85%。有研究表明,到2025年,工程建设项目现场作业人员减少235万人,但是装配式建筑技能人才的需求量为1175万人。此外,装配式建筑的深入推广必然会带领建筑产业由劳动密集型向技术密集型过渡,专业化、高层次人才供给与现实需求的差距是装配式建筑产业化发展中的一个难题。装配式建筑产业化价值保障与价值需求倒位。传统建筑产业以低附加值、低效益、高劳动力为主要特征的粗放式发展方式构建其产业价值链,其价值的增加主要体现在产业中游水平,根据波特竞争理论,其产业发展成倒"微笑"曲线(图4-4)。这也造成了我国建筑产业处于低端水平的现状。而装配式建筑要实现从低端供给向中高端供给转型,即产业价值链向高附加值领域移动就需要对现有产业资源进行重组匹配,改变现行产业资源与装配式建筑产业化需求倒挂的现状。

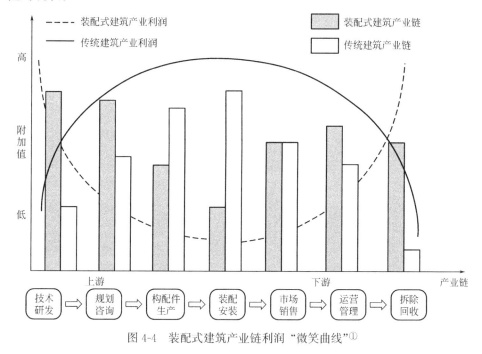

图4-4 装配式建筑产业链利润"微笑曲线"①

---

① 王凯,梁建楠,张思宇.供给侧改革下装配式建筑产业化发展困局及对策[J].工程管理学报,2019,33(5):7-12.

装配式建筑产业化供给能力低，产业链条合理构建的缺失引起供给服务能力不足。主要体现在以下几个方面：装配式建筑产业链层次较低。装配式建筑产业模式是从传统现浇建筑产业的粗放发展模式演进而来，装配式建筑产业链上各参与主体缺失，参与主体认识不足、初期同质化情况严重，对装配式产品的认识维度单一，无法适应装配式建筑多元化、专业化、集成化发展需求，更高层次、更趋完善的装配式建筑产业链有待开发。装配式建筑产业无序发展。由于装配式建筑产品供给能力与现实市场需求不同步。产业链上各主体处于无序发育时期，相关设计机构、部品部件供应商培育不足，科研力度、研发技术创新发展滞后，造成装配式建筑产业的产品孵化能力不强，供给能力不足，装配式建筑产业链的协同效应并没有得到充分体现。装配式建筑产业链节点间缺乏整体宏观管理和协调运作，产业链上中下游衔接不紧密。现有装配式建筑产业资源被分散在产业链条上的各个环节，研发、设计、生产、运输、施工、运维、拆除等阶段的资源整合度较低，同时各参与主体基于自身利益出发、各自为政，造成装配式建筑产业链纵向一体化程度低，产业分工不明确，技术、信息、资金、管理等资源无法有效集成与整合。

4.2.2 建筑业信息化发展现状

建筑业作为国民经济支柱产业，加快转型升级势在必行。信息化支撑建筑业改革发展的作用十分关键。通过加快信息化和工业化深度融合，推动建筑业发展方式转变、提质增效，提高工程建设科技含量和建筑品质，通过发挥信息化驱动力，推进"互联网+"行动计划，拓展建筑业新领域。住房城乡建设部于2003年、2011年、2016年先后发布的《2003—2008年全国建筑业信息化发展规划纲要》《2011—2015年建筑业信息化发展纲要》《2016—2020年建筑业信息化发展纲要》对建筑业信息化起步发展起到了积极的推动作用。

工程建设行业转型升级的过程，也是新一代互联网信息技术加速与传统产业和企业融合的过程。"互联网+"正深刻地改变着传统的施工方式并培育建筑业新业态，为建筑业持续创新发展注入新的强大动力。住房和城乡建设部发布的《2016—2020年建筑业信息化发展纲要》以及新修订颁布的《建设工程项目管理规范》GB/T 50326—2017从建筑企业、行业监管与服务、专项信息技术应用、信息化标准四个方面提出了目前我国建筑业信息化发展的主要任务，对企业信息化的内涵和水平提出了更高的要求。纵观政府、行业、企业对建筑业信息化的发展愿景，建筑业信息化是建筑业发展战略的重要组成部分，也是建筑业转变发展方式、提质增效、节能减排的有效手段和重要选择。将BIM技术、物联网（LOT）、人工智能、云计算、大数据、移动技术等软硬件信息技术成果应用于项目管理、企业管理和行业管理，能够解放生产力、提高生产力，并极大地节约人力成本。但是，与国际信息化率0.3%的平均水平相比，我国建筑业信息化率仅约为 0.03%[①]，建筑业信息化的过程刚刚进入起步阶段，还面临诸多困难和亟待解决的问题。

第一，迈向更高层次的建筑业信息化需要解决数据信息标准障碍。参考国家标准分类中按照标准化对象，可以把配套标准分为技术标准、管理标准和工作标准三大类。其中尤以技术标准最为核心，是工程项目管理跨业务系统互联互通的基础标准，包含工程项目分类和工作任务分解（WBS）、数据编码、数据接口等，暂时没有国家、行业标准。工程项目建设涉及设计、施工、监理、咨询、建设管理等各方参建单位的统一合作，如何有效地形成信息高速公路，避免形成信息孤岛，做好各参与方、各职能部门信息资源共享，这就需要行业主管部门建立一套工程项目管理的标准化体系。工程项目信息分类和 WBS 编码体系的统一是全面推广应用工程项目信息化的障碍壁垒，社会上存在的各种信息化管理软件系统基本上是自成体系，造成了各行业职能部门、通用软件系统无法形成接口融合。WBS 是工程项目信息化的数据库编码基础，不同工程类别的项目工序差别很大，如铁路工程和水利工程的 WBS 不能通用，房屋建筑工程和路基工程的工序内容差别很大，没有可以参考的标准化编码体系。

第二，从企业角度看，在传统企业向智慧建筑企业升级转换的过程中，互联网不应该只是支持企业业务，还应该用来驱动企业转型，成为企业转型的主要动力。建筑施工企业通过建立业务价值导向的互联网战略，将管控机制、企业架构和 IT 能力三个领域深入融合，真正实现业务与 IT 和互联网的完美结合、驱动业务发展。建筑企业互联网战略应以关注资源的战略整合为重点。其中，BIM、物联网、云计算和大数据对智慧企业的形成和发展至关重要，物联网是互通互联的基础，云计算是智慧企业的平台和支撑，大数据积累和应用是智慧企业的目标。任何一种信息技术的推广应用，都应以服从和提高管理为根本目标。例如，BIM 技术除了应用于工程设计与市场引导，还应向制定生产计划、资源配置、工序排布、成本控制以及大数据对比分析等功能延伸；从单一企业内部运用，向贯穿项目"规划立项—项目设计—项目生产—项目交付运营"全生命周期业务链延伸，从而实现业主、设计方、施工方、专业分包方、资源供应方乃至项目运营方在同一业务数据标准体系下合作运行，真正实现产业协同，促进行业整体管理水平和效益的提高。而目前我国建筑企业信息化仍面临很多问题，包括企业管理标准化程度低、信息系统条块分割、信息互联技术应用难；管理主体多元，目标需求不一，管理信息透明难；企业决策者对信息化的认识存在误区，顶层设计不够，管理与技术融合难；既懂工程管理也懂信息化需求语言的复合型人才匮乏，企业管理信息化执行难等，这些问题对于企业信息化建设、通过信息化推动企业转型升

---

① 许炳，朱海龙. 我国建筑业 BIM 应用现状及影响机理研究［J］. 建筑经济，2015，36（3）：10-14.

级和行业高质量发展来说都是必须打破的壁垒。

第三,从行业角度看,经过近年来的发展,信息技术在我国建筑行业的应用取得了一定的进展。以 BIM 技术为例,2017 年发布的《中国建筑施工行业信息化发展报告(2017)——BIM 应用与发展》反映了我国 BIM 应用的最新情况。调查结果显示:在 BIM 的应用范围和深度方面,63.1% 的企业表示正在积极推进 BIM 的应用,其中 22.5% 的企业已经开始概念普及,30.6% 的企业正在进行项目试点,10% 的企业正在积极扩大 BIM 的应用范围、深化应用 BIM。可见,BIM 在我国建筑施工行业的应用尚处于概念普及与项目试点阶段。在 BIM 的应用项目分布方面,有 31.3% 的企业在 3 个及以上的项目上应用了 BIM,14.2% 的企业在 2 个项目中应用了 BIM,13.2% 的企业在 1 个项目上使用了 BIM,41.5% 的企业还没有在项目中应用过 BIM。可见,BIM 在工程项目上的应用案例并不多,BIM 在施工企业中的应用并没有全面展开。在 BIM 的应用价值预期方面,几乎所有的施工企业都认为 BIM 有价值(99.5%)。对各应用方面的成效分别是碰撞检测、减少返工(67.9%),虚拟施工、方案优化(65.2%),精确算量、成本控制(61.6%),现场整合、协同作业(52.7%),可视化建造、集成化交付(35.7%),进度控制、保障工期(41.2%),而这些方面正是企业重点关注的 BIM 应用价值。在 BIM 的投入方面,投入经费 50 万元以上的企业占 22.0%,10 万~50 万元的占 18.4%,10 万元以下的占 26.5%。33.1% 的企业还没有 BIM 项目的经费投入[①]。总体来看,当前 BIM 应用已由设计阶段向施工阶段过渡,但应用深度和层次还远远不够。施工阶段的 BIM 应用依然处于试探性阶段,BIM 应用的案例较少。与此同时,施工企业对 BIM 的价值予以充分肯定,但在肯定的同时大多数企业在观望,未能投入充足的资金推动 BIM 的应用。

4.2.3 建筑业产业化发展现状

产业化过程主要指全产业链集成化,包括产业链结构完整化、产业组织协同化、产业布局合理化,以及由此产生的产业生产规模化,借助于信息技术手段,用整体综合集成的方法把工程建设的全部过程组织起来,使设计、采购、施工、机械设备和劳动力实现资源配置更加优化组合,采用工程总承包的组织管理模式,在有限的时间内发挥最有效的作用,提高资源的利用效率,创造更大的效用价值。

我国在建筑产业现代化的进程中不断探索,开展了大量工作,在发展模式、体系建设、政策措施、标准规范、龙头企业等方面取得了一些成果。

(1)发展模式:在建筑产业现代化发展进程中,逐渐形成了企业主导型、政

---

① 高敏,郝生跃. 我国建筑业 BIM 应用影响因素研究——基于因子分析法 [J]. 工程管理学报,2019, 33 (4): 38-42.

府主导型、协同创新型等三种发展模式。首先是企业主导型，其是指在建筑产业现代化的发展进程中，企业通过成立研究中心或者与科研单位合作，自主研发并推广建筑产业现代化。该模式以万科、长沙远大为代表。其次是政府主导型，其主要体现在政府出台相关政策文件，组建相应工作机构，从保障房项目入手，逐步推进现代建筑产业工作。该模式以沈阳市为代表。最后协同创新型更加强调政府、企业、高校等之间的合作。一方面，政府出台相关政策，进行各类示范引领；另一方面，相关企业积极参与建筑产业现代化实践，并通过与高校等研究机构的合作，开展关键技术、管理问题的研发，逐步形成政产学研良性的协同创新机制。

（2）体系建设：近年来，我国在建筑产业现代化技术体系建设领域不断研究和发展，形成了一批建筑产业现代化的技术体系，现有的体系主要有预制装配式混凝土结构技术（PC技术）、模块建筑体系、NPC技术、半预制装配式混凝土结构技术（PCF技术）、多层预制钢结构建筑体系、装配式整体预制混凝土剪力墙技术及叠合板式混凝土剪力墙技术。

（3）政策措施：随着建筑产业现代化的不断推进，各地区结合本地区实际情况逐步推出了相关政策措施，主要集中在三个大的方面：第一，行政引导。通过建立组织领导小组、开辟行政审批绿色通道等行政措施引导本地区建筑产业转型升级，促进建筑产业现代化发展。第二，行政强制。通过在保障性住房、政府工程中强制推广建筑产业现代化技术，促进建筑产业转型升级。第三，行政激励。通过财政支持、税费优惠、金融支持等激励政策措施促进建筑产业各行业转型升级。

（4）标准规范：住房城乡建设部以及江苏、北京、沈阳、济南等多个省市在总结我国建筑产业现代化发展实践经验的基础上，先后制定了多部标准。比如装配式混凝土结构技术规程、轻型钢结构住宅技术规程、预制预应力混凝土装配整体式框架（世构体系）技术规程、装配式剪力墙住宅建筑设计规程、住宅性能认定评定技术标准、建筑装饰装修工程质量验收规范等。

与建筑产业现代化目标相比，目前，制约我国建筑业健康发展的问题和障碍仍然存在。一是建筑业生产能力过剩，恶性竞争，存在严重的"三低一高"现象，即产值利润率低、劳动生产率低、产业集中度低、市场交易成本高。二是建筑业生产方式落后。工程建设过程中资源浪费大、污染物排放多。三是二十多年来国家财政基本上没有给建筑业资金投入，致使建筑企业的科技创新能力、技术装备水平与发达国家还存在着一定差距。四是职业教育严重滞后，操作工人业务素质低下，不能适应现代建筑产品快速发展形势的要求。这些问题导致了我国建筑业在产业链集成度、产业配套完整度、产业规模化程度等方面不能适应建筑产业现代化发展的要求。总体来看，制约我国建筑产业现代化发展的主要因素集中在政策、市场、技术、成本、产业五个方面。

政策方面，我国对促进建筑产业现代化发展的有关政策法律框架初步完善，但缺少具体实施层面的政策扶持。美国、日本、新加坡等发达国家和地区在促进建筑产业现代化发展上，既通过法律的强制性来规制行业行为，又通过税收、金融等方面的政策扶持给予行业优惠，增加了企业参与的积极性。正因为我国缺少在税收、金融等方面的鼓励政策，在产业链系统中的主体，尤其是以大型地产企业为主导的产业链系统无法有效地调动起来。在政策到位之前，地产企业因为高风险、低利润的回报无法带来持续稳定的收入，不会大规模推行建筑产业现代化，如果发展太快，政策支持又跟不上，很可能造成企业负债经营。因此，政府在财税、金融等层面对参与建筑产业现代化实施的主体有相当程度的政策鼓励是很有必要的，以此消除产业化项目建设的"外部性"干扰。

市场方面，建筑产业现代化的大规模推行需要成熟的建筑市场条件，而大量的市场需求才能实现市场化运转。我国的建筑市场在产业结构方面存在诸多问题，住房供给与需求不成比例，尚不能达到可持续性的市场运行；建设速度过快，市场规制难以发挥应有作用，出现价格过高、质量问题突出等现象。市场机制不健全，不能有效地解决建筑产品供需矛盾，也就无法有效地推动建筑产业现代化顺利开展。

技术方面，标准化集成技术和信息技术是推行建筑产业现代化的重要支撑。但我国目前的建筑产业现代化建造程序还未找到行之有效的部件模块化分解技术。其一，模数体系不完善。我国的建筑产业现代化尚处于探索阶段，尚未形成完整的产业链，在实际应用中，部品构配件的模数标准没有正规、系列化的指导体系，这样生产出的部品部件规格不统一，难以达到规模化推广的要求，从而在产业化项目的大规模实施中无法进行大范围生产。其二，产业集成化程度低。集成体系的构建要求规模化的生产，单是部品或某个产业化项目的建设是无法达到产业化大规模高效率、高质量生产建设的。建筑产业现代化要实现全国范围的推广就必须实现高度集成化。

成本方面，成本控制问题制约建筑产业现代化发展。目前，国内现阶段产业链中工业化程度低，无法形成批量生产体系，难以产生规模效应。因此，工业化建筑成本过高的根本原因是没有形成标准化、批量化、规模化的生产体系、制造体系和供应体系。相关上下游企业较少且分散，在实际实施中没有形成一个囊括投资主体、施工企业、制造业、物流业等各类建筑产业参与主体的集成化产业链体系，不仅不能为建筑产业现代化的生产建设提供产业链上的支持，而且为了某项产业化项目的建设再重新整合资源。

因为我国的人工、资源等成本较低，而技术研发的成本相对较高，因此，依赖人力、资源等方式的传统建设模式的成本远低于产业化项目的建设成本（表4-1），一般认为,在建筑产业现代化实施初期,其成本要高于传统建造的 20%~40%。

传统建设与产业化建设的成本比较　　　　　　　　　　表 4-1

	传统建设成本		后续使用成本				
	土地	建造	税金	保险	能耗	维护	物业
传统建设	平等	低	高	高	高	高	高
产业化建设	平等	高	低	低	低	低	低

产业方面,建筑产业现代化的发展需要对产业链资源进行整合。成熟的行业集中度主要通过行业内的产业集约效应引导行业市场的运行方向,从而推动产业化的发展。首先,建筑产业链中成套标准体系尚未形成。建筑产业现代化主要是实现产业链的标准化生产,通用化、标准化和体系化是建筑产业现代化发展的基础和保证。然而,目前正在实施的标准体系大部分针对传统建筑体系。建筑产业现代化作为新生事物,缺乏针对其不同技术体系的"技术标准""设计标准""管理标准""生产标准""验收标准""计价标准"等成套标准体系。现阶段关键技术研究成果尚未转变为标准规范,且建筑材料标准、部品部件标准、工程标准等的衔接也尚未形成。其次,建筑产业系统集成度不高。要实现产业链的集成,不光要有作为主导地位的地产企业,还要充分发挥设计、施工、生产、物流等多家企业的协同作用,需要改变现行建设模式下行业运作流程,需要建立起成熟的多方联动机制和先进的技术体系。我国目前只是建立了产业化示范基地,相关产业链集成行业尚未参与进来,体系构建不完善,仅依靠某一环节或某一项目的产业化还不能实现整个产业化建筑市场的规模化运作。产业系统集成度不高主要存在以下两方面的问题:从技术层面来看,现阶段建筑产业技术的发展仍以单项技术推广应用为主,缺少对各项技术的有效整合。有效、集成的现代化建筑技术上的缺乏,导致产业系统技术集成度不高。从组织层面来看,目前大部分项目的生产模式仍然按照传统设计、采购、施工相分离的方式,没有实现建筑设计、构件研发、制造、采购、装配、物流的全流程一体化,造成产业组织集成度不高。

4.3 建筑产业现代化面临的主要问题

总的来说,建筑业仍是一个劳动密集型的传统产业,其发展还没有真正转移到依靠集约化管理和技术进步的良性轨道上,为实现建筑工业化目标,未来一段时期应在以下几个方面进行重点改进和完善。

一是政策推动力度有待进一步增强。从国外发达国家建筑工业化的发展经验来看,政府在其发展进程中扮演了重要的角色。一方面,政府部门要进一步加强宏观引导和协调，建立协调机制，优化配置政策资源，统筹推进各产业协调、有序发展；另一方面，出台激励政策，包括财政政策、税收和信贷政策、收费政策、建筑面积奖励等政策。虽然我国出台了一些相关政策文件，但整体而言，其在建筑工业化的实施层面的作用不显著，一是政策制度有待完善，建筑工业化发展纲领性文件亟待结合当前的经济社会发展状况进行修订完善。各层级配套政策有待健全，部分政策条款有待强制。二是引导政策吸引力有待提升，可操作性有待增强，如针对现阶段装配式建造方式提高成本的问题，虽然一些地方出台了政策，但实质性吸引力不足，执行效率有待提高，使得成本问题一直制约着建筑工业化的发展。比较而言，为鼓励及建筑工业化发展，日本制定了专门的经济政策，包括"住宅体系生产技术开发补助金制度""中小企业金融金库"等，长期低息贷款的补助政策非常直接而有效。三是发展目标亟待明确。各级政府亟待明确建筑工业化发展规划和实施目标。日本早在1969年就制定了《推动住宅产业标准化五年计划》，从高层住宅工业化体系到节能化体系，从智能化住宅体系到生态住宅体系，分阶段集中资源协同攻关，确保短时间内达到较高水平。这些都值得我们学习借鉴。

　　二是建筑工业化适用技术研究不足。在推进建筑工业化的过程中必须要掌握成套的成熟适用技术体系，具有完备的产业链。首先，标准体系有待进一步完善，实施机制有待健全。从技术本身来看，要加快健全适合建筑工业化发展的主体结构、建筑部品以及质量控制等的技术体系，加强技术的集成和创新；技术发展还主要基于单项技术的研发和推广应用，对多项技术的集成和整合重视不够；模数协调有待强化，现行模数协调多侧重于房屋建筑构配件的预制安装，而对住宅部品的设计、生产和安装，以及设施和设备的开发都缺乏模数协调的应用指导。导致住宅结构体系与部品之间、部品之间、部品与设施设备之间的模数难以协调，直接影响了住宅成品的施工效率和质量。其次，从技术的载体考虑，如研发企业、设计院所、科研机构、高等院校等加强对建筑工业化集成技术的研究、推广和应用，加强创新能力。行业内一些企业都在积极研发建筑工业化适用技术，如钢筋套筒灌浆连接技术、三明治预制墙板叠合板等，但是技术比较零散，不成体系。最后，科研投入不足制约了建筑工业化过程中科技水平的提升。现阶段新型建筑技术研究急需各级政府加大科研投入。如单纯依靠企业自发研究，很难保证研究效率和质量，容易导致社会资源浪费。

　　三是建筑工业化市场体系不够完善。从需求的角度来看，市场的发展有助于推动建筑工业化的发展。由于建筑工业化起步较晚，规模较小，未形成规模效应，其经济效益不高，难以满足市场欲通过工业化方式生产具有成本优势的工业建筑的要求。另外，建筑工业化还缺乏相关的法律法规保障体系，指导建筑工业化协调、有序、健康地发展。

四是建筑工业化第三方中介机构作用有待进一步发挥。作为建筑工业化发展进程的主要参与者的第三方中介机构，具体包括金融机构、行业协会、工程咨询机构、法律服务机构等，在技术、市场、资金等方面对建筑企业有相当大的贡献程度，是推动建筑工业化发展不可缺少的力量。但目前建筑工业化第三方中介机构偏少，在规范市场环境、促进信息交流、提供金融支持等方面的作用未能充分发挥。

第 5 章
建筑业技术水平及创新能力

科技进步是建筑业持续发展的强劲动力,是建筑业高质量、高水平完成国家各项建设任务、促进城乡快速健康发展的重要保证,为国家大幅度改善民生提供了坚实的基础。与技术先进国家相比,我国建筑业仍然存在科技创新能力弱,技术装备水平低,施工机械化、装配化程度低、耗能耗材高等问题。建筑业"大而不强"已经是一个不争的事实。目前,我国建筑业技术装备率不到发达国家的四分之一,有相当多的企业施工仍靠体力劳动、现场加工和现场湿作业。钢筋强度和混凝土性能比发达国家普遍低一两个等级,单位建筑面积消耗钢材比发达国家多10%~25%。既有建筑的单位面积采暖能耗相当于发达国家相同气候地区的两三倍。目前,建筑能耗已占到全国终端能耗的27.5%,成为全国能耗大户。企业存在同质化竞争严重、行利润率低下、一线工人技能水平偏低、安全事故时有发生、节能环保压力较大等问题,困扰行业的高质量发展。如何破解这些发展难题,创新应该是一个有效的途径,要尽快改变建筑业这种低效率、高能耗、粗放式发展的状况,需要构建行业自主创新体系,依靠科技创新和技术进步加快传统产业的改造升级,实现发展方式根本性转变。

5.1 建筑业技术水平现状

根据国家科技部网站《2016年我国企业创新活动特征统计分析》,以实现创新(指实现产品创新、工艺创新、组织创新、营销创新中的一种)的企业占全部企业的比重分析,建筑业企业的占比为26.8%,低于工业企业的44%和服务业企业的27.7%,创新活跃程度较低。根据一些学者测算,2003—2016年我国建筑业总产值扣除价格上涨因素后的实际增长率为16.26%,其中技术进步、资本投入、劳动力数量和劳动力质量的贡献率分别为55.47%、21.10%、23.30%和0.13%,说明技术进步对建筑业总产值的增加起到了重要的推动作用,劳动力质量对行业增长的贡献率是很低的。值得一提的是,虽然技术进步对建筑业的贡献率较大,但是目前国内学者通常认为技术装配率是技术进步的一个重要观测指标。而建筑业的技术装备率作为技术水平的衡量标准,它的取值源于人均机械设备净值,机械设备净值又是固定资产的一部分。因此,综合资本投入来看,我国建筑业经济发展对固定资产的投入依赖性很高。另一方面,结果显示2003—2016年间资本投入和劳动力数量的增加,对行业经济增长贡献度有44.6%,这说明行业经济增长仍属于粗放型的发展模式。

5.1.1 我国建设工程技术标准体系

我国工程建设标准经过60余年发展,国家、行业和地方标准已达7000余项,形成了覆盖经济社会各领域、工程建设各环节的标准体系,在保障工程质量安全、促进产业转型升级、推动经济提质增效等方面发挥了重要作用。截至2010年,在工程质量技术标准方面,我国共制定有关工程建设的国家标准498个、行业标准279个、产品标准868个,涉及城乡规划、工程勘察设计、建筑施工、城市轨道交通、工程防灾等19个领域。

1. 民用建筑标准体系

民用建筑标准是我国工程建筑标准体系中较为完备的一套体系,中国建筑标准设计研究院有限公司等单位在我国现有标准体系基础上,结合各地发展现状,联合编制了"建筑产业现代化国家建筑标准设计体系",2015年5月,该体系由住房城乡建设部发布实施,是目前民用建筑较为完整、普及面较广的一套技术标准。该体系主要适用于民用建筑。按照主体、内装、外装三部分进行构建,其中主体部分包括钢筋混凝土结构、钢结构、钢—混凝土混合结构、木结构、竹结构等,内装部分包括内墙地面吊顶系统、管线集成、设备设施、整体部品等,外装部分包括轻型外挂式围护系统、轻型内嵌式围护系统、幕墙系统、屋面系统等内容。

2. 市政及交通基础设施建设标准体系

与民用建筑标准相比,城市轨道交通项目标准设计起步较晚。2009年,住房城乡建设部与国家质检总局联合发布《城市轨道交通线网规划编制标准》,规范了城市轨道交通线网规划编制的主要内容,明确了编制的基本原则和技术要求,2018年4月,住房城乡建设部发布《城市轨道交通线网规划标准》,对2009年版标准进行修订,增加了线网组织和线路规划的技术内容,轨道交通的服务水平指标,以及用地控制指标。2016年8月,住房城乡建设部发布《城市轨道交通工程质量安全检查指南》,为五方主体以及施工图审查、第三方监测、检测等单位进行质量安全提供了系统的、可操作性强的测评标准。

为加强城市地下管线的建设和管理,根据国务院办公厅《关于加强城市基础设施建设的指导意见》(2013年)和《关于加强城市地下管线建设管理的指导意见》(2014年),2015年住房城乡建设部发布的《城市综合管廊工程技术规范》

GB 50838—2015 是目前城市地下综合管廊建设的示范标准。

海绵城市建设是市政基础设施建设的重要一环。2015 年国务院发布《关于推进海绵城市建设的指导意见》（国办发〔2015〕75 号），2016 年 1 月住房城乡建设部出台海绵城市建设国家建筑标准设计体系，为海绵城市标准设计提供了基本框架，该体系拟在规划设计、源头径流控制系统、城市雨水灌渠系统和超标雨水径流排放系统等方面全面编制规划设计标准，其中规划设计新编标准 2 个，源头径流控制系统在现有 11 个标准基础上修编、新编标准 22 个，城市雨水灌渠系统和超标雨水径流排放系统在现有 13 个标准基础上修编新编标准 19 个（表 5-1）。

2012—2018 年工程建设标准制定（单位：项） 表 5-1

年份	国家标准	行业标准		协会标准	备案行业标准	备案地方标准	合计
		工程建设	产品				
2012	116	52	57	30	171	369	795
2013	145	47	63	29	152	387	823
2014	161	80	71	32	167	412	923
2015	110	46	53	37	178	441	865
2016	137	56	72	35	182	426	908
2017	151	54	79	87	190	496	1057
2018	120	58	84	139	193	562	1156
合计	940	393	479	389	1233	3093	6527

数据来源：中国建筑业统计年 2018、国家统计年鉴 2018。

近年来，我国加快工程建设标准体系的修订和完善，一方面培育发展团体标准，激励企业标准，增加标准供给，加强强制性标准、推荐性标准、团体标准多层次标准体系，以及各层级标准间的衔接配套和协调管理，完善标准内容和技术措施，提高标准水平。但与技术更新变化和经济社会发展需求相比，目前仍存在标准数量不足、供给滞后、质量不高等问题。2016 年住房城乡建设部出台了《关于深化工程建设标准化工作改革的意见》，提出了完善标准体系、提升标准水平、强化质量管理等目标，明确提出到 2020 年，基本建立适应标准改革发展的管理制度。改变标准由政府单一供给模式，鼓励协会、学会等社会组织，承接政府转移的标准，制定新技术和市场缺失的标准，缩小中国标准与国外先进标准技术差距，提高与国际标准或发达国家标准的一致性，通过标准体系建设推动建筑产业现代化，推动建筑业转型升级，提升建筑品质和建设效率。

5.1.2 我国建筑技术工法现状

建筑业生产方式和建筑技术水平是影响建筑工程质量的重要原因。从公共基础实施、工业建筑来看，我国在超高层建筑、桥隧工程方面的施工技术已经领先国际。近些年来，中国建筑业大力开展国家级工法的编制、审定和建筑业 10 项新技术的推广应用，先后有 218 项全国建筑业新技术应用示范工程通过验收评审，869 项工法被批准为国家级工法；群众性的质量管理、技术革新、合理化建议活动得到了蓬勃开展，有力地推动了企业技术创新，促进了科技成果向生产力的转化。

我国现有建筑房屋施工技术路径形成于 1982 年，称为钢筋混凝土现浇体系，又称湿法作业。该体系为我国城乡建设快速发展发挥了重要作用。但其弊端亦非常突出：一是资源浪费，钢材、水泥、用水量过大；二是环境污染严重，工地粉尘是城市可吸入颗粒物的重要污染源；三是质量难以控制，开裂渗漏的投诉问题突出；四是劳动力成本飙升且招工难、管理难、质量控制难；五是工程效率已接近极限，高层超高层建筑 7 天/层已难有突破，一幢 80～100 层的高层建筑，起码要近 3 年工期。我国的传统建筑施工技术已经成了建筑现代化和工程质量提升的障碍。建筑施工创新技术能有效避免建筑施工中常出现的施工质量问题，如逆作法施工技术，根据建筑结构等因素的差异，分为全逆作法、分层逆作法等方式，显著降低了施工风险和质量隐患。

加快促进建筑业可持续发展的共性技术和关键技术研发、推广、应用，引导建筑企业采用先进适用、成熟可靠的新技术，提高工程科技含量，是保证工程质量和安全生产的必由之路。1994 年，原建设部首次印发《建筑业 1994 年、1995 年和"九五"期间推广应用 10 项新技术的通知》，并先后于 1998 年、2005 年、2010 年、2017 年进行 4 次修订，适时总结提炼最具代表性、推广价值的共性技术和关键技术，使技术内涵不断更新、提升、发展。"十二五"以来，建筑业企业普遍加大科研投入，积极采用建筑业 10 项新技术为代表的先进技术，围绕承包项目开展关键技术研究，提高创新能力，创造大批专利、工法，并取得了丰硕成果，攻克了超高层及大跨度建筑施工、结构安全与抗震、防火、抗风雪灾害技术等一批重大难题，工程建造技术和装备达到国际先进（部分国际领先）水平，形成了千米级超高层建筑设计建造技术体系，支撑了上海中心、广州金融中心等重大工程建设。在工业化建筑结构设计、构配件生产、安装施工等方面取得了技术进步。实现了基于建筑信息模型（BIM）的建筑工程信息化管理，建立了自主知识产权的应用系统和标准体系，并在深圳平安大厦、广州东塔等数千个项目中推广应用。截至 2016 年，我国累计评出国家级工法 3252 项（表 5-2），我国建筑技术水平和工程质量水平不断提高。

1995—2016 年国家级工法数量　　　　　　　　　　表 5-2

年度	国家级工法数量
1995—1996 年度	50 项
1997—1998 年度	62 项
1999—2000 年度	61 项
2001—2002 年度	83 项
2003—2004 年度	120 项
2005—2006 年度	348 项，其中一级工法 135 项，二级工法 213 项
2007—2008 年度	417 项，其中一级工法 108 项，二级工法 252 项，升级版 57 项
2009—2010 年度	589 项，其中一级工法 132 项，二级工法 364 项，升级版 93 项
2011—2012 年度	581 项，其中一级工法 122 项，二级工法 459 项
2013—2014 年度	404 项
2015—2016 年度	537 项

资料来源：中国建筑网。

随着我国工程设计和建造能力不断提高，一大批"高、深、大、难"的工程在质量方面取得大的突破，在超高层大跨度房屋建筑设计施工技术、大跨径桥梁设计施工技术、水利水电枢纽工程、地下工程盾构施工技术等多项领域达到或接近国际先进水平。例如房屋建筑中，苏州中南中心、武汉绿地中心、上海中心大厦（上海塔）、天津高银 117 大厦、平安国际金融大厦，高度均超过了 600m，属于世界前十高建筑。桥梁工程中，全长 36.48km 的青岛胶州湾大桥和全长 36km 的杭州湾跨海大桥分别为世界第二、第三长的桥梁；重庆市石板坡长江复线桥主跨距 330m，为世界第一；虎门大桥副航道桥、苏通长江大桥辅桥、云南元江大桥、宁德下白石桥等跨度均达到 260m 以上。水利工程中，世界上最大的三峡大坝共用 1800 多万 m^3 混凝土浇筑而成，从 1998 年开始施工，1999—2001 年连续 3 年高强度浇筑，年浇筑量都在 400 万 m^3 以上，远远超过了巴西伊泰普电站创造的混凝土施工强度世界纪录。同时还攻克了直立高边坡开挖边坡稳定的技术难题、截流和深水围堰施工的技术难题，建成世界上最大的双线 5 级船闸。地下工程中，扬州瘦西湖隧道全长 3.6km，是目前世界最大直径单管双层盾构隧道。

5.1.3 我国建筑业技术装备率

建筑业不同于一般的工业产业，是劳动密集型与资本密集型叠加的产业，是一种正在朝工业化方向发展的产业，正确认识建筑业发展的技术要素变化趋势，是推动建筑产业现代化和建筑业高质量发展的前提。与建筑业技术要素相关的统计指标为技术装备率与动力装备率。技术装备率，是指年末建筑业企业自有机械设备净值与年末全部员工人数的比值。动力装备率，是指年末建筑业企业自有机械设备总功率与年末全部员工人数的比值。这两个指标高度相关，因此，不少研究选取技术装备率作为代表建筑业技术进步的指标。

根据国家统计局统计数据显示，2011—2019年，我国建筑业企业技术装备率呈现周期性变化。2019年，我国建筑业企业技术装备率为10770元/人，同比减少8.5%。2011—2019年，我国建筑业企业动力装备率总体保持下降趋势；2019年，我国建筑业企业动力装备率为4.6kW/人，同比减少6%（图5-1、图5-2）。

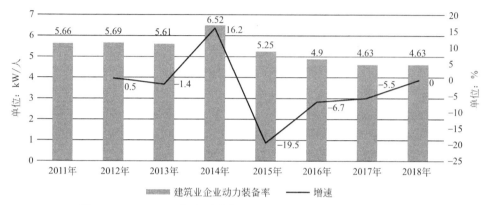

图5-1　2011—2018年中国建筑业企业动力装备率统计及增长情况

数据来源：中国建筑业年鉴2019。

图5-2　2011—2018年中国建筑业企业技术装备率统计及增长情况

数据来源：中国建筑业年鉴2019。

在建筑技术不断创新的同时，技术支撑体系不完善在一定程度上阻碍了新技术的推广应用。首先，技术标准体系有待进一步完善，实施机制有待健全。其次，技术发展还主要基于单项技术的研发和推广应用，对多项技术的集成和整合重视不够。再次，模数协调有待强化。现行模数协调多侧重于房屋建筑构配件的预制安装，而对住宅部品的设计、生产和安装，以及设施和设备的开发都缺乏模数协调的应用指导。导致住宅结构体系与部品之间、部品之间、部品与设施设备之间模数难以协调，直接影响了住宅成品的施工效率和质量。最后，科研投入不足制约了建筑科技水平的提升。现阶段建筑技术研究急需各级政府加大科研投入。单纯依靠企业自发研究，很难保证研究效率和质量，容易导致社会资源浪费。

5.2 建筑业技术创新能力现状

建筑业作为国家和各地方经济发展的支柱产业，是社会经济发展的动力源泉之一。而如何衡量建筑业在循环经济中的发展水平，分析建筑产业的现状和不足，提高建筑业生产效率，实现符合经济转型中的要求，是建筑业高质量发展亟待解决的重大问题之一。建筑业创新能力是衡量建筑业发展的指标之一，如何正确认识创新能力的变化，进而研究影响创新能力的各种因素，对建筑业整体的发展有重要指导价值。

第一，我国建筑业逐渐走上内涵式发展道路，由粗放型向集约型转变。在影响我国建筑业发展的各项因素中，技术进步的贡献率较以往研究来看有了显著提高，超过资本投入和劳动力投入位列第一。在今后的发展中，须继续提高科技进步的贡献率，转变建筑业传统发展方式，实现产业发展向依靠科技进步和管理创新转变，促进建筑业与其他产业的融合，寻找其新的经济增长点，以提高建筑业的经营层次和附加值，使我国建筑业的经济增长从高速发展向高质量发展转变。

第二，与资本投入影响相比，劳动力投入对我国建筑业产出的影响更大。建筑业是个复杂的行业，在进行勘察、设计、施工活动时都需要大量的劳动力，其生产活动又不同于规范化程度高的制造业，每个项目都有各自的特点，这就决定了在未来一段时间内建筑业仍然属于劳动密集型行业。在未来的发展中，不能仅仅依靠劳动力人数的增加来促进产出，要提高劳动生产效率，积极将人工智能技术如 BIM 引入并广泛应用于建筑业，积极开发新技术，吸引高端专业人才，并构建梯度人才队伍，充分发挥高端人才的引领作用、复合型骨干人才的支撑作用、新型产业工人的基石作用。同时加强对建筑业各个层次从业人员的培训，提高其各自的管控能力、管理能力以及业务能力。

第三，我国建筑业处于规模报酬微增长阶段。完成一个建筑工程项目需要投入大量的人力、物力、财力，而建筑行业中的中小型公司各项资源均有限的问题普遍存在，导致他们没有能力同时承接多个项目。还有一些承包商资质等条件不足，导致在施工过程中非正常终止项目，形成"烂尾楼"。从诸多原因来看，我国建筑业仅能达到规模报酬微增长的阶段，产业结构亟待优化升级。就目前来看，建筑业会持续以中高速度发展，政府应积极加强引导，规范建筑市场准入制度，为建筑行业的健康发展提供良好环境，同时还应引导企业围绕市场需求，将资本市场、建筑产品开发等有机结合，提升产业层次。各企业也应根据自身情况调整产业结构，优化企业管理结构，推进建筑业的规模经济，在主业基础上进行相关多元化，形成新的业务发展模式，积极促进产业结构优化升级。

目前的学术研究与产业实践表明，提升内部技术能力和管理水平是提升建筑业发展质量的有效途径，其中技术因素是提升建筑业生产效率的关键因素。建筑行业内部影响因素包括技术、管理、规模等，外部影响因素包括科技投入、经济水平、人力资源等。具体来说，提升建筑行业技术创新能力有以下几个方面的意义：

第一，建筑业技术创新发展提高经济增长质量。建筑技术创新发展的初衷是改变建筑业传统的粗犷式发展模式，提高生产要素利用率，减少环境污染，通过建筑工业化技术创新发展促进建筑业完成知识创新和积累，培育建筑业发展的新动力，实现建筑业由投资驱动向创新驱动发展转变。因此，技术创新发展一方面通过新技术产生新产品，新产品培育新市场，为经济发展提供新动力；另一方面通过技术创新进一步完善建筑工业化产业链建设，不断提升依附于产业链上的技术服务和管理咨询等水平，在完善建筑工业化产业链价值的同时扩大技术产品附加值。

第二，建筑业技术创新发展促进产业结构优化。建筑工业化技术创新发展通过促进产业结构合理化和升级转化两个维度实现建筑产业结构优化。一方面，技术创新引入新的资源配置手段，带动原有建筑生产组织部门重置，在这个过程中，应对技术创新发展的方向加以正向引导，提高建筑工业化技术的适应性和先进性，增强建筑工业化技术创新对建筑产业结构调整的辐射作用，完成建筑产业结构合理化。另一方面，技术创新发展是一个持续过程，技术创新发展不断实现对智力资源、经济资源、社会资源和环境资源的整合，推动建筑业向技术密集型产业升级发展。

第三，技术创新发展转变建筑业生产方式。供给侧结构性改革下提出要充分发挥企业对市场的灵敏性，激发企业的创新热情。由于原有依靠廉价劳动、资源堆积、资本投入的生产方式给企业带来的经济利润在逐渐缩小，这些要素投入正由企业发展动力转为企业发展压力，企业必须转变生产方式。建筑企业是建筑领域中最有效的人才组织单位，在建筑工业化技术创新发展过程中，需要企业通过知识积累对生产方式进行创新、实践、优化和推广。

我国正由建筑大国向建筑强国迈进，急需建筑技术创新的有力支撑。特别是在建筑工业化进程中，提高建筑工业化技术创新发展的供给水平是实现建筑工业化高水平发展的关键。但是目前我国建筑业技术水平不高，行业发展仍然在很大程度上依靠经济发展周期、国家宏观政策等外部因素，以及大规模资本投入和廉价劳动力，体现在制度层面、产业层面、研发层面和企业层面，我国建筑业技术创新能力尚存在以下问题。

技术创新发展保障体系不完善。建筑技术创新发展目标模糊，目前，从国家到地方先后出台了一系列推进建筑工业化发展的政策文件，均提出了以单体建筑装配率或装配式建筑占同年新建建筑比例为发展目标，但未从发展战略视角下进一步细化如何实现这些目标，更未明确提出建筑工业化技术发展方向。

技术创新发展鼓励政策不健全。现有政策对促进建筑工业化发展主要通过给企业降税、提高容积率等方法，更多地区是通过给予企业增量成本补贴来降低企业发展的总成本，但在如何促进建筑工业化技术创新发展、构建建筑工业化技术体系方面没有明确的政策体系。建筑工业化技术创新发展的本质是生产要素的重新组合，这个过程需要企业的高投入，在此环节中缺乏国家的鼓励、保障政策，无形中增加了建筑企业从事建筑工业化技术创新的成本，削弱了企业创新活力。

技术创新发展配套制度不完善。建筑工业化技术创新发展的配套建设包括建筑工业化技术创新评价标准、建筑工业化技术创新成果产权保护、技术交易市场、建筑工业化技术创新研发环境等，通过目前建筑工业化发展水平来看，对建筑工业化技术创新发展的配套制度制定尚不完善。例如，我国已发布《装配式建筑评价标准》GB/T 51129—2017，但对于技术创新评价标准的研究及发布还处于空白状态；在成果保护方面，我国已下发文件对互联网、电子政务、大数据等知识产权进行产权保护，但对于建筑工业化技术创新成果产权保护方面还有待加强；对于交易市场和研发环境的建设，目前我国未建立完善的技术交易市场以及为技术创新提供良好的科研环境。

技术创新联盟发展建设不平衡。首先，体现在发展目标不清晰。技术创新联盟的建立是为了通过整个联盟内部的资源优势弥补企业研发能力的薄弱，从而提高建筑工业化技术创新发展的可持续性。而目前多数技术创新联盟缺乏长期发展目标作为支撑，既不利于技术创新联盟的长久发展，也不利于联盟内部的资源整合。其次，地域性较强。国内建筑与工业化技术创新发展相关的技术创新联盟中，尚未有由国家层面推动建立的全国性建筑工业化技术联盟；极少数为国有企业下属公司作为牵头单位，联合其他企业成立的联盟；大多数则由地方政府以及地方建筑、施工、工程咨询等企业所推动建立的地方性联盟，且各地方性联盟的横向交互关系较弱，易造成各地企业区域性的对立局势，不利于企业在全国范围培育广泛的技术市场。技术创新联盟内部结构不合理。联盟主干为龙头企业，分支则由中小企业、高校、科研院所组成，与主干呈单向直线联系。该结构类型有助于建筑企业获得知识集聚效应，但不利于产业联盟内各参与主体之间的联络。

技术创新发展研发能力不足。从技术研发投入来看，根据科技部统计数据，2019年我国研究机构的R&D研发（科学研究与试验发展）经费投入总额为3030.8亿元，其中，建筑业的R&D投入总额为38604万元，仅占总数的1.27‰。从资金组成来看，政府资金为17352万元，企业资金为7873万元，其他资金为13379万元。但2019年建筑业总产值248443.2亿元，占国内生产总值的25.7%。建筑业整体科研投入水平与国内其他行业相比存在差距且与在国民经济中的地位不符。从技术研发专业人才来看，从业人员学历在本科及以上的数量仅占全行业人员数量的27.6%。高层次人才缺失致使整个建筑行业发展陷入困境的同时也限制了建筑工业化技术创新效率和空间。

从专业知识积累方面来看，建筑工业化在我国未能得到持续充分的发展，加之我国建筑业整体信息化水平滞后，对建筑业发展数据搜集和专业知识积累难度较大。技术创新发展体系不健全。国内建筑企业自身技术体系构建水平较低，制约了建筑工业化技术创新发展的效果。这种制约主要体现在以下领域：一是建筑工业化基础科学研发联系紧密的领域。目前，我国建筑工业化建筑结构体系主要分为预制混凝土结构、钢结构、木结构三大技术体系。国外以三大技术体系为基础，研发出了更多分支技术体系来支撑建筑工业化技术体系的发展，例如日本的大阪建筑体系、盒子结构体系、SI住宅体系；德国的预制混凝土叠合板体系；法国的预制装配式框架结构等。二是体现建筑工业化技术集成创新的领域。目前推行的建筑工业化应是绿色建筑领域与工业化建筑领域甚至是与未来新型建筑领域交叉的产物。其技术体系的构建与技术创新发展除了体现工业化建造的优势以外还应体现不同类型建筑领域特性的集成性，其驱动力是人民不断提升的对建筑品质的要求。三是建筑工业化技术与信息化技术融合研发领域。建筑工业化技术与信息化技术融合创新发展是支撑建筑工业化与信息化（以下简称"两化"）融合发展的根基，在建筑工业化技术与信息化技术融合创新领域，我国建筑企业与国外相比还有很大的差距。一方面体现在企业对"两化"融合发展的认识不够深刻；另一方面体现在我国建筑企业的粗犷式发展模式，限制了企业在构建建筑工业化技术体系时的主观能动性。

目前，我国建筑业技术创新能力较为薄弱是由多种原因造成的。一是缺乏技术创新战略，不少建筑企业偏重于企业生产经营目标的确立，缺乏在发展战略层面的技术创新内容。二是技术创新障碍较大，企业自身缺乏创新投入的支持、技术创新人员较少、企业技术研发风险大。三是技术创新动力不足。政府除了在进行企业资质升级评审中有关于新技术方面的工艺要求外，建筑企业在市场中没有新技术带来的生存压力，导致建筑企业普遍没有创新动力。四是知识产权保护缺失。许多建筑企业更愿意跟随有能力的企业创新后再模仿创新，导致建筑企业之间呈现模仿不创新的恶行循环。

5.3 新型建造方式及技术水平

工程建造方式的每一次变革都是由内在的技术范式演进推动的,技术进步是建筑业发展格局转换的基本动力。作为一种新的技术经济范式,新型建造方式的蕴涵有其内在的规定性。正如现代工业体系需要彻底改变原有的传统工业基础一样,新型建造方式也必须采用高度智能化的先进技术,改造传统的建筑业生产方式。

新型建造方式作为建设领域技术经济范式,是建筑业发展状况、技术进步程度、资源和环境约束的现实要求。西方一些发达国家早已进入后工业化社会、信息化时代,与之相比,我国以及众多新兴经济体所进行的工业化仍然处于上升阶段。我国的国情是人口众多、科技水平低、人均资源占有量少、环境污染加剧、就业压力大,所以,运用高新技术改造提升传统的建筑产业,对于能否在新一轮产业变革中赢得主动至关重要。我国是一个发展中大国,无论是扩大就业还是改善人民生活,都不能没有传统产业。应当借科技革命和产业革命的机会,充分把握信息技术革命带给我们的重大历史机遇,发挥后发优势,用信息化带动工业化,大力提升传统建筑产业。传统建筑产业只有与科技紧密结合,实现跨越式发展才有出路。特别是前沿技术的突破、战略性新兴产业的发展,为传统建筑产业发展开辟了新的方向,展示了光明前景。因此,新型建造方式是工业化与信息化的客观发展规律与中国建筑产业现代化进程实际相结合的产物,是我国建筑业转变发展方式的必然选择。

新型建造方式之所以能够成为推动建筑产业现代化的先进生产方式,是因为精益建造方式、装配建造方式、智能建造方式、绿色建造方式等新型建造方式带来生产要素组合方式、使用效率的变化。新型建造方式都有其特定的关键生产要素,这些关键生产要素可能表现为某种重要的资源、产品或服务,具有能够使生产成本明显下降的能力、在很长时期无限供应的能力、广泛被应用和易于扩散的能力。例如:精益建造方式的关键生产要素体现为准时生产制度(JIT)、并行工程、价值工程、末位计划者方法、6S现场管理、看板管理、TPM设备保全管理技术在建筑产品生产过程中的应用;装配建造方式的关键生产要素体现为标准化系列化的构配件中间产品的工业化生产及其在施工现场的组装;智能建造方式的关键生产要素体现为BIM、物联网、云计算、移动互联网、大数据、可穿戴智能设备等信息化技术在工程设计及仿真、工厂化加工、精密测控、自动化安装、动态监测、信息化管理等工程建设领域的应用;绿色建造方式的关键生产要素体现为坚持以人为本,在保证安全和质量的前提下,通过科学管理和技术进步,最大限度地节约资源和能源,提高资源利用效率,减少污染物排放,保护生态环境,实现可持续发展。3D打印建造方式的关键生产要素体现为3D打印机械将需要生产的建筑产品转化为一组三维模型数据，制造出所需要的三维零件或产品，实现设计、模具及材料制备到最终产品的一体化。

5.3.1 新型建造方式的数字化变革

随着新技术革命的兴起，以信息和通信技术为代表推动了各个行业的技术变革和创新，技术因素对所有的行业都在产生着天翻地覆的改变，这样的因素超越了客户、超越了市场对组织的影响，成为决定企业是否发展、是否能够保持现状的第一因素。未来的发展趋势日益显现出这样的轨迹，在《中国制造2025》《中国建造2025》的推动下，从BIM、互联网、物联网到人工智能，数字化变革与建筑业实体的紧密融合创新，将引发整个管理范式的变革、生产范式的变革、商业模式的变革，将衍生更多形态的新型建造方式。

近年来，我国在建筑产业现代化技术体系建设领域不断研究和发展，形成了一批建筑产业现代化的技术体系，现有的体系主要有预制装配式混凝土结构技术（PC技术）、模块建筑体系、NPC技术、半预制装配式混凝土结构技术（PCF技术）、多层预制钢结构建筑体系、装配式整体预制混凝土剪力墙技术及叠合板式混凝土剪力墙技术，标准化集成技术和信息技术是推行建筑产业现代化的重要支撑。但我国目前的建筑产业现代化建造程序还未找到行之有效的部件模块化分解技术。其一，模数体系不完善。我国的建筑产业现代化尚处于探索阶段，尚未形成完整的产业链，在实际应用中，部品构配件的模数标准没有正规、系列化的指导体系，这样生产出的部品部件规格不统一，难以达到规模化推广的要求，从而在产业化项目的大规模实施中无法进行大范围产业化生产。其二，产业集成化程度低。集成体系的构建要求规模化的生产，单是部品或某个产业化项目的建设无法达到产业化大规模高效率、高质量生产建设。建筑产业现代化要实现全国范围的推广就必须实现高度集成化。

5.3.2 智能建造助推工程建造组织方式创新

近年来，越来越多的施工企业运用BIM、大数据、云计算、物联网、移动互联、人工智能等信息技术，紧紧围绕人员、机械、物料、方法、环境等关键要素，加速推进以信息智能采集、管理高效协同、数据科学分析、过程智能预测为主要内容的"智慧工地"建设，在提高效率、降低成本、保障安全、提升质量、加强环保等方面，取得了明显成效，开启了业界对智能建造的新探索、新实践，对工程建造组织方式的新创新。

作为一种新兴的建造方式，智能建造具有以下几个特征：建筑业现代化的重要组成部分，是从智能化的角度诠释建筑产业现代化；智能建造是创新的建造形式，不仅创新建筑技术本身，而且创新建造组织形式，甚至整个建筑产业价值链；智能建造是一个开放、不断学习的系统，它从实践过程中不断汲取信息、自主学习，形成新的知识；智能建造是以人为本的，它不仅把人从繁重的体力劳动中解放出来，而且更多地汲取人类智慧，把人从繁重的脑力劳动中解放出来；智能建造是社会化的，它克服传统建筑业无法发挥工业化大生产的规模效益的缺点，实现小批量、单件高精度建造、精益建造，而且能够实现"互联网+"在建筑业的叠加效应和网络效应；智能建造有助于创造一个和谐共生的产业生态环境。智能建造使复杂的建造过程透明化，有助于创造全生命期、多参与方的协同和共享，形成合作共赢的关系。从智慧城市来看，智能建造从根本上解决了建筑和城市基础设施的数字化问题，是智慧城市建设的基础和建设路径。智能建造的出现不仅弥补了智慧城市建设过程中缺少项目及解决方案的问题，还为智慧城市建设提供实现方法。

过去的 30 年，建筑业基本实现了从手工到数字化的转变，为智慧工地的提出和发展奠定了坚实基础。智慧工地是人工智能在建筑施工领域应用的具体体现，是建立在高度信息化基础上的一种支持对人和物全面感知、施工技术全面智能、工作互通互联、信息协同共享、决策科学分析、风险智慧预控的新型施工手段。它的基本特征可以从技术和管理两个层面来描述：从技术层面上讲，智慧工地就是聚焦工程施工现场，紧紧围绕人、机、料、法、环等关键要素，以岗位及实操作业为核心，综合运用 BIM、物联网、云计算、大数据、移动通信、智能设备和机器人等软硬件信息技术的集成应用，实现资源的最优配置和应用；从管理层面上讲，智慧工地就是通过应用高度集成的信息管理系统，基于物联网的感知和大数据的深度学习系统等支撑工具，"了解"工地的过去，"清楚"工地的现状，"预知"工地的未来，与施工生产过程相融合，对工程质量、安全等生产过程以及商务、技术、进度等管理过程加以改造，提高工地现场的生产、管理效率和决策能力，对已发生和可能发生的各类问题，给出科学的应对方案。

智慧工地通过对先进信息技术的集成应用，并与工业化建造方式及机械化、自动化、智能化装备相结合，成为建筑业信息化与工业化深度融合的有效载体，实现工地的数字化、精细化、智慧化生产和管理，提升工程项目建设的技术和管理水平，对推进和实现建筑产业现代化具有十分重要的意义，将成为建筑施工领域改革的重要内容之一。

从人工智能技术的发展轨迹可知，智慧工地的发展可定义为感知、替代、智能 3 个阶段。第一阶段是感知阶段。就是借助人工智能技术，起到扩大人的视野、扩展感知能力以及增强人的某部分技能的作用。例如，借助物联网传感器感知设备的运行状况，感知施工人员的安全行为等，借助智能技术增强施工人员的作用技能等，目前的智慧工地主要处于这个阶段。第二阶段是替代阶段。就是借助人工智能技术替代部分人，帮助完成以前无法完成或风险很大的工作。现在正在处于研究和探索中的现场作业智能机器人，使得某些施工场景将实现全智能化的生产和操作；这种替代是给定应用场景，并假设实现条件和路径来实现的智能化，并且替代边界条件是严格框定在一定范围内的。第三阶段是智能阶段。是随着人工智能技术不断发展，借助其"类人"思考能力，大部分替代人在建筑生产过程和管理过程的参与，由一部"建造大脑"指挥和管理智能机具、设备完成建筑的整个建造过程，这部"建造大脑"具有强大的知识库管理和强大的自学能力，即"自我进化能力"。智慧工地是随着人工智能技术的研发和应用不断发展而循序渐进的过程，因此，需要在感知阶段就做好顶层设计，在总体设计思路的指导下开展技术研发和应用，特别要注重 BIM 技术、互联网技术、物联网技术、云计算技术、大数据技术、移动计算和智能设备等软硬件信息技术的集成应用。

按照行业、企业、项目大数据的积累程度，智慧工地的发展可分为初级、中级、高级三个阶段。首先是初级阶段。企业和项目积极探索以 BIM、物联网、移动通讯、云计算、智能技术和机器人等相关设备等为代表的当代先进技术的集成应用，并开始积累行业、企业和项目的大数据。在这一阶段，基于大数据的项目管理条件尚未具备。其次是中级阶段。大部分企业和项目已经熟练掌握了以 BIM、物联网、移动通讯、云计算、智能技术和机器人等相关设备等为代表的当代先进技术的集成应用，积累了丰富经验，行业、企业和项目大数据积累已经具备一定规模，开始将基于大数据的项目管理应用于工程实践。最后是高级阶段。技术层面以 BIM、物联网、移动通讯、大数据、云计算、智能技术和机器人等相关设备为代表的当代先进技术集成应用已经普及，管理层面则通过应用高度集成的信息管理系统和基于大数据的深度学习系统等支撑工具，全面实现"了解"工地的过去，"清楚"工地的现状，"预知"工地的未来，对已发生或可能发生的各类问题，有科学决策和应对方案等。智慧工地从初级阶段到高级阶段的发展需要较长的一段时期。有专家预测：在未来 10 年或更长时间，将是从数字化到智能化转变的时代。目前，正是从数字化向智能化发展的过渡期，是智慧工地发展的初期。

智能建造作为一种新兴的工程建造模式，是建立在高度信息化、工业化和社会化基础上的一种信息融合、全面物联、协同运作、激励创新的工程建造模式。智能建造是建立在 BIM（+GIS）、物联网、云计算、移动互联网、大数据等信息技术之上的工程信息化建造平台，它是信息技术与先进工程建造技术的融合，可以支撑工程设计及仿真、工厂化加工、精密测控、自动化安装、动态监测、信息化管理等，智能建造模型构架见图 5-3。

在智能建造的模型框架中，BIM、云计算、大数据、物联网、移动互联网构成智能建造的 5 大核心支撑技术。其中，BIM 是工程建造全过程信息的最佳传递载体，实现智慧建造的数据支撑，核心任务是解决信息共享问题；物联网以感知为目的，实现人与人、人与物、物与物全面互联的网络，可以解决人、机、料等

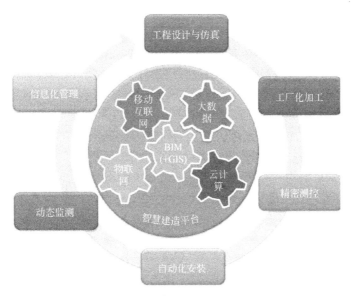

图 5-3　智能建造模型构架示意图

工程信息自动数据化的问题；云计算是一种利用互联网实现随时、随地、按需、便捷访问共享资源池的计算模式，突破了计算机性能和地域的限制，推动工程建造的社会化，实现工程参建各方的协同和工程项目按需弹性布置计算资源；移动互联网通过移动通信与互联网、物联网等结合，提供了实施交换信息的途径，摆脱了空间和时间的束缚；大数据分析给工程建造过程提供智能化决策支持，使工程建造过程变得更智能。

在智能建造平台外缘，通过 BIM、物联网等新兴信息技术的支撑，可以实现工程设计及优化、工厂化加工、精密测控、自动化安装、动态监测、信息化管理等典型数字化建造应用。其中，工程设计及优化可以实现 BIM 信息建模、碰撞检查、施工方案模拟、性能分析等；工厂化加工可以实现混凝土预制构件、钢结构、幕墙龙骨及玻璃、机电管线等工厂化；精密测控可以实现施工现场精准定位、复杂形体放样、实景逆向工程等；自动化安装可以实现模架系统的爬升、钢结构的滑移及卸载等；动态监测可以实现施工工期的变形监测、温度监测、应力监测、运维期监控监测等；信息化管理包括企业 ERP 系统、协同设计系统、施工项目管理系统、运维管理系统等。

过去的 30 年，建筑业基本实现了从手工到数字化的转变，为"智慧工地"的提出和发展奠定了坚实基础。"智慧工地"是人工智能在建筑施工领域的具体体现。2014 年 5 月成立的中国城市科学研究会数字城市专业委员会"智慧建造学组"，成为国内开展智能建造研究与应用的重要社会平台。"十二五""十三五"期间，住房城乡建设部重点推进 BIM 技术的普及应用，在 2015 年 6 月发布的

《关于推进建筑信息模型应用的指导意见》中提出了"到 2020 年末，建筑行业甲级勘察、设计单位以及特级、一级房屋建筑工程施工企业应掌握并实现 BIM 与企业管理系统和其他信息技术的一体化集成应用。以下新立项项目勘察设计、施工、运营维护中，集成应用 BIM 的项目比率达到 90%；以国有资金投资为主的大中型建筑；申报绿色建筑的公共建筑和绿色生态示范小区"的发展目标。目前，全行业正在积极推进 BIM 技术应用，并取得了良好效果。国家科技部在"十三五"国家重点专项《绿色建筑及建筑工业化》的研究领域"建筑信息化"中，启动了"绿色施工与智慧建造关键技术研究与示范"研究项目。关于"智慧建造"，项目定位是在"十二五"绿色施工研究基础上，开始启动"智慧建造"研究，探索"互联网+"环境下的智慧建造技术与装备。研究目标是开展 BIM、物联网、大数据、智能化、移动通讯、云计算等信息技术在绿色施工与智慧建造中的集成应用研究，探索研究"互联网+"环境下的智慧建造技术，促进建筑业技术升级、生产方式和管理模式变革，塑造绿色化、工业化、智能化新型建筑业态。近年来，住房和城乡建设部组织发布的一系列《中国建筑施工行业信息化发展报告》，针对 BIM、互联网、智慧工地、大数据的应用进行总结和展望，是目前国内智慧化建造最为完整的总结以及先进应用展示。

5.3.3 装配式建造推动建筑工业化进程

装配式建筑就是由预制部品部件在工地装配而成的建筑，是一种典型的工业化建筑，采用装配式建造方式是实现建筑工业化乃至产业化的主要途径。装配式建筑采用系统化设计、模块化拆分、工厂制造、现场装配，能将制造业技术模式、社会化大生产组织模式和现代信息技术加以融合，是工业化建筑的主体，是工业化程度较高的建筑。而建筑工业化发展状况直接关系到国家现代化的进程。这些年，建筑工业化进程取得显著进展，但与国家工业化整体进入中后期阶段的现实、信息化日新月异的变化、城镇化快速推进的局面相比，仍然明显滞后。

建筑工业化是随西方工业革命出现的概念，工业革命让造船、汽车生产效率大幅提升，随着欧洲兴起的新建筑运动，实行工厂预制、现场机械装配，逐步形成了建筑工业化最初的理论雏形。"二战"后，法国、英国、德国等国家急需解决大量的住房而劳动力严重缺乏的情况为推行建筑工业化提供了实践基础，因其工作效率高而在欧美风靡一时。其后迅速传播到东欧、苏联、美国和日本。美、日、西欧等发达国家建筑工业化、产业化发展历程大致经历了四个阶段：第一阶段是产业化形成的初期阶段，重点是建立工业化生产体系，其特征是实现了工厂化生产；第二阶段是推进产业化的发展期，重点是提高建筑的质量和性价比，其特征是形成专用体系，实现装配式建造；第三阶段是工业化发展的成熟期，重点是建立了建筑工业化产业链，其特征是形成规模化通用体系，实现产业化；第四阶段是产业化的提高期，重点是降低建筑的物耗和对环境的负荷，其特征是发展资源循环型绿色建筑。

建筑工业化发达国家目前正处在第三阶段向第四阶段的过渡，而我国目前正处在第一个阶段向第二阶段的过渡，要实现建筑工业化、产业化的目标，第二阶段即采用装配式建造方式是不可缺少的环节，因此，发展装配式建筑是实现建筑工业化、产业化的必由之路。20 世纪 50 年代，我国就已提出发展装配式建筑，但一直进展缓慢。改革开放后，装配式建筑曾一度进入蓬勃发展时期，但建筑物外形呆板、外墙渗漏、住宅性能不能满足人民群众需求等问题，直接导致装配式建筑发展进程在 20 世纪 90 初基本停滞，工程建设方式回归现场浇（砌）筑的传统模式。1999 年，国务院转发了建设部等八部委《关于推进住宅产业现代化提高住宅质量的若干意见》，正式开启了新时期装配式建筑的发展进程。通过政策引导与市场配置资源相结合，科技创新与标准完善相结合，初步建立了装配式建筑结构体系、部品体系和技术保障体系，装配式建筑科技含量、质量性能和节能环保水平有所提升。21 世纪以来，装配式建筑在生产方式、结构体系、科技含量、建筑品质和市场定位等方面被赋予新的内容，步入快速健康发展轨道。2006 年，住房城乡建设部出台基地管理办法，明确以试点城市、基地企业"双轮驱动"推进装配式建筑发展。目前，全国已批和待批的装配式建筑试点城市 10 个，装配式建筑基地企业 54 家。同时，评定了 300 多个国家康居示范工程项目，对近 400 个项目进行了性能认定，一大批建筑部品产品获得认证标识。2016 年《中共中央国务院关于进一步加强城市规划建设管理工作的若干意见》中明确提出"全面推进装配式建筑发展"，在政策创新、技术体系完善、产业链建设等方面进行了卓有成效的探索，全国范围内装配式建筑区域化布局、规模化生产、产业化经营、社会化服务的格局正在加快形成。

在技术层面上，我国装配式建筑结构体系、部品体系逐步建立，部分单项技术、产品的研发已经达到国际先进水平。预制装配式混凝土结构体系、钢结构住宅体系得到一定程度的开发应用，装配式剪力墙、框架外挂板等结构体系施工技术日益成熟；设计、施工与太阳能一体化，设计、施工与装修一体化项目的比例逐年提高；屋面、外墙一体化保温节能技术产品日益丰富；节水与雨水收集技术、建筑垃圾循环利用技术得到了广泛推广。装配式建筑技术的应用提高了住宅质量性能和品质，提升了整体节能减排效果，带动了工程建设科技水平的提升。同时，国家标准《装配式混凝土结构技术规程》《装配式建筑评价标准》已于 2014 年正式执行，工业化建筑评价标准、预制装配式混凝土结构技术导则等正在编制或已进入待审阶段。涉及钢结构、木结构建筑的标准规范也在逐步健全。各地方出台了多项地方标准和技术文件，北京、上海、深圳、沈阳等地方针对装配式建筑设计、施工、质量验收以及模数协调等内容，分别出台 10 多项地方性标准、导则和技术管理文件，为装配式建筑发展提供了技术支撑。

但是，目前制约我国装配式建筑产业化发展的瓶颈主要体现在两个方面：首先是缺乏适合工业化、产业化特征的典型结构体系，部品部件体系，标准化、模块化、通用化、装配化的技术体系和设计、制造、装配、运维一体化的产业化技术体系；其次是关键共性技术缺乏工业化、产业化解决方案，例如与工业化、装配化配套的建筑体系和围护体系、装配连接技术以及系统集成建造技术和平台等。以结构体系为例，按照目前我国现行建筑结构设计规范的规定，特别是基于多重抗震结构设计要求，理论上讲，由于每一个建筑所承受水平荷载（地震、风载等）不相同，几乎每一个结构都是独一无二的，换句话说就是每一个工程的结构构件都是不同的，在这种情况下，构件的工厂化预制就无法做到规模化、标准化生产，建筑工业化和产业化就是一句空话。研发和推广具有工业化、产业化特征的结构体系，就是摆在我国工程技术领域的一个核心技术问题。

目前，建筑工业化发达国家已从工业化专用体系走向大规模通用体系，以标准化、系列化、通用化建筑构配件、建筑部品为中心，组织专业化、社会化生产和商品化供应的住宅产业现代化模式，已经进入了重点转向节能、降低物耗、降低对环境的压力以及资源循环利用的可持续发展阶段，这一阶段中现场施工合理化问题普遍受到重视，现场施工的技术服务体系得到建立和完善，先进技术（机器人、数字化制造、3D打印、三维扫描）和现代化管理技术（BIM等信息化技术）得以广泛应用。

从产业链角度来看，基地龙头企业是装配式建筑发展的主力军。目前，基地龙头企业大体可分为4大类型，以房地产开发企业为龙头的产业联盟；以施工总承包企业为主体的代建类型企业；以大型企业集团主导并集设计、开发、制造、施工、装修为一体的全产业链开发主体；以生产专业化产品为主的生产型企业。这些企业充分发挥企业优势，积极开展结构体系、部品体系的研发应用，带动众多科研院所、高校、设计单位、部品生产、施工企业参与产业链分工协作，塑造特色发展优势。基地龙头企业创新探索、先行先试、引领示范作用日益明显。据不完全统计，以基地龙头企业为主完成的装配式建筑面积已占到全国装配式建筑总量的85%以上，产业集聚度远高于一般传统建造方式的市场集聚度，产业聚集效应日益显现。另一方面，建筑业生产成本不断上升，劳动力与技工日渐短缺，从客观上促使越来越多的开发和施工企业自发研究、探索和应用装配式建筑。总体看，企业参与的积极性、主动性和创造性不断增强。装配式建筑发展正在吸引更多的设计、施工、部品生产企业聚拢，形成产业链条上企业相互配合、竞争有序的格局。产业资源正在自发优化配置，产业综合效益正在发挥。

发展装配式建筑是建造方式的重大变革，是推进供给侧结构性改革和新型城镇化发展的重要举措，有利于节约资源能源、减少施工污染、提升劳动生产效率和质量安全水平，有利于促进建筑业与信息化工业化深度融合、培育新产业新动能、推动化解过剩产能。目前来看，发展装配式建筑需要着力解决以下问题。

第一，增强政策推动力度。一是政策制度有待完善。作为装配式建筑发展的纲领性文件，《国务院办公厅关于大力发展装配式建筑的指导意见》（国办发〔2016〕71号）亟待结合当前的经济社会发展状况进行修订完善。各层级配套政策有待健全，部分政策条款有待强制。二是引导政策吸引力有待提升，可操作性有待增强。如针对现阶段装配式建造方式提高成本的问题，虽然一些地方出台了政策，但实质性吸引力不足，执行效率有待提高，使得成本问题一直制约着装配式建筑的发展。比较而言，为鼓励装配式建筑发展，日本制定了专门的经济政策，包括"住宅体系生产技术开发补助金制度""中小企业金融金库"等，长期低息贷款的补助政策非常直接而有效。三是发展目标亟待明确。各级政府亟待明确装配式建筑发展规划和实施目标。日本早在1969年就制定了《推动住宅产业标准化五年计划》，从高层住宅工业化体系到节能化体系，从智能化住宅体系到生态住宅体系，分阶段集中资源协同攻关，确保短时间内达到较高水平。这些都值得我们学习借鉴。

第二，进一步完善技术支撑。从关键技术的角度重点推进以下三个方向：一是主体结构由预制构件的应用向建筑各系统集成建造转变；二是装饰装修与主体结构、围护结构一体化发展，推广全装修，鼓励集成装修模式；三是部品部件向标准化、通用化发展。在完善关键技术这一过程中，首先是进一步完善标准体系，其次是技术发展要基于单项技术的研发和推广应用，重视多项技术的集成和整合，再次是强化模数协调，现行模数协调多侧重于房屋建筑构配件的预制安装，而对住宅部品的设计、生产和安装，以及设施和设备的开发都缺乏模数协调的应用指导，导致住宅结构体系与部品之间、部品之间、部品与设施设备之间的模数难以协调，直接影响了住宅成品的施工效率和质量。最后是提升科研投入，现阶段装配式建筑技术研究急需各级政府加大科研投入。单纯依靠企业自发研究，很难保证研究效率和质量，容易导致社会资源浪费。

三是改革工程监督管理制度。现行工程建设监督管理模式不能适应装配式建筑的要求，亟待在招标投标、开工许可、质量监督、竣工验收等环节进行改革。比如，现浇模式工程的监理采取旁站模式，而装配式建筑的部品是在工厂生产，这就要求监理环节上延到工厂进行监管；传统工程项目投标报价中基本以基础建材为主，而装配式建筑造价构成中包括众多类型的部品，急需调整计价定额和计价模式等。

同时，产业链集成度偏低，综合效益不高；专业化人员和队伍严重缺乏，技术储备严重不足；通用部品体系有待完善，部品认证认定制度有待健全；装配式建筑应用范围亟待进一步扩大等，这些问题也在不同程度上影响着装配式建筑的发展。在发展装配式建筑的过程中，除了健全法规标准体系、全产业链建设、专业化配套以及质量检测设备等以外，从生产要素的角度重点推进产业工人建设，形成稳定的、训练有素的建筑产业工人群体，是发展装配式建筑的根本，也是推动社会管理方式的转变，推动我国供给侧结构深化改革的重要抓手。

另外，在我国发展装配式建筑还需注意区域差异化问题。我国地域广阔，气候条件多样，抗震防灾设防要求不同，发展装配式建筑注定要走因地制宜、差异化发展之路。工业厂房等工业建筑物基本上发展全装配式建筑，公共建筑特别是大跨度、超高层建筑发展装配式钢结构或者组合结构建筑，住宅建筑重点发展装配式混凝土建筑。同时，由于各地社会经济发展不平衡，生活居住习惯差异大，发展装配式建筑需要分地区、阶段性推进，以京津冀、长三角、珠三角三大城市群为重点推进地区，常住人口超过 300 万的其他城市为积极推进地区，其余城市为鼓励推进地区，因地制宜发展装配式混凝土结构、钢结构和现代木结构等装配式建筑。同时，逐步完善法律法规、技术标准和监管体系，推动形成一批设计、施工、部品部件规模化生产企业，具有现代装配建造水平的工程总承包企业以及与之相适应的专业化技能队伍。

5.3.4 绿色建造保障建筑业可持续发展

建筑是目前世界能源以及土地、矿石、木材、水等各种资源最主要的消耗源和环境污染源，因此，迫切需要探索并建立可持续的建筑业发展模式。绿色建造是在我国倡导"可持续发展"和"循环经济"等大背景下提出的，是一种国际通行的建造模式。面对我国提出的"建立资源节约型、环境友好型社会"的新要求及"绿色建筑和建筑节能"的优先发展主题，建筑业推进绿色建造已是大势所趋。研究和推进绿色建造，对于提升我国建筑业总体水平，实现建筑业可持续发展并与国际市场接轨具有重要意义。目前，国内对于绿色建造的理解分为广义和狭义两个方面。

从一般意义上讲，绿色建造是在工程建造过程中体现可持续发展的理念，通过科学管理和技术进步，最大限度地节约资源和保护环境，生产绿色建筑产品的工程活动。其内涵主要包括以下几个方面：首先，绿色建造的指导思想是可持续发展战略思想。绿色建造正是在人类日益重视可持续发展的基础上提出的，绿色建造的根本目的是实现建筑业的可持续发展。其次，绿色建造的本质是工程建设生产活动，但这种活动是以保护环境和节约资源为前提的。绿色建造中的资源节约是强调在环境保护前提下的节约，与传统施工中的节约成本、单纯追求施工企业的经济效益最大化有本质区别。绿色建造的基本理念是"过程安全、品质保证、环境友好、资源节约、生态文明"。再次，绿色建造在关注工程建设过程安全和质量保证的同时，更注重环境保护和资源节约，实现工程建设过程的"四节一环保"。

绿色建造的实现途径是施工图的绿色设计、绿色建造技术进步和系统化的科学管理。正如在 4.1.4 中所述，狭义的绿色建造包括施工图绿色设计、绿色施工两个环节，绿色设计是实现绿色建造的关键，科学管理和技术进步是实现绿色建造的重要保障。绿色建造的实施主体是工程承包商，并需由相关方（政府、业主、分承包方、设计和监理等）共同推进。政府是绿色建造的主要引导力量，业主是绿色建造的重要推进力量，承包商是绿色建造的实施责任主体。广义的绿色建造包含工程立项与绿色策划、绿色设计、绿色施工三个阶段。

国内学者尤完、郭中华等结合工程项目寿命期、建筑产品寿命的特征及其相互关系，提出了全寿命期绿色建造的概念。全寿命期绿色建造涵盖建筑产品生成和运营的全过程，包含工程立项与绿色策划、绿色设计、绿色施工、绿色运维、绿色拆除五个阶段。在业务内容上，可以把绿色运维、绿色拆除理解为绿色施工的延伸。绿色建造不是这五个阶段的简单叠加，而是其有机整合。绿色建造能促使参与各方立足于工程总体角度，从工程立项策划、设计、材料选择、楼宇设备选型、施工过程以及运营过程的维护、寿命终结的拆除等方面进行全面统筹，有利于工程项目绿色目标的实现、综合效益的提高和资源的循环利用（图 5-4）。

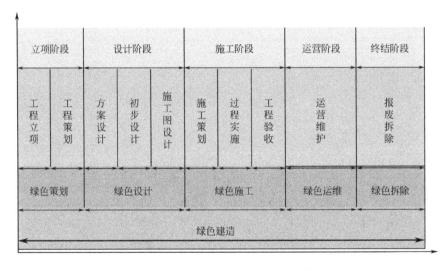

图 5-4 绿色建筑全生命周期示意图

我国的"绿色设计"概念是 20 世纪 70 年代从国外引入的，可以分为萌芽阶段（1978—1992 年）、成长阶段（1993—2006 年）和发展阶段（2007 年—至今）等 3 个阶段。相较于国外，我国绿色建筑发展较晚，首先从建筑节能起步。1986 年《民用建筑节能设计标准（采暖居住建筑部分）》开始提倡建筑节能。但由于有关绿色建筑的系统研究还处于萌芽阶段，在许多相关的技术研究领域仍是空白。因此，我国绿色建筑进程较为缓慢。

目前，我国绿色建造主要按绿色设计和绿色施工分别推进，工程立项绿色策划推进较少。为更好地推动绿色设计、绿色建筑和建筑节能工作，原建设部分别启动了绿色建筑创新奖（2004年）、示范工程（2007年）、设计和运行评价标识（2007年）等工作。2007年11月，我国开始进行绿色建筑评价工作，有效推动了我国绿色设计和绿色建筑的发展。2007年以后，我国进入了工业化、城镇化的快速发展时期，绿色建筑设计也面临着新机遇。首先在沿海及发达城市，很多建设单位及设计院所开始按《绿色建筑评价标准》进行策划、设计绿色建筑，一些外资企业也按美国LEED评价标准进行绿色设计实践。目前，全国近30个省、自治区、直辖市、副省级城市开展了绿色建筑设计工作，制定地方规范和标准40多项；获得绿色建筑评价标注的项目逐年增多。截至2018年底，全国获得绿色建筑评价标识的项目累计达到1.3万个，建筑面积超过14亿m^2，全国城镇累计建设绿色建筑面积超过32亿m^2，2018年绿色建筑占城镇新建民用建筑比例达到56%（图5-5）。

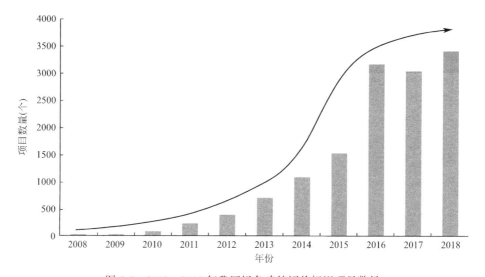

图5-5　2008—2018年我国绿色建筑评价标识项目数量

2007年，原建设部为贯彻落实《国务院关于印发节能减排综合性工作方案的通知》要求，开展了100项绿色建筑示范工程与100项低能耗建筑示范工程的评选，并在同年出台了《绿色建筑评价技术细则》（试行）和《绿色建筑评价标识管理办法》（试行）。此后随着北京、天津、重庆和上海等20余个省市相继出台地方性绿色建筑相关标准，适合我国国情的绿色建筑评价体系逐步建立完善，我国绿色建筑开始在部分地区大面积推广。全国省会以上城市保障性住房、政府投资公益性建筑、大型公共建筑开始全面执行绿色建筑标准，北京、天津、上海、重庆、江苏、浙江、山东、广东、河北、福建、广西、宁夏、青海等地开始在城镇新建建筑中全面执行绿色建筑标准。江苏、浙江、宁夏、河北、辽宁和内蒙古等地先后开展绿色建筑立法实践，颁布了《绿色建筑发展条例》等相关法规文件。

但目前，我国绿色建筑区域发展较为不平衡，主要集中在江苏、广东、上海等沿海地区，且绝大部分的绿色建筑项目仅申请了绿色"设计标识"，"运营标识"的项目很少。在取得绿色建筑设计标识的项目中，继续申请取得"运营标识"的项目不足8%。如何保证取得绿色建筑设计标识的建筑能按设计要求交付并运营，是绿色建筑面临的重点问题。

相对于绿色设计，我国的绿色施工起步较晚，经历了理论研究和技术探索（2003—2007年）、深化研究和逐步推进（2007—2012年）以及快速发展（2013年后）等三个阶段。目前，我国绿色施工推进已取得了一定的成绩。第一，绿色施工的理念已初步建立。绿色施工的基本理念已在行业内得到了广泛接受，尽管业界对绿色施工的理解还不尽一致，但业内工作人员已经意识到绿色施工的重要性，施工过程中关注"四节一环保"的基本理念已初步确立。第二，绿色施工已逐步在先进企业推进和实施。随着绿色施工理念在业内的初步建立，一批有实力和超前意识的建筑企业在工程项目中重视绿色施工策划与推进，对传统施工技术进行绿色审视，对绿色施工新技术进行研究开发，初步积累了绿色施工的有关经验，建立在技术推进基础上的绿色施工已有明显成效。第三，绿色施工相关标准已初步建立。2010年，我国颁布了《建筑工程绿色施工评价标准》GB/T 50640—2010；2014年，《建筑工程绿色施工规范》GB/T 50905—2014发布实施，这是目前我国仅有的绿色施工标准，有效推动了我国绿色施工的实施。第四，推进绿色施工的行业机构已成立。2012年，中国建筑业协会绿色施工分会成立，具体负责绿色施工推进工作；开展培训60余次，参会人数达万人次，为各企业输送了绿色施工专业人才。2012年7月，"绿色施工科技示范工程指导委员会"成立，以加强住房城乡建设部绿色施工科技示范工程实施工作的领导和管理。第五，绿色施工示范工程和评比活动已开展。从2010年起，中国建筑业协会开展了绿色施工示范工程，共审批了976项全国建筑业绿色施工示范工程，且数量迅速递增，起到了明显的示范和带动作用。同时，绿色施工科技示范工程也在全国绿色施工推进中发挥了重要作用。2012年，全国建设（开发）单位和工程施工项目节能减排达标竞赛活动启动，可授予"五一劳动奖状"和"全国工人先锋号"，激发了建设（开发）和施工单位推进绿色施工的积极性，有效促进了我国绿色施工的开展[①]。

我国发展绿色建造的机遇与挑战并存，对于如何走出一条适合我国国情的绿色建造之路，面临着诸多问题和障碍。

---

① 尤完，肖绪文. 中国绿色建造发展路径与趋势研究[J]. 建筑经济，2016，37（2）：8-12.

在工程立项策划阶段，存在绿色建造长期利益和短期投入兼顾不周的问题。我国建筑节能实践表明，增加5%～10%的工程造价，建筑物即可达到节能要求，而建筑节能的回收期一般为5～8年，与建筑物使用寿命50～100年相比，其经济效益相当突出。但在我国，由于设计、开发、施工和物业管理等相应的建设环节分离，相应的财政、税收等政策在绿色建造环节需加以分配，形成绿色建造的利益驱动力。

在工程设计阶段，存在绿色建造技术简单堆积，对运行效果考虑欠佳的问题。绿色建筑总被认为是高科技、大投入的建筑，且在实施中若想将所有绿色、节能新技术在一个建筑中应用，追求全而广，将直接导致建筑成本上升，造成推广上的困难。事实上，绿色建造技术种类有很多，因地制宜地选择适当的技术加以规划，然后再应用到设计、施工过程中去，并不一定会增加成本；相反，还可能节省资源、降低能耗。

在绿色建造技术上，存在技术创新不够的问题。绿色建造是以节约能源、降低消耗、减少污染物产生量和排放量为基本宗旨的"清洁生产"，然而目前建造过程中普遍采用的技术、工艺、设备和材料等还是注重于质量、安全和工期的传统技术，缺乏系统、可利用的"四节一环保"的绿色建造技术支撑。

在绿色建造评估上，存在建造过程评估和建筑产品评价协同不够的问题。我国绿色建造起步晚、经验少，建筑节能、节地、节水、节材和环境保护的综合性标准体系尚未建立，缺乏权威的效果评估体系。《绿色建筑评价标准》GB/T 50378—2019主要针对设计和运营标识，《建筑工程绿色施工评价标准》GB/T 50640—2010针对的是绿色施工过程评价，需要形成覆盖绿色建造整个过程的评价体系和标准。

在绿色建造推进的体制机制上，存在绿色建造推进环境尚未形成的问题。目前，推进绿色建造的相关法规和标准尚未形成，工程建设各方的绿色建造责任及社会保证制度尚未明确，绿色建造的政策激励及约束机制尚待完善。推进建造的自觉性远未形成。所以，如何让非绿色建造者的社会责任成本更高，让绿色建造实施者的获益更大，形成绿色建造推进的良好环境是当务之急。

第6章
建筑业从业人员技能素质

从业人员素质是建筑业发展质量的关键因素。在建筑业工业化、信息化、绿色化发展进程中需要大量的新型技术、新型建造方式，需要项目管理、项目运营的新型管理人才。建筑产业现代化是建筑产业从操作上的手工劳动向机械化再到智能化的转变，从施工工艺的简单化向复杂化转变，发展方式从单纯依靠个人经验逐步向依靠科技进步转变，管理方式也从粗放式管理逐步转为集约式管理，建筑工人也逐步迈入产业化的步伐，智能建造技术，装配式建筑逐步融入传统工程建造方式。伴随着这些转变，建筑产业的生产效率不断提高，企业经营规模逐渐增大，企业经营方式更加多元和开放。

同时，作为劳动密集型产业，建筑业庞大的劳务工人群体素质亟待提高，农民工实名制、产业化、城市化是现代建筑业发展的必由之路。建筑业作为劳动密集型行业，在其发展壮大的过程中吸纳了大量社会劳动力。根据2020年国家统计局数据，中国建筑业共吸纳了将近5427万的社会劳动力，占全国就业人员总量的7%左右。作为国民经济的支柱产业，建筑业在吸收农村转移人口就业、推进现代化城镇建设和维护社会稳定等方面持续发挥显著作用。

随着我国人口红利的逐渐消失，劳动力成本开始快速增长，经济形态的转变及产业结构的优化升级等，都对建筑行业的劳动力质量提出了更高要求。但长期以来，建筑产业队伍，产业工人的素质、地位以及归属问题没有得到有效的解决，直接影响到建筑业的健康发展。建筑工人普遍文化程度低，年龄偏大，缺乏系统的技能培训和鉴定，直接影响工程质量和安全。建筑业企业"只使用人、不培养人"的用工方式，造成建筑工人组织化程度低、流动性大、技能水平低，职业、技术素养与行业发展要求不匹配。2020年，住房城乡建设部印发《关于加快培育新时代建筑产业工人队伍的指导意见》，提出有序培育建筑工人队伍，提升建筑工人的技能水平，近年来，通过落实多元化劳务用工体系，发展劳务分包制度、构建多层次建筑工人培训机制、落实劳务实名制、完善建筑工人社会保障等措施，逐步解决建筑用工产业化的问题。

6.1 建筑业专业技术人才

近年来,随着我国建筑业工业化、信息化、绿色化发展进程,装配式建造、智能建造、绿色建造等新型建造形式的出现,以及建筑业国际化进程的加快,对建筑业人才队伍提出了新的要求,在建筑业转型升级的新形势下,人才队伍的建设与培养将是促进建筑业发展的根本动力。

6.1.1 专业技术人才存量

注册建造师是建筑业专业人才的主体。注册建造师制度是提高建筑技术水平和项目管理水平、保证建筑工程质量和安全的人才保障。2007年《注册建造师管理规定》正式实施,对住宅、市政以及铁路、公路、港口与航道、水利水电、通信与广电、民航等专业领域建造师的注册和执业实施统一管理。2017年在该规定修订的征求意见稿中,提出工程质量、安全体系中的关键角色"企业负责人""项目负责人"及"项目技术负责人"必须持有"建造师证书"。企业负责人是企业的法人代表,是企业的第一责任人;项目负责人(项目经理)是施工项目安全/质量第一责任人,是项目综合管理的责任人;技术是质量/安全的基础,项目技术负责人在施工技术管理中扮演着重要的管理者角色。对这三类人提出注册建造师的资质要求,是继在《建设工程质量管理条例》明确"项目经理必须对工程项目施工质量安全负全责"后,进一步明确工程项目质量安全责任人须具备的专业资格,将促进建筑工程质量水平,对建筑工程质量监管提供执法依据(表6-1、图6-1)。

2018年住房城乡建设领域执业资格人员专业分布及注册情况　　　表6-1

行业	类别专业			取得资格人数	注册人数
勘察设计	(一)注册建筑师(一级)			34569	33023
	(二)勘察设计注册工程师	1. 土木工程	岩土工程	21806	17950
			水利水电工程	9932	—
			港口航道工程	282	—
			道路工程	2411	—
		2. 结构工程(一级)		52662	48556
		3. 公用设备工程		35462	29162
		4. 电气工程		26971	23026
		5. 化工工程		8610	6373
		6. 环保工程		6621	—
		7. 机械工程		3458	—
		8. 冶金工程		1502	—
		9. 采矿/矿物工程		1461	—
		10. 石油/天然气工程		438	—

续表

行业	类别专业	取得资格人数	注册人数
建筑业	(三)建造师(一级)	694453	666112
	(四)监理工程师	291523	189684
	(五)造价工程师	191663	174672
房地产业	(六)房地产估价师	58920	53452
	(七)房地产经纪人	65656	32701
	(八)物业管理师	63647	23149
城市规划	(九)注册城市规划师	23191	11615
	合计	1595238	1319475

资料来源：中国建筑业统计年鉴 2019。

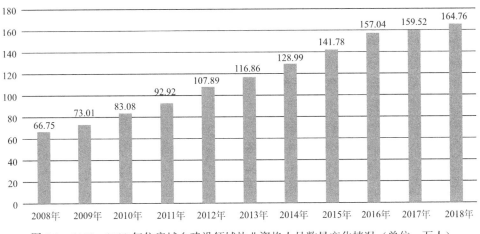

图 6-1　2008—2018 年住房城乡建设领域执业资格人员数量变化情况（单位：万人）

数据来源：根据 2008—2018 中国建筑业年鉴汇总。

6.1.2　专业技术队伍建设存在的主要问题

人才队伍是建筑行业发展的关键，随着建筑业新业务、新模式和新技术的出现以及建筑业的快速国际化，建筑业正面临新一轮的人力资源短缺，只有明确人才队伍的需求状况，培养符合需求的人才队伍，才能促进经济新常态下建筑业的高质量发展。目前，我国建筑业专业人才、高层次人才缺口主要包括：

国际化进程中的专业人才需求。在我国实施"一带一路"的大背景下，与国内工程业务相比，走向海外的建筑企业需要大量懂技术、通商务、熟悉外语、经验丰富的国际化人才，而国际化人才的缺失一直都是我国企业开展国际化所面临的一大难题。对于我国工程企业而言，复合型的国际商务人才和国际化项目管理人才是拓展海外业务的重要保障，培养一批具有国际视野、国际思维和国际素养的国际化人才能更好地促进企业国际化发展。

建筑业新业态下的专业人才需求。建筑信息化人才需求是建筑业发展趋势，随着信息化发展，大型企业应积极开发资源，看准发展趋势，将信息化作为推动行业发展的关键要素，大力推进建筑业信息化发展。建筑业信息化的发展需要大量BIM等信息化人才作为后备力量，而BIM操作需要执行人员同时具备计算机编程与项目管理的双重技术能力，目前提供的BIM人才培养知识体系不完整阻碍了BIM操作性人才的输出。与其他专业人才队伍建设与培养相比，信息化人才受重视程度较低，目前建筑业内缺乏掌握BIM建模高级技能要求的建筑信息化实用型人才和从事项目管理、高层团队管理工作的BIM项目管理人员。

装配式建造、绿色建造等新型建造形式对人才的需求有别于以往的现浇混凝土结构，装配式建筑从设计、生产到施工组装本质上改变了过去的建造方式，各相关利益方在建造过程中面临新的要求和挑战。任何精湛的技术和完善的标准，不能没有人才支撑，培养新型人才队伍是装配式建筑发展的重中之重。构件化的装配式设计流程和施工过程给设计和施工提出新挑战的同时，也给行业的技术和管理人员带来了挑战。目前，从事装配式建筑的高素质人才较少，现有的装配式建筑需要大量的资金、人才和技术投入，企业不再需要大量如钢筋工、混凝土工等工种的现场作业人员，取而代之的是需要掌握装配式建筑流程、懂得现场装配和构件吊装的产业化工人，拥有设计、生产、施工和管理等能力的装配式建筑技术人才以及拥有工业化管理思维的项目管理人才。

此外，新模式下投融资、项目运营、财经、风险控制等专业人才供给也存在结构性断层。随着我国工程建设项目规模日益扩大、技术和管理复杂性提升，工程建设项目管理模式创新不断涌现。工程项目投融资方式的多样性，使得工程建设的主要工作不再单一地局限在建造阶段，而是从全生命周期项目的前期开始，项目投融资、运营、财务、风险控制等工作成为工程建设过程中不可或缺的环节，深刻影响着工程建造的组织方式，需要大量的专业人才。

造成我国建筑业专业技术人才供给与需求不匹配、专业技术人才短缺的主要原因如下。

首先，人力资源规划建设滞后，人力资源管理与行业、企业战略发展规划相脱离。企业高层在研究未来发展板块和中长期规划时，所关注的是研究新领域的可行性和投资收益状况，往往忽视对新设业务板块急需人才的内外部供给情况研究。人力资源部门也多未参与企业战略发展规划的制定，没有形成全局一盘棋的理念，人员的招收配备、培训开发与企业需求间易产生错位。同时大多数的建筑企业人力资源部门日常管理工作以行政事务性为主，更多关注的是当前各项规章制度的执行，在实际操作中仍把人才建设工作、人才激励政策的兑现认为是增加企业的成本支出，突出"人力成本"，未能有效形成"人力资本"概念。

其次，人才引进培养体系不完善，对人才引进、培养缺乏科学系统的全面规划。多数企业的规划中，对人才建设工作往往只提出了总量上的要求，而对于人才的质量并没有具体的目标，在面对新业态、新技术和新产业时，易产生"外部无合适人选、内部无人可用"的管理危机。在建筑业企业中，重当前轻未来的现象普遍存在，如对新进毕业生项目现场工作的分配，往往取决于现场岗位短缺情况，缺乏对人才的职业生涯规划指导。同时建筑行业项目多分布在不同城市，企业内部未建立有效地培训需求反馈渠道，易造成对项目一线员工培训工作的忽视。虽然多数企业采用了"师傅带徒弟"的现场培养形式，但此类培养方式也常因师傅缺乏有效统一指导和行为规范培训，使其流于表面，未能够实质化体现出其应具有的价值和发挥引导新员工对企业文化的传承。

再次，人才激励机制还不够健全。一是人才激励机制主要有薪酬激励、组织认可、职务晋升等方式。很多企业在制定企业内部分配制度时，没有对分配和激励方式进行多样性的探索，仍保留平均主义思想。重和谐、促稳定，对于优秀人才的激励手段单一、激励幅度较小。二是考核机制的不够科学，考核方式多简单采用上级评价模式，且考核运用范围小，多数只与绩效奖金挂钩，如采用上浮年度奖金的方式一次性奖励。三是人才成长通道不够畅通，在职务晋升中，"能上能下"的转变机制还有很长的路，还未探索出一套有效的"上下路径"，造成了该"上"的人才不能及时上，该"下"的不能正常下，一定程度上限制了优秀青年人才的使用。

6.2 建筑业产业工人

我国建筑业产业工人队伍形成和发展经历了一个长期的过程。20世纪80年代，建筑业实行了以推行项目管理为核心的企业管理体制改革，实现了企业内部管理层与作业层的两层分离，逐步改变了单一固定工的用工模式。到20世纪90年代中期，建筑业形成了以农民工为主体的劳务作业队伍的用工结构。2005年后，原建设部确立了建筑工程劳务分包制度，这项制度的推行对于建筑业务工人员企业化管理，提高务工人员的组织化程度具有积极作用。随着我国建筑产业现代化、建筑业转型升级发展的推进，建筑业对产业工人的技能素质、供给稳定性等方面提出了新的要求，建筑产业工人质量、建筑劳务市场运行秩序、农民工权益等问题对建筑业发展方式转变、建筑业现代化进程、工程项目管理效率等均会产生重要影响。按照党的十八大提出的加快建设新型工业化、城镇化、信息化和现代化农业的总体部署和十八届三中全会深化改革的战略要求，以及建筑业"建设稳定的建筑产业骨干工人队伍"的目标，着力稳定和扩大建筑业农民工就业创业，促进建筑业农民工向技术工人转型，健全工资支付保障制度，保护工人合法权益,改善建筑工人的工作环境,促进建筑工人稳定就业。2020 年,住房城乡建设部在《关于加快培育新时代建筑产业工人队伍的指导意见》中明确,到 2025 年,建筑工人技能素质大幅提升,中级工以上建筑工人达到 1000 万;建立保护建筑工人合法权益的长效机制,打通技能人才职业发展通道;弘扬劳模精神和工匠精神,建设一支知识型、技能型、创新型的建筑业产业工人大军。

6.2.1 我国建筑劳务用工制度的变迁

从 20 世纪 80 年代以来,随着我国建筑业的迅猛发展,建筑劳务用工制度经历了一个持续变迁的过程:从合同制到劳务基地化,到近年来的劳务分包企业制度,建筑劳务用工制度不断走向成熟和规范。20 世纪 80 年代初,国务院颁布《国营建筑企业招用农民合同制工人和使用农村建筑队的暂行办法》,标志着原有固化的建筑用工制度开始变革,开启了农业剩余劳动力参与城市建设的新篇章,建筑行业逐渐形成了多元化用工方式。随后,1986 年国务院出台《国营企业实行劳动合同制暂行规定》,标志着建筑行业的用工管理走向法制化之路。建筑行业初步形成了以固定工为基本力量、以农民工合同工为调剂力量的弹性用工制度。

随着经济社会的发展,我国基建规模发生了显著波动,同时农民合同制工人的配套措施也明显不足,严重影响了合同制用工制度的推广。因此,1989 年我国开始推广鲁布革工程管理经验,实行建筑管理与建筑劳务"两层分离",建立大批建筑劳务基地。自此,管理层与劳务层的分离使得劳务层的发展更具灵活性。

21 世纪初,原建设部发布《建筑业企业资质管理规定》和《关于建立和完善劳务分包制度发展建筑劳务企业的意见》,提出了劳务分包企业的概念,并以此将建筑企业设置为三层:施工总承包企业、专业分包企业、劳务分包企业,期望在全国建立以总承包企业为龙头、以专业承包企业和劳务分包企业为基础的"金字塔型"行业结构。自 2001 年原建设部开始在全国范围内建立规范的建筑劳务分包制度以来,建筑劳务分包企业对于建立劳务分包市场、推进建筑用工制度改革发挥了重要的作用。

6.2.2 我国建筑劳务用工方式变迁

近年来,随着国内经济的快速发展,建筑产业工人队伍不断壮大,一线建筑工人中有超过 90% 的工人为农民工,他们在建筑行业发展及城镇化建设中扮演着重要角色。国家统计局发布的《2019 年农民工监测调查报告》显示,2019 年,我国农民工总量为 29077 万人,相比 2018 年增加了 159 万人,增长 0.9%,其中建筑业的农民工约 5437 万人,占总体比重 18.7%,相比 2018 年上升 0.1 个百分点。2012 年,我国农民工总量为 26261 万人,同比增长 3.88%,从事建筑业农民工占 24.5%;2012—2018 年间,农民工总量增速逐年放缓,总体仍保持上升趋势，但建筑业农民工占比却逐年下降，在2014—2018年的4年间，更是出现了建筑业农民工数量逐年减少的现象。也就是说，近年来，在农民工总量增加的情况下，从事建筑行业的农民工占比以及数量都在减少。根据国家统计局资料，2018年我国城镇化率达58.5%，与发达国家80%的城镇化率相比，仍有很大进步空间，这就意味着建筑行业对劳动力的需求量仍将不断增加，预计以每年0.97%的速度增长。近年来，建筑企业劳动力已经出现供不应求的紧张局面，建筑企业招工难的问题普遍存在，工程项目出现"用工荒"。造成这种状况的原因除了我国第三产业的快速发展，吸引了更多农民工之外，建筑行业本身的特性和存在的问题、社会对建筑工作的歧视以及农民工自身的人力资本等，都使得建筑工人就业质量情况愈加严峻，新一代农民工对建筑业热情不断下降。

党的十八大提出要坚持走中国特色新型城镇化道路。《国家新型城镇化规划（2014—2020年）》明确了我国未来城镇化的发展路径、主要目标和战略任务，是指导全国城镇化建设健康发展的宏观性、战略性、基础性的规划。在全面建成小康社会、实现中华民族伟大复兴的历史进程中，建筑劳务用工管理涉及建筑劳务市场运行秩序、农民工权益、建筑业发展方式转变、建筑业现代化进程、工程项目管理效率等一系列重大问题。按照党的十八大提出的加快建设新型工业化、

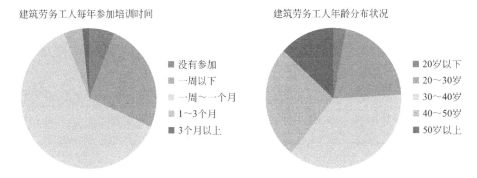

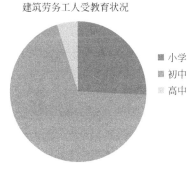

图6-2 建筑劳务工人基本情况

数据来源：中国建筑业年鉴2019。

城镇化、信息化和现代化农业的总体部署和十八届三中全会深化改革的战略要求,以及建筑业"建设稳定的建筑产业骨干工人队伍"的宏伟目标,建筑业劳务用工管理模式需要根本性的变革。

6.2.3 建筑劳务工人就业质量现状

从建筑工人劳动时间来看,为保障劳动者的基本权利,我国颁布了《劳动法》等系列法律法规。根据《劳动法》第三十六条,我国现行工时制度下,每日工作时间不超过 8 小时,平均每周工作不超过 44 小时;特殊情况需要延时,每日延长的工时不得多于 3 小时,每月不得多于 36 个小时。我国农民工一般从事的工作强度都比较高,普遍存在超时工作的现象。2009 年的调查数据显示,农民工每周工作超过 44 小时的比例高达 89.8%。建筑行业本身就具有工作时间长、劳动强度大、工作环境恶劣的特点。大部分工人除每天长时间工作外,也很少享受节假日,抢工时期更是需要每天高负荷工作。

近年来,国家相关法律条例的出台以及行业进一步的规范化管理使我国农民工超时工作情况已有所减少,《2018 年农民工监测调查报告》显示,周工作时间超过 44 小时、日工作时间超过 8 小时的人员占比分别为 78.4%、64.4%,同比下降了 0.6% 和 1.8%。2009 年至 2018 年的 10 年间,农民工超时工作比例变化情况如图 6-3 所示。

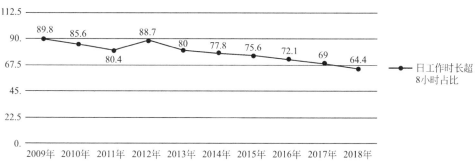

图 6-3 2009—2018 年农民工超时工作比例变化情况(单位:%)

数据来源:根据 2009—2018 年《农民工监测调查报告》数据整理。

从建筑工人收入水平看,近年来,我国农民工月均收入保持稳定增长。2019 年农民工月均收入 3962 元,比 2018 年增加 241 元,增速 6.5%,增速比上年降低 0.3 个百分点。分行业来看,建筑业农民工 2019 年月均收入 4567 元,比 2018 年增加 358 元,增速达 8.5%。建筑业因其生产特点,工作项目需要大量不同工种的工人相互配合完成。不同类型、不同级别的工种,薪资待遇等具有一定差异。一般而言,工种的技术含量越低,薪资待遇越低。总体来看,建筑业农民工收入高于平均水平,但是由于就业稳定性差、满意度低,建筑工人就业质量依然存在很大的上升空间(图 6-4)。

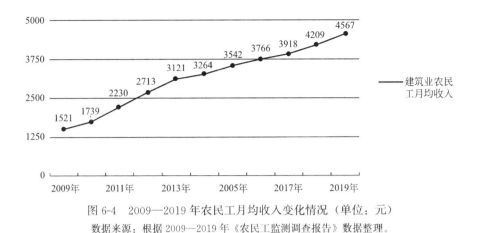

图 6-4　2009—2019 年农民工月均收入变化情况（单位：元）

数据来源：根据 2009—2019 年《农民工监测调查报告》数据整理。

由于户籍身份、整体素质等因素限制，农民工成为最易受到劳动权益保障缺失侵害的高危群体，工资拖欠事件发生率居高不下。《中国农民工调研报告》显示，目前农民工主要以两种方式领取工资：一种是按月领取，以该方式领取工资的人数占比达 60.37%；另一种方式是按年领取，以该方式领取工资的人数占比为 28.02%。在被调查者中，基本能按时领取工资的农民工比例为 47.78%，剩余人中工资有时延期和经常延期的比例分别为 35.68% 和 15.68%。长期以来农民工欠薪问题在我国普遍存在，成熟稳定的薪资发放保障体系尚未形成。随着相关极端性和群体事件频出，政府部门重视程度不断提升，相关法规条例陆续出台，农民工工资支付保障机制不断完善，工资拖欠情况有所改善。合理解决农民工欠薪问题，既关乎农民工的直接利益，又对维护社会安泰稳定至关重要。

从社会保险和就业稳定性看，对农民工的就业质量的评价除实际到手的工资水平以外，还包括保险福利以及相关的利益保障等各方面。尽管目前总体上建筑工人参加社会保险的比例处于较低水平，但已呈现出逐年稳步上升的趋势。《人力资源和社会保障事业发展统计公报》显示，2009 年参加养老、工伤、医疗、失业、生育保险的建筑业农民工比例分别是 7.6%、21.8%、12.2%、3.9%、2.4%，此后近十年间参保比例逐步增长，2018 年分别为 21.65%、27.25%、21.73%、17.09%、9.9%。只有切实营造良好的社会制度环境，提供基本的生活保障，才能够吸引更多更优质的劳动力，使农民工有更高的工作热情，进一步扩大队伍的规模和实力。

建筑业生产由于其本身的特点对劳动力的需求非常灵活，使得建筑工人需要在不同地点、不同项目之间快速流动，工作地点具有不稳定性。一方面，特殊的工作环境对于农民工建立城市社会关系、积累社会资本是一种无形的阻力，这种不稳定就业状态使工人在心理上缺乏归属感，导致对工作价值和职业前途的认同感降低，愿意从事建筑生产的工人数量减少。另一方面，对建筑业生产来说，建筑工人的责任心在频繁的工作流动中降低，安全和生产技能的培训效果减弱，不仅不利于当下倡导的安全文明施工，也无法满足业界生产技术不断升级的诉求，导致生产效率降低。稳定的就业状态对进城农民工增强城镇归属感，提高农民工组织化程度以及吸引工人回溯、扩大劳动力规模具有重要意义。

6.3　我国建筑业工人队伍存在的问题

在现阶段我国建筑劳务用工管理存在许多亟待解决的问题，主要体现在劳务用工秩序混乱、动态管理失控、工资纠纷频繁、权益难以保障等方面。劳务工人已经成为我国建筑业产业大军中的重要力量，如果这些问题长期得不到解决，将会成为严重制约我国建筑业转变发展方式和可持续发展的重要因素。

第一，劳务分包制度配套法规政策不健全。

目前，我国建筑劳务分包尚缺乏明确的、强制性的法规政策依据，各项管理制度尚不健全。国家对建筑劳务分包的管理还仅仅停留在劳务分包企业资质层面（如建设部发布的《建筑业企业资质管理规定》），而对于建立劳务分包制度则缺乏一定的法规政策进行规范和约束。同时，由于我国建筑劳务分包制度建立较晚，全国大部分地区也缺乏相应的地方法规。

第二，劳务分包企业准入门槛低，队伍素质良莠不齐。

较长时间以来，我国固定资产投资规模巨大，对建筑劳务量的需求一直居高不下，进入城市建设的务工人员几乎是蜂拥而入。虽然住房和城乡建设部对建立劳务分包企业及其资质有明确要求，但地方行政主管部门在操作上很难对劳务企业的资质和队伍的素质进行严格准确的审查。仅就西安市为例，建筑劳务企业每年以10%以上的速度增长，截至2011年达到了831家，难以保证所有队伍和人员都具备了相应的施工和管理水平。另一方面，劳务分包企业准入门槛过低，"空壳化"现象严重，导致难以形成稳定的产业工人队伍。据部分省市的统计，有些地区劳务分包企业的"空壳化"比例高达60%以上。这类劳务企业只有少数几个管理人员，承接到劳务分包任务后，临时拼凑农民工队伍，而大多数农民工缺乏组织、受教育程度较低、未经职业培训就进入建筑业，职业技能和整体素质不高，难以保证建设工程质量和施工安全。且大部分劳务企业，注册资本金规模小，抵御风险的能力不足，且由于人工费定额标准与市场实际工资差距较大，人工成本越来越高，劳务分包企业利润越来越低，难以负担从业人员的各项保险、技能培训以及各项税费，进而留不住技术能力强的人才和复合型人才，稳定的产业工人队伍无法形成，也难以发展壮大。

第三，施工企业管理不到位，劳务人员稳定性差。

一方面，劳务企业和务工人员在项目上的聚合，是建筑业施工管理体制改革后新的尝试，双方都在成长与磨合之中。劳务人员也开始选择企业、项目、领头人甚至是服务的地区。比较好的劳务企业，其人员流动率一般在20%以上，稍差的企业，很难做到基本队伍的稳定。这样造成的结果便是施工合同的失约，工程进度计划的落空以及项目管理效率的降低。这里有劳务企业管理水平较低和不规范的问题，也有进城务工人员结构、就业观和文化理念更新变化的原因。另一方面，随着建筑施工企业由劳动密集型向技术、管理密集型转化，工程项目管理模式也发生了变化。项目经理的利益与项目的盈利状况紧密相连，项目经理的自主权加大。项目经理在选择劳务队伍时往往侧重于报价的高低，致使劳务公司难以与个体包工头竞争，劳务挂靠、层层分包现象屡禁不止。在选择劳务队伍时，招标程序难以规范。有的业主或地方官员，以各种方式干预劳务分包招标活动，致使劳务队伍的招标成为走过场的幌子，难以保证劳务队伍的业务技能水平。同时，劳务分包人员凭借与业主、政府官员的关系，在施工过程中不服从总包方的管理，总包方协调难度大。

第四，劳动力成本增长刚性化，建筑工人培训制度得不到有效保障。

由于经济全球化的影响，也因为市场经济的逐步成熟，劳动力价格在逐步攀升，一方面造成劳务企业的运营成本在加大，另一方面也造成总承包企业的劳务费用快速升高。在建筑总成本中，劳务费用已上涨到30%以上，这还不包括由于季节和抢工等因素而不得已增加的费用成本。劳动力成本的增长进一步恶化了建筑劳务工人技能培训不足的现状。近年来，尽管农民工教育培训受到了一定程度的重视，但由于建筑业农民工教育培训制度缺乏有效的资金保障，很多培训只是走形式，无法满足农民工群体的实际需求，从而导致建筑业劳务工人操作技能无法得到加强，素质也无法得到实际提高，这无疑带来了一系列的"恶性循环"，不利于建筑行业的整体发展，还有可能带来很多潜在的问题，如农民工工作效率低下、工伤事故预防能力不足等。

第五，社会保障措施滞后，难以形成稳定的产业人力资源储备。

由于建筑从业人员流动性大，有的劳务公司不与劳务工人签订劳动合同，多数劳务企业没有给劳务工人办理养老、失业、医疗、工伤等保险，工人上岗培训不足，生活条件简陋，企业还常常拖欠务工人员工资，侵害了农民工的合法权益。社会保障措施的滞后，不仅不利于企业和社会的稳定，也很难形成新时期高素质的产业队伍和人才储备。同时，建筑业劳务工人社会保障问题未得到妥善解决，一方面，劳务企业出于成本考虑不愿意、也没有能力为量大面广的劳务人员缴纳社保；另一方面，由于劳务人员自身流动性强，且大多数劳务工人均来自农村，自我保护意识较差，再加上现行社保制度政策方面有一定限制，全国社保没有联网，无法实现社会保险关系转移接续等种种原因，极大地挫伤了劳务人员对社保要求的积极性，并造成了部分社会保险金的浪费，不利于农民工群体向产业工人的转化，难以形成稳定的产业人力资源储备。

第六，劳动纠纷、劳动争议多，劳务工人正当权益得不到有效保护。

一是在劳务分包过程中，劳务企业往往处于劣势，施工总承包企业和劳务企业不能真正处于平等地位，施工总承包企业往往将部分工程承包风险转移给劳务企业，在劳务企业整体实力较弱，抗风险能力不强的情况下，一旦出现意外，就会发生群体性纠纷，如拖欠劳务人员工资问题。二是许多劳务分包企业不与劳动者依法签订劳动合同，不为劳动者缴纳工伤、医疗等社会保险，不能为劳动者提供必要、足够的劳动保护。而劳动者作业条件差，劳动强度大，流动性强，工伤、职业病容易发生，且得不到应有的治疗和补偿，合法权益得不到保障，劳务人员维权的渠道不畅。

6.4 促进建筑劳务工人向产业工人转型

2020年12月，住房城乡建设部等12部委联合颁布《关于加快培育新时代建筑产业工人队伍的指导意见》，指出当前建筑工人存在流动性大、老龄化严重、技能素质低、合法权益得不到有效保障等问题，严重制约了建筑业的持续健康发展。目前，我国建筑劳务用工的主要问题集中体现在建筑业务工人员的产业化进程明显滞后方面。建筑工人队伍中的绝大部分为农民工，其向产业工人的转化势在必行。一方面，农民工本质上具有"农民"和"工人"的双重身份，农民即是社会身份，工人即是职业身份，需要将"半工半农"的非稳定状态转化为职业化水平较高的工人身份；另一方面，农民工也具有"非城非乡""亦城亦乡"的特点，属于城市边缘人，需要保障其享有平等的市民权。未来应以法规为指导，以保障农民工利益和发展为核心，以提高建筑业务工人员的职业技能水平和组织化程度为方向，以保持建筑业持续健康发展为目标，随着建筑产业现代化的推进，积极改变用工管理方式，建立新型产业工人队伍。

6.4.1 完善建筑业用工制度

推动建筑业用工方式多元化、规范化。逐步建立施工承包企业自有建筑工人为骨干，专业作业企业自有建筑工人为主体的多元化用工方式。鼓励施工总承包、专业承包企业培育以特种作业工种、高技能建筑工人为主的自有建筑工人队伍，作为技术骨干承担施工现场作业带班或监督等工作；大力发展专业作业企业，加大政策扶持力度，鼓励和引导现有劳务班组或有一定技能和经验的班组长成立以作业为主的专业公司或注册个体工商户，作为建筑工人的合法载体，促进建筑业农民工向技术工人转型，提高建筑工人的归属感；取消建筑施工劳务资质审批，设立专业作业企业资质，实行告知备案制，鼓励建筑施工承包企业与专业作业企业建立长期稳定的合作关系，不断提升专业作业能力；引导劳务企业转型发展，放宽市场准入限制，鼓励有一定组织、管理能力的劳务企业通过引进人才、设备等途径向总承包和专业企业转型；鼓励大中型劳务企业充分利用自身优势搭建劳务用工平台，为施工企业提供合格的建筑工人；引导小微型劳务企业向专业作业企业转型发展，做专做精专业作业，成为建筑业用工主体。

按照市场化原则，提高建筑业务工人员组织化水平。鼓励总承包企业参与劳务企业改造。引导施工领域广阔的大型企业在劳务资源丰富的地区以投资参股等方式在当地组建劳务公司，建立稳定的协作关系。施工分包是工程建设的内在规律，也是国际上工程建设的通行做法。在一定时期保持劳务分包制度，有利于探索和培育工程建设分工协作体系，根据各类企业的施工特点，合理配置劳动力资源，并能够有序流动。鼓励总承包企业直接招用建筑工人，培育骨干操作力量，在技术复杂的重大施工任务中发挥中坚作用，稳定用工需要，但是应当防止企业用工主体劳务派遣的倾向。扶持劳务企业与施工活动相关的生产、服务业务相结合，增强经济实力，使其逐步成为专业化、实体化企业和容纳农民工就业的有效载体。少量企业可以成为劳务派遣企业，满足各类建筑业企业"临时性、辅助性和可替代性用工"需要。指导建筑强县和劳动力资源丰富县级地区建立健全行业管理，赋予其技能培训、鉴定、资质管理的职能。大力支持当地建筑企业整合资源，增强市场竞争力，同时推介他们与大型企业定向合作。培育和壮大当地建筑业企业群体；进一步推进建筑劳务实名制度，并引导建筑业务工人员积极参加当地的各类社会保险，实行"先培训后就业""先持证后上岗""先建制后输出"。

全面推行实名制管理。施工总承包企业要建立建筑工人实名制管理制度，明确管理职责，对进入施工现场的建筑工人实行实名制管理，记录建筑工人的身份信息、培训情况、职业技能、从业记录等信息，以及考勤、工资支付、社会保障等情况，防止因变换用人单位造成个人信息流失，影响其各种待遇的接续。要充分运用物联网、生物识别等信息化手段，实现信息化管理。建立实名制管理平台，及时采集企业现场实名制管理数据。强化实名制数据应用，建立全国建筑工人管理服务信息平台，制定数据标准，加强信息互联共享。

健全保障建筑工人薪酬支付的长效机制，加强企业用工制度和工资支付监管，保障农民工获得劳动报酬和休息的权利。根据《国务院办公厅关于全面治理拖欠农民工工资问题的意见》有关要求，全面落实施工总承包企业对所承包工程项目的建筑工人工资支付负总责，分包企业对所招用的建筑工人工资支付直接负责。推行工程款支付担保制度，建设单位要求承包单位提供履约保证金的，应向施工承包企业提供相应的支付担保，采用经济手段解决工程款支付不及时导致的拖欠建筑工人工资问题。加快完善工资保证金、欠薪应急周转金等有关制度，建立拖欠建筑工人工资"黑名单"制度，对存在拖欠工资的企业列入"黑名单"，并将"黑名单"信息通过"信用中国"、国家企业信用信息公示系统予以公示，并实施跨部门联合惩戒，采取限制市场准入等惩戒措施。延长工作时间或在国家法定节假日加班的，必须按规定支付相应报酬。强化施工现场检查，责成企业按照规定和标准配置安全设施和生活设施，加强行业自律和职业道德建设，不断提高企业履行社会责任的自觉性。

进一步改善务工人员就业条件，全面实行劳动合同制度。开展劳务企业专项整顿工作，对施工现场进行检查，对总承包或专业承包企业是否使用有资质的劳务企业、劳务企业是否存在只出资质不出人的卖证行为，企业是否有安全生产许可证或安全生产许可证是否在有效期内，管理人员是否具有安全生产考核证和继续教育证书，操作人员是否持证上岗、人证是否相符等行为进行整顿，加大对违法分包和无资质承揽工程的打击力度。各类建筑业企业作为用人单位必须直接与务工人员签订劳动合同，并按照当地规定办理社会保障，杜绝"包工头"性质的各类组织私下掌控农民工的现象。

6.4.2 提高建筑劳务工人人力资本价值

人力资本能够集中体现劳动者的工作能力和劳动技能，建筑工人的人力资本应该包括受教育程度、技能水平、工作经验以及身体健康状况等。有关研究表明，教育对提高收入、减少劳动时间、增加稳定性和改善工人福利有正向影响。我国建筑工人的受教育程度普遍较低，在各地建立工人培训基地，让农民工接受专业的职业技能与安全教育，并进行阶段性考核，能够帮助改善其受教育状况，提升相关技能水平。一般而言，工人的工作时间越长，经验越丰富，作业技术也就越熟练，工作质量越高。在建筑工人队伍中让经验丰富者掌握更多的话语权，为其提供更高更稳定的薪资水平，能够形成激励机制，提高劳动热情。此外，由于建筑工人长时间从事体力工作，对于身体健康状况有所要求，所以完善农民工医疗保障体系建设应受到重视，发挥政府的社会管理职能并有效引导农民工的参保、维权意识。

在具体措施上，通过推进行业技能培训，提高建筑业从业人员技能化程度。建立行业、企业、院校、社会力量共同参与的建筑工人职业教育培训体系。落实企业建筑工人职业培训的主体责任，引导企业制定建筑工人培养计划和培训制度，优化整合培训资源，充分依托施工现场资源，通过建立培训基地、加强校企合作、购买社会培训服务、新型学徒制等多种形式，开展岗前培训和技能提升培训。鼓励专业培训机构、职业院校和社会团体等力量积极参与建筑业工人职业培训，按照市场化要求，发挥优势和特色，构建与企业培训互为补充的培训网络，不断扩大行业工人职业培训的覆盖面。完善职业教育制度，根据产业发展的新要求、新技术、新规范，健全教学标准体系，更新课程内容，指导有关职业院校优化建筑类专业设置，结合办学实际制定专业人才培养方案，切实为培养行业急需人才服务。

加大农民工培训和投入力度、加强农民工技能培训。建立建筑工人的培训、考核制度，将农民工纳入正规的建筑产业工人范畴并进行强制培训；明确施工企业和劳务企业在劳务用工管理和劳务人员教育培训方面应承担的责任，明确施工定额取费中劳务培训费用的比例，确保这部分费用落到实处；出台扶持建筑劳务培训的倾斜政策，开展建筑劳务技能培训鉴定工作，促进技能人才的成长；重视职业技能人才培训、培养工作，加强和改进建筑技能人员培训工作；实行农民工技术等级与工资挂钩制度，技术等级高的工资水平高。在资金方面，可以借鉴香港地区的做法，在建设投资中按比例提取建筑工人培训基金，交由政府有关部门统筹使用，解决培训经费的来源，还可以建筑业发达、劳动力资源丰富的县级地区为重点，开展农民工从业前的技能培训和鉴定；以工程所在地的城市为平台，整合技工学校等培训机构，实行校企合作，定向培训技术工人。同时，继续办好农民工学校，并赋予有条件的大型企业技能培训和鉴定职能，提高作业人员的技能水平。

进一步规范建筑劳务用工价格形成机制，建立劳务用工价格指导机制。相关管理部门应当结合定额标准和市场用工实际，定期发布劳务用工市场指导价，指导劳务分包交易合理报价，遏制低阶恶性竞争；尽快制定劳务分包计价办法，规范建筑劳务企业竞争行为。工程造价管理部门对劳务分包费用的构成作出规定，随时调整定额人工费标准，以定额人工费为基础，确定建筑劳务企业管理费、合理利润、培训经费等取费费率。为劳务行政监管提供依据，保障建筑劳务企业的合理利益和健康发展。

6.4.3 构建建筑劳务工人融入城市的渠道

户籍制度导致城市居民和农村居民被分割为不同的劳动力市场，建筑农民工在医疗、住房、教育等方面面临的困难，以及社会福利、子女教育、工作特点带来的社会歧视等问题，导致其就业质量不高、稳定性差，归属感很弱。提高建筑工人的福利待遇，构建农民工融入城市的渠道，使他们能够长期在一个城市稳定下来，不仅可以大幅改善农民工生活质量，还有利于提高工程质量和企业效率，促进社会和谐稳定。

在户籍制度方面，为建筑农民工制定适用的落户政策，如为具备专业技能或工作达一定年限的农民工设立绿色落户通道；适当在中小城市放宽农民工落户条件，简化落户手续。在社会保障制度方面，完善社会保障体系，加大社保投入，降低社保申请门槛，使社会保障福利能够覆盖全体建筑农民工；同时加大社会保险的推广和宣传力度，引导更多农民工参保和维权；考虑建筑业农民工就业流动性问题，建立和推行社保转移制度，如实现异地就医报销等。在教育制度方面，提高教育经费投入，建立和扶持民工子弟学校，制定合理的办学标准，改善硬件设施条件，加强监管，严厉打击非法办学；落地系列优惠政策，降低随迁子女入学的经费负担。在就业制度方面，监督企业与农民工签订并履行劳动合同，督促其加强安全管理与劳动保护，普及农民工维权教育；完善建筑农民工的职业培训系统，提高其技术能力与文明素养，并建立相应的考核与等级制度。在住房制度方面，贯彻落实保障性住房与补贴政策，推动公共租赁住房建设，落实城市棚户区改造计划；进一步扩大农民工住房公积金制度惠及面，积极与乡镇基层受托银行、工会组织合作，完善乡镇住房公积金制度建设。

6.4.4 推进建筑工业化进程

推进建筑产业现代化，对从业人员素质提出了更高的要求，以农民工为主体的建筑劳务队伍向新型产业工人转化将是必由之路。推进建筑业的生产方式，运用工业化、信息化技术改造传统产业，能够极大改善务工人员的就业环境，减轻劳动强度，提高从业待遇。

传统的建筑业发展面临着诸多问题，由原先的粗放式、劳动密集型的生产方式向精细化、技术密集型的生产方式转型是行业发展的必然趋势。作为我国传统建筑业的升级，建筑工业化是指充分利用现代化的制造、运输、安装和管理的生产方式，采用高效、节能、环保的工业化技术成果，代替传统建筑业低效率、低水平的手工作业生产方式。2014年，国务院出台《国家新型城镇化规划（2014—2020年）》，明确提出大力发展绿色建材，强力推进建筑工业化的要求。建筑行业的整体发展状况是建筑农民工向产业工人转型的一个关键因素。由于农民工素质条件限制，要提高其自身对行业整体发展与转型的认知度比较困难，对于向产业工人转变并无明确概念。大多情况下，农民工在劳务分包企业的带动下转型，而建筑行业的驱动力是劳务企业转型的直接影响因素，因此，建筑工业化程度成为建筑农民工向产业工人转型的动力来源。推进建筑工业进程，要大力推广装配式建筑，发展新型建造方式，制定装配式建筑设计、施工和验收规范，实现建筑部品部件工厂化生产。发展建筑工业化将使工人工作方式发生彻底改变，促使建筑业向制造业转型升级，进而从根本上促进建筑业农民工向产业工人转型，大幅改善农民工工作质量。

6.5 建筑产业高技能人才培育模式

改革开放以来，我国工程建设领域取得了举世瞩目的成就。正如习近平总书记在2019年元旦贺词中指出的"中国制造、中国创造、中国建造共同发力，继续改变着中国的面貌"。中国建造已经发展成为与中国制造具有同等重要地位的产业。作为劳动密集型行业，建筑业的持续健康发展必须有人才的支撑。从业人员素质的高低直接影响工程质量和安全生产。然而在过去的几十年中，我国建筑业人才队伍中的一个突出问题是高技能人才短缺，主要表现为：（1）建筑业高技能人才占比为 12.7%，高技能人才所占比例较小；（2）建筑业的技术工人在我国社会地位较低，缺乏职业自豪感，工人缺乏对职业发展的考虑与期望，缺乏追求技术上精益求精的动力；（3）以劳务分包企业为特征的劳务用工制度对高技能人才的培育和激励缺失；（4）建筑业作业环境较差，很多中国的年轻人不愿从事该行业，建筑业劳动队伍中 50 岁以上的人约占 35%，出现了严重的老龄化和断层；（5）以项目为主的产业形式，导致建筑工人的工作地点不稳定，从业者面临较大的家庭压力，尤其是对于中年从业者。家庭和生活压力致使建筑业人才流失严重。

建筑业高技能人才培育模式与现代建筑业发展的要求不相适应，成为阻碍建筑业进一步发展的障碍之一。构建良好的建筑业高技能人才培育模式，提高建筑业人才队伍的整体水平，成为时代赋予国家、企业和学校的重要使命。

6.5.1 我国与发达国家建筑业人才培育模式的对标

在政治环境、社会环境和经济环境的共同影响下，各国均形成了各自的人才培育模式，尤其是对建筑业人才的培育。本书将中国的建筑业人才培育模式与德国、美国和日本这些发达国家的建筑业人才培育模式进行了对比分析，目的是借鉴主要发达国家的人才培养经验解决我国建筑业高技能人才短缺的结构性矛盾。

1. 德国的"双元制"人才培育模式

"德国制造"的良好品牌信誉度，与德国较高的制造能力和完善的工业体系息息相关，更加离不开完善的人才培育制度的内在推动。早在 1948 年德国就建立了"双元制"人才培育模式（图 6-5）。该制度要求参加培训的人员必须经过职业学校和校外实训场所两个场景的培训。"双元制"培育模式能够很好地将职业教育和企业发展联系在一起，以避免两者严重脱节的现象发生。职业学校和企业培训的紧密衔接，促使学生把所学的理论知识与实践技能相结合，从而培育出高技能人才。

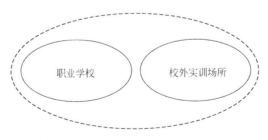

图 6-5 德国"双元制"人才培育模式

2. 美国的工程技术教育系统

美国将工程技术教育作为一个完整的系统来看待，强调学生实践性、差异性和创造性的培养，并在工程技术教育的课程体系和学制等方面进行了较为深入的改革。人才培育模式采用"注册学徒制+社区学院+高校课程"的工程技术教育系统（图6-6）。注册学徒制指经过注册的学徒按照既定的培训计划，在导师和熟练工人的指导监督下学习理论知识和生产技能，并参加现场生产劳动，达到规定要求而获得"熟练工种"资格认证、相应岗位就业机会或进入更高层次学校深造资格的一种职业教育方式。社区学院是为四年制高校输送人才的学校，主要招收高中毕业生，为其提供高等技术教育和职业教育，学制为两年，授予副学士学位。高校课程主要是指综合大学教育。课程设置方面，一般包括通识核心课、专业主修课和专业选修课。

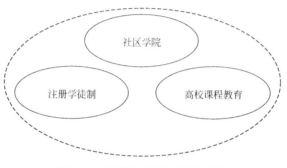

图6-6 美国的工程技术教育系统

3. 日本的产学合作培育模式

日本的人才培育紧紧围绕"应用型"培育目标和"产学合作"培育模式设计（图6-7）。日本的产学合作培育模式在一定程度上推动了职业教育在社会上的健康发展。日本的高技能人才培育体系中有专门的实践课程。该实践课程有两种培育途径，一是以企业作为培育环境的课程内容；二是由高校组织，先让学生对专业知识和实践知识进行深入学习，随后再开展现场实践教学与指导。这种培育方式十分开放，且非常能锻炼学生的自主判断能力和社会适应能力。除此之外，日本还有一项技术追踪研修制度，帮助学生了解当前世界技术发展动向，从而在以后的工作中输出更有时效性的技术信息。

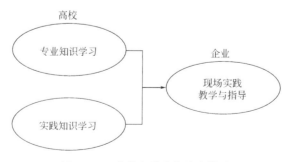

图6-7 日本的产学合作培育模式

4. 我国当前建筑产业人才培育模式

我国的建筑业人才培育主要以职业教育和基础教育为主。职业教育包括初等职业教育、中等职业教育和高等职业教育。中国在 1996 年首次提出并实施了高等职业教育，之后高等职业教育在中国快速发展，从最初的 6 所高校发展为 1300 所。高等职业教育已经成为建筑业人才培育的基础阵地，被称为中国的"鲁班工坊"。目前我国职业学校招生每况愈下。本科教育的普及，使近几年有关院校不断扩招，导致职业学校招生困难，处境尴尬。此外，我国职业教育因受到的重视程度不够，并未形成完善的教育体制，培养出的毕业生文化素质不高，且和企业不相适应。

此外，普通高等教育也是培育建筑业从业者的主要方式，土木工程、工程管理等专业的本科生和研究生毕业之后也会选择建筑业，并且这部分人才是建筑业高技能人才的主要来源，良好的基础教育使这部分从业者具备了较高的学习能力。然而，在我国的培育模式中企业的实践教育环节严重缺失。虽然在接受学校教育外，学生在校期间也会经历生产实习，包括以课堂实践的形式让学生了解如何操控相关器具和参加暑期企业实习。但一直以来，学校和企业出于安全考虑，高校实验室的课堂实践以普及操作为主，企业实习主要以参观记录为主，鲜少有让学生独立或合作解决实际生产问题的机会，实践教育流于形式。

6.5.2 建筑业工人获取技能的途径和影响因素

调研的结论显示，很多建筑工人以一种无意识的方式完成分配的任务，他们并没有将其作为自己的终身职业，只是作为一种短暂的谋生之道。因此，并没有一个完整的职业规划。建筑业高技能人才的培育需要经过一个长时间的过程。

一、建筑工人获取职业技能的途径

建筑工人获取所需的职业技能有两条途径，即正式教育和非正式教育。正式教育主要是指学校教育和企业培训，是一种有计划、有目的、有组织的教育活动。非正式教育主要是指受教育者在日常活动中的自我教育，通过参与学习和工作中的活动提高自身技能，可以是学徒制的师父传授，也可以是自身的经验积累。两种教育方式提供了不同类型的学习内容。在正式教育中，教育活动嵌入在受规则约束的职业教育中，在课程和课程目标中明确规定了学生应该获得和发展的知识和技能。主要是教育学生建造工程时必须遵守的建筑规则，是一种目标导向的教育。非正式教育则对建筑条例、政府的监管条例和行业规范等内容进行了补充教育。以工作为基础的正式教育和非正式教育协同作用，共同决定职业学习的质量。

在这两种教育方式中，学习都是基于对建设工程项目建设过程的参与。不同之处在于，正式的教育往往是一种模仿性的学习方式，即教师通过让学生看到完成的结果来指导活动。学生的活动包括执行与工程建设的特定阶段有关的任务，

主要是遵循老师的事先指导和现场指导。而非正式的学习则是创造性的学习,作为活动的参与者,学习者可以提出解决办法并执行活动,为完成任务做出贡献。两种教育方式相互影响,促进模仿性学习和创造性学习的交互和融合,可以提高人才培育的质量。

二、影响职业技能获取的因素

根据 Schaap 等人（2012）的研究,影响职业技能获取主要有六个因素：(1) 学生的专长；(2) 学生的学习方式；(3) 学生在学校和工作场所所学知识的整合；(4) 知识发展的过程；(5) 学生的学习动机；(6) 学生的职业认同感。其中,影响我国建筑业高质量人才培育的主要因素是：学生的学习方式、学生在学校和工作场所所学知识的整合、学生的职业认同感等。人才培育模式中以理论为主的应试教育,严重影响了知识整合过程。并且社会传统观念导致建筑业职业认同感低,也影响了学生提高知识和技能的动力。Leontiev（1986）指出行为取决于动机,每一个活动都必须有一个动机,即使很难识别。因此,激发建筑工人的学习动机也是影响技能获取的重要因素。值得庆幸的是这些因素是可以通过良好的培育模式设计得到解决的。

为了提高建筑工人职业技能获取的效率,以下五个方面是至关重要的要素。(1) 明确培育模式的目标；(2) 教育过程需要明确的知识体系和教材支撑；(3) 教师和企业员工通力协作；(4) 关注劳动力市场的变化；(5) 树立坚定的行业信念。从这五个方面出发设计培育模式,能够为提高建筑产业人才培育质量开辟有效途径。

6.5.3 建筑业高技能人才培育的"四三模式"

面对建筑业提高人才培育质量的压力,有必要设计一个适合中国国情的高技能人才培育模式。该模式需要符合以下基本原则：(1) 适应中国基本教育体制；(2) 具有明确的教育导向；(3) 支持建筑工人职业技能的发展；(4) 对教育内容进行规划和定期跟踪。基于上述基本原则,本书提出了一种包含"政府＋学校＋企业＋个人"四方培育主体和"普通基础教育＋职业教育＋工作学习"的三边培育方式在内的"四三模式"。

一、"政府＋学校＋企业＋个人"四方培育主体

如果将建筑业高技能人才的培育看作是一个系统工程,这一系统包含四类主体：政府、学校、企业和个人,各个主体之间相互依赖、相互作用、相互制约,共同构成了一个行星齿轮系统。在该系统中,各子系统的"自转"共同推动了整个培训系统的"公转"（图6-8）。

1. 企业是建筑业高技能人才培育行星齿轮系统的太阳轮

培育模式的根本目的是为产业发展提供所需的人力资源,因此,以企业需求为中心是建筑业高技能人才培育模式的核心。以项目为主要形式的建筑业产业形

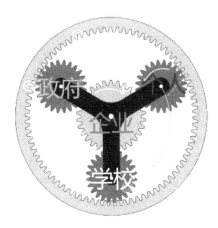

图 6-8 建筑业高技能人才培育行星齿轮系统图

态决定了项目执行能力是建筑业高技能人才需要具备的基本能力。而项目执行能力需要在实践中进行训练。并且,我们通过问卷调查的方式调查了 151 名建筑工人,对培育高技能人才的可能途径进行了分析。调查结果显示,92.05%的建筑工人认为企业是培育高技能人才的主体。所以在行星齿轮系统中,企业可以视为正中心的齿轮,其余子系统为周边齿轮,既可以作为绕中心转动轴转动的被动齿轮,同时自身也拥有转动轴进行主动转动。当中心的企业对高技能人才迫切需求时,其他主体诸如政府、学校、个人也会围绕企业进行转动,出台一系列政策、课程、标准等来呼应企业对高技能人才的培育与需求。

2. 政府、学校和个人以企业为中心子系统协同培育建筑业高技能人才

政府、学校、企业和个人之间相互作用、相互依赖。政府、学校等围绕企业进行人才培养政策的制定,但同时自身也在不断改进,谋求长远发展。建筑企业为发展而寻求政府的援助,政府为了经济水平的增长从而帮助建筑企业在政策制度上给予支持。学校是培养高技能人才理论基础的主力军,学校同样面临学生就业率的问题,就业率高的学校会更加吸引学生前来就读。当企业对高技能人才需求迫切的时候,学校为了增加就业率,也会调整教学模式,使得毕业生能够被企业青睐。对于个人,当建筑企业对高技能人才迫切需求时,高技能人才相应的薪酬福利就会增加。对 151 名建筑工人的调查结果显示,75.5%的建筑工人认为得到更多的薪酬待遇是他们努力工作的动力来源。个人也会因为受到薪酬福利的激励从而在学校努力学习理论知识,在企业努力工作。由此可见,政府、企业、学校和个人从来不是单一的个体,他们之间组成了一个类似行星齿轮的系统。只有消除各个子系统之间的壁垒,实现政府的政策系统、学校的理论系统和企业的技术系统一体化发展,才能将培育模式的优势最大化。

二、"普通基础教育+职业教育+工作学习"三边培育方式

根据中国现有的教育制度,本书提出了"普通基础教育+职业教育+工作学

习"的三边培育方式（图6-9），以此实现建筑工人基础知识、职业知识和职业技能的多方面提高。

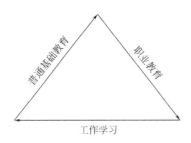

图6-9　建筑业高技能人才的三边培育方式

普通基础教育主要是指以升学为目标，以基础科学知识为主要教学内容的学校教育；普通基础教育分为幼儿教育、小学教育、初中教育和高中教育，目的是教授学生基本的科学知识。我国已经形成了一套完整的普通基础教育制度，教学目标和大纲已经较为成熟。因此，建筑业高技能人才的培育必须以普通基础教育为基础。

普通基础教育和工作是截然不同的活动系统，普通基础教育和工作潜在的矛盾使职业教育成为可能。职业教育是指受教育者获得某种职业或生产劳动所需要的职业知识、技能和职业道德的教育。比如中专、大专和技校等职业学校教育，目的是培养应用人才和具有一定文化水平和专业知识技能的劳动者。与普通基础教育相比，职业教育侧重实践技能和实际工作能力的培养。然而，职业教师的教育能力对教育内容和学生学习能力具有重要影响，也是影响职业教育质量的重要方面。为了培养建筑业高技能人才，当前的职业教育应该提高教师队伍的质量，教师除了要具备一定的实践经验之外，还要促进教学大纲的实践内容与学习目标的交互影响。

普通基础教育和职业教育均属于学校教育，学校学习和工作学习既有相似之处，也有不同之处，因为两者都在不同程度上提供了在真实环境中执行真实任务的机会。但两者也存在很多不同之处，主要表现为，学校学习和工作学习提供不同形式的学习方式。一方面，学校学习和工作学习均为受教育者提供了不同形式的任务，学校学习提供了一种虚拟的任务，而工作学习通常提供真实的任务。另一方面，对学生的引导程度不同，在学校教育中，老师通常引导整个班级的学生，遵循传统的学校模式。而工作学习通常由同事指导，每个员工至少有五个同事对其进行引导。普通基础教育、职业教育和工作学习三个领域提供的学习是互补的，成为建筑业的高技能人才需要将这三个领域的培养相结合，才能形成一个与建筑工人所期望的技能和知识相对应的培育模式。

三、结论

教育和生产是两个不同的活动系统，产生了多种不同形式的学习。这些学习形式相互影响，共同促进职业能力的提高。政府、学校、企业和个人四方主体应该通力协作，共同构建"普通基础教育＋职业教育＋工作学习"的三边培育方式，形成我国建筑业高技能人才培育模式。该培育模式既可以帮助建筑工人具备扎实的理论知识，也可以帮助他们深入了解工程建设过程，并发展在工作中至关重要的模仿性和创造性学习。普通基础教育之后，学生进入职业教育，完成一定学时的职业教育后，学生通过学徒制进入工作场所，并以学徒的工作日志获得毕业证书。理论知识教育的目的是掌握工程建设的基本规律，实践教育的目的是指导即将到来的生产任务。这样的培育模式，既可以让学生在参与解决实际问题的过程中发展更高形式的创造性学习，也通过帮助学生识别、执行和评估任务，增加学生执行实际任务的可能性，从而提高建筑业高技能人才培育的质量。

第 7 章

建筑业工程质量与安全生产管理

目前,我国正处于全面建设小康社会以及加速推进城镇化建设、建设美丽乡村的关键时期,现代化建设事业蓬勃发展,通过构建建设工程质量与安全生产政府监管、社会监理、企业自控的监管体系,完善建设工程质量与安全生产管理法规体系、建立统一有序的建筑市场,进一步提高建设工程质量与安全生产管理水平,实现建筑行业高质量发展,具有重要而深远的意义。

7.1 工程质量与安全生产管理现状

7.1.1 工程质量管理现状与问题

改革开放以来,特别是党的十八大以来,建筑业的发展取得了举世瞩目的成就,总量规模持续增长,工程建造能力和技术创新能力不断增强,信息化手段迅速普及,以装配建造方式、绿色建造方式、智能建造方式等为代表的新型建造方式正在逐步成为工程建设的主流方式,工程质量水平也有较大提升。但是,建设工程质量管理仍然存在许多薄弱环节,主要体现在以下几方面。

一是缺乏保障工程质量管理体系运行的长效机制。由于影响工程质量的因素众多,通常采用建立工程质量管理体系的方法,把涉及工程质量的相关因素纳入系统化的管理范畴,并使各类因素处于受控状态,从而确保工程质量目标的实现。但工程质量管理体系的运行受制于公司和项目经理部的客观因素和主观因素。在同一个公司内部当面对不同类型、规模和特点的工程项目,以及不同的项目管理团队时,工程质量管理体系的运行效果就会产生很大的差异。在一定程度上,很多企业仍然没有建立保障工程质量管理体系有效运行的长效机制。

二是过程质量控制的效果缺乏持续稳定性。过程精品才能确保工程精品。虽然大多数建筑企业都重视施工过程质量的控制,但在方法上偏重于经验和感性,很少采用定量分析和评价方法指导过程质量控制,因而过程质量控制效果的动态性较大。此外,由于工序施工的作业队伍以劳务分包队伍为主,劳务操作工人的个人技能和专业素质对过程施工的质量控制产生较大的影响。

三是施工现场建筑材料使用管理的手段不力。建筑材料的质量状况是确保工程质量的前提。在施工现场,建筑材料的使用管理存在以下问题:材料进场前的见证取样不严格;材料的标识和堆放混乱;危险品保管措施不当;材料领用、出库、回收制度不完善等。

四是常见的质量通病没有得到彻底的根治。目前,房屋建筑的结构工程、机电工程、装饰工程以及市政工程等都存在不同程度地质量通病。尽管从行业层面到企业层面都想方设法地解决质量通病,但收效甚微。质量通病在局部地区和专业领域依然具有普遍性,并未能从根本上得以彻底消除。

五是部分建筑企业质量创优意识不强。虽然多年来,建设行政主管部门为了引领全行业质量发展意识,通过设立鲁班奖、詹天佑奖等方式,激励企业争先创优,取得了很大的成效,但由于这些奖项的要求严、门槛高、数量少,只有少部分企业能够获得殊荣,而大多数企业与此无缘,长此以往,很多企业对质量创优丧失信心,导致创优意愿不强。

上述这些问题成为影响建筑业高质量发展的重要因素,因此,要通过进一步提高工程质量管理工作目标、加强质量管理制度建设、强化质量意识、落实质量责任、夯实质量基础、加强操作队伍建设等措施,推动工程质量管理登上新台阶。

7.1.2 安全生产管理现状与问题

党中央、国务院和建设行政主管部门历来把工程建设领域的安全生产置于十分重要的地位,确立了以人为本,坚持安全发展,坚持安全第一、预防为主、综合治理的方针,并通过加强法律制度建设,切实保障国家财产和人民生命安全。建筑施工安全生产取得显著成效,特别是重大以上事故发生率明显降低。在新的历史发展时期,需要引起重视的是,建筑施工安全生产领域依然存在诸多问题,必须高度关注。

一是生产安全事故呈现高压态势。根据住房城乡建设部近 10 年发布的《关于房屋市政工程生产安全事故情况的通报》的数据,2009—2018 年,全国房屋市政工程领域共发生生产安全事故 5931 起,事故死亡人数 7190 人(表 7-1)。生产安全事故数和事故死亡人数这两项指标均排在国民经济产业部门的前列。

全国房屋与市政工程生产安全事故总体情况　　　　表 7-1

年份	事故发生数	与上年相比		事故死亡人数	与上年相比		备注
		增减	幅度		增减	幅度	
2009 年	684	−130	−16.0%	802	−187	−18.9%	
2010 年	627	−57	−8.3%	772	−30	−3.7%	

续表

年份	事故发生数	与上年相比		事故死亡人数	与上年相比		备注
		增减	幅度		增减	幅度	
2011年	589	−38	−6.1%	738	−34	−4.4%	
2012年	487	−102	−17.3%	624	−114	−15.4%	
2013年	524	+37	+7.6%	670	+46	+7.4%	
2014年	518	−6	−1.15%	648	−22	−3.3%	
2015年	442	−96	−14.67%	554	−94	−14.5%	
2016年	634	+192	+43.4%	735	+181	+32.7%	
2017年	692	+58	+9.1%	807	+72	+9.8%	
2018年	734	+42	+6.1%	840	+33	+4.1%	
合计	5931			7190			

二是近几年来，生产安全事故的发生率有回升抬头的现象。2009—2015年，生产安全事故呈现逐年下降的趋势，但2015—2018年，却呈现了反弹回升的势头（图7-1）。形成这种势头的原因是多方面的，需要从理论到实践的不同途径，探究解决问题的办法和政策措施。

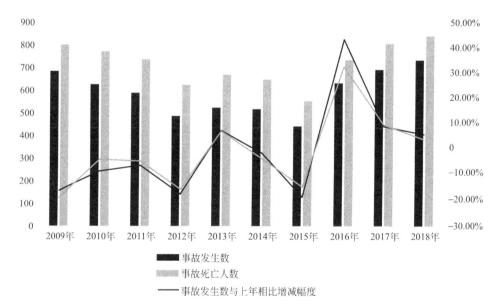

图7-1 全国房屋与市政工程生产安全事故变动趋势图

三是较大生产安全事故发生数呈下降趋势，但事故造成的死亡人数所占比重仍然较大（表7-2）。

全国房屋与市政工程较大生产安全事故情况　　　　表 7-2

年份	事故发生数	与上年相比		事故死亡人数	与上年相比		备注
		增减	幅度		增减	幅度	
2010 年	29			135			
2011 年	25	−4	−13.79%	110	−15	−18.51%	
2012 年	29	+4	+16.00%	121	+11	+10.00%	
2013 年	25	−4	−13.79%	102	−19	−15.70%	
2014 年	29	+4	+16.00%	105	+3	+2.94%	
2015 年	22	−7	−24.14%	85	−20	−19.05%	
2016 年	27	+5	+22.73%	94	+9	+10.59%	
2017 年	23	−4	14.81%	90	−4	−4.26%	
2018 年	22	−1	−4.3%	87	−3	−3.3%	
合计	231			929			

四是生产安全事故类型结构中，长期占据主要地位的问题未有改观。2014—2018 年，房屋市政工程各类型生产安全事故发生数量及其占各年度事故总数的百分比如表 7-3 所示。

2014—2018 年房屋市政工程生产安全事故类型统计表　　　　表 7-3

年份	生产安全事故类型（起数/百分比）												合计
	高处坠落		物体打击		坍塌		起重伤害		机械伤害		触电、车辆伤害、火灾及其他		
2014 年	276	53.28%	63	12.16%	71	13.71%	50	9.65%	18	3.47%	40	7.73%	518
2015 年	235	53.17%	66	14.93%	59	13.35%	32	7.24%	23	5.20%	27	6.11%	442
2016 年	333	52.52%	97	15.30%	67	10.57%	56	8.83%	31	4.90%	50	7.88%	634
2017 年	331	47.83%	82	11.85%	81	11.71%	72	10.40%	33	4.77%	93	13.44%	692
2018 年	383	52.20%	112	15.20%	54	7.30%	55	7.50%	43	5.90%	87	11.90%	734
合计	1558	51.59%	420	13.91%	332	10.99%	265	8.77%	148	4.90%	297	9.84%	3020

根据表 7-3，2014—2018 年，全国房屋与市政工程共发生事故数量 3020 起，其中高处坠落事故 1558 起，物体打击事故 420 起，坍塌事故 332 起，起重伤害事故 265 起，机械伤害事故 148 起，触电、车辆伤害、火灾及其他事故 297 起。各类生产安全事故占事故总数的比例如图 7-2 所示。高处坠落是建筑施工过程中发生最频繁的事故，占事故总数的 50% 以上，其次为物体打击事故、坍塌事故、起重伤害事故、机械伤害事故。这种事故类型结构状况较长时间没有得到改变。

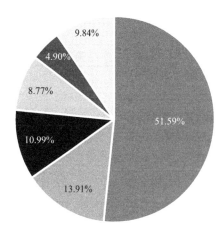

图 7-2 2014—2018 年建筑施工生产安全各类事故比例

五是安全生产意识淡薄，违章指挥、违章操作、违反劳动纪律的"三违"现象依然存在。特别是在施工现场操作一线，由于作业队伍主体成员是来自于农村的劳动力，他们接受专业操作培训、安全生产技能培训严重不足，往往成为生产安全事故的肇事者和受害者。

六是安全生产责任落实不到位。安全生产责任制是最基本的安全生产管理制度，是所有安全生产管理制度的核心。很多建筑施工企业，在责任制度的横向和纵向分解上并未将安全生产责任分解到相关单位的主要负责人、项目负责人、班组长以及每个岗位的作业人员，存在缺位和失控现象。

七是安全生产控制和监管的信息化手段应用普及面不广。现代化信息技术与传统安全生产管理措施的融合是推动本质安全的发展趋势。由于缺少资金投入和主观上重视不够，基于现代化手段的安全生产控制和监管还有很大的提升空间。

党的十八大以来，以习近平总书记为核心的党中央空前重视安全生产管理工作，针对安全生产作出了一系列重要指示：一是强化红线意识、实施安全发展战略；二是抓紧建立健全安全生产责任体系；三是强化企业主体责任落实；四是加快安全监管改革创新；五是全面构建长效机制；六是领导干部要敢于担当。习近平总书记关于安全生产管理的重要论述是新时代做好全国安全生产工作和建设工程安全生产创新发展的根本遵循和指导思想，必须在实际工作中坚定不移贯彻始终。

7.2 工程质量与安全行业监管法规

法制建设是行业发展质量的保障和基础。自1993年《中华人民共和国产品质量法》颁布以来，我国相继出台了以《中华人民共和国建筑法》《城乡规划法》《招标投标法》《公路法》《铁路法》等法律法规为核心，以《建设工程质量管理条例》《建设工程安全生产管理条例》《建设工程勘察设计管理条例》《建设工程勘察质量管理办法》《房屋建筑和市政基础设施工程施工图设计文件审查管理办法》《房屋建筑和市政基础设施工程质量监督管理规定》《房屋建筑和市政基础设施工程竣工验收备案管理办法》等行业、部门规章及地方性法规为主干，以各类工程质量标准、规范、技术规程等规范性文件为重要组成部分的工程质量法律法规体系，基本形成了工程建设项目过程管理、建筑产品质量管理等不同环节、公共基础设施建设、工业建筑、民用建筑各个领域、国家、地方各个层次的建设工程质量管理的法规体系，使工程质量监督管理工作逐步纳入到有法可依、有章可循的法制化轨道。围绕建设工程法规体系，我国已经建立了以施工图设计文件审查制度、施工许可制度、工程质量监督制度、工程质量检测制度、分户验收制度、工程竣工验收备案制度、永久性标牌制度、工程质量保修制度、工程质量事故质量问题查处督办通报等为核心的多层次的工程质量管理制度体系，规范工程建设各方质量行为、落实工程建设各方质量责任，为工程质量管理提供了有效的制度保障。

7.2.1 综合法

一、《中华人民共和国建筑法》

作为建筑行业的基本立法，《中华人民共和国建筑法》于1997年11月经第八届全国人大常委会第28次会议通过；并根据2011年4月第十一届全国人大常委会第20次会议《关于修改〈中华人民共和国建筑法〉的决定》修正。《中华人民共和国建筑法》分总则、建筑许可、建筑工程发包与承包、建筑工程监理、建筑安全生产管理、建筑工程质量管理、法律责任等，是建筑行业的基本法规，是建筑工程质量管理的基本依据。

二、《中华人民共和国安全生产法》

该法于2002年6月由中华人民共和国第九届全国人民代表大会常务委员会第二十八次会议通过公布，自2002年11月1日起施行。2014年8月31日第十二届全国人民代表大会常务委员会第十次会议通过全国人民代表大会常务委员会关于修改《中华人民共和国安全生产法》的决定，自2014年12月1日起施行。对生产经营单位的安全生产保障、从业人员的权利义务、安全生产监督管理、事故的应急处理以及安全生产法律责任等方面作出了基本规定，是建筑行业安全生产的基本法律依据。

三、《中华人民共和国产品质量法》

该法于1993年2月第七届全国人民代表大会常务委员会第三十次会议通过，自1993年9月起施行，并于2000年7月和2009年8月分别作出修正。该法对产品质量监督、生产者、销售者的责任义务、损害赔偿、处罚规则等作出了原则性规定，是建筑产品质量管理的基本法律依据。

四、《中华人民共和国招标投标法》及其实施条例

1999年8月，第九届全国人民代表大会常务委员会第十一次会议通过《中华人民共和国招标投标法》，对招标投标双方的责任义务、招标投标代理机构资质条件、招标、投标、开标、评标、中标各个环节进行了原则性规范，规定了招标投标过程的监督和管理。2011年国务院第613号令颁布的《中华人民共和国招标投标法实施条例》进一步明确了应当公开招标的项目范围、充实细化防止虚假招标的规定等，并对评标委员会成员选取及其评标行为进行了进一步细化明确，增强可操作性，进一步筑牢工程建设和其他公共采购领域预防和惩治腐败的制度屏障，维护招标投标活动的正常秩序。

五、《中华人民共和国民法典——合同编》

原《中华人民共和国合同法》于1999年3月15日通过，于1999年10月1日起施行。合同法规定了合同的订立、履行、变更、转让、终止，合同双方的权利义务以及违约责任。2004年最高人民法院颁布《关于审理建设工程施工合同纠纷案件适用法律问题的解释》，自2005年起施行，专门对建设工程中非法转包、违法分包、无资质和超资质承包、"阴阳合同"以及合同效力等问题进行了规定。

7.2.2 部门、行业规章条例

一、民用建筑

1.《建设工程质量管理条例》

作为工程质量管理的专门性法规，《建设工程质量管理条例》于2000年1月根据国务院令279号颁布，是一部对土木工程、建筑工程、线路管道和设备安装工程及装修工程的新建、扩建、改建等有关活动及实施中的工程质量监督管理进行规范的法规，对勘察、设计、施工、监理等各个环节进行了规范，对项目审批、承包单位资质、工程招标投标、重要设备、资料采购、施工建设、工程监理、竣工验收、工程质量监督管理等重要环节作出了规定，明确了建筑过程中建设单位、勘察单位、设计单位、施工单位、工程监理单位依法对共同建设工程质量负责。2017年10月，国务院令第687号对本条例进行了修改，对设计文件的审查内容和权限进行了修正。

在《中华人民共和国建筑法》颁布之前，一些省份就已经出台了本地区工程质量管理条例，用以规范本地区建筑工程质量管理。如内蒙古、辽宁、湖南、浙江、江苏、四川、广东、广西等地。2000年1月《建设工程质量管理条例》开始实施，全国绝大部分省份相继出台或修订了本地区工程质量管理法规，截至2016年，32个省、自治区、直辖市都出台了有关建筑工程质量管理的地方性法规或管理办法，一些省市还制定了交通建设、防空工程等专业工程质量管理办法，并在质量检测、强制性标准、质量监督和市场监管等方面出台了实施细则。

2.《房屋建筑和市政基础设施工程质量监督管理规定》

该规定自2010年颁布并实施，规定了工程质量监督管理的部门、监管内容和程序、监管措施、监管机构和人员的条件等基本内容。

3.《建设工程勘察设计管理条例》

该条例于 2000 年 9 月颁布并实施，并于 2015 年、2017 年分别进行修订。对建设工程勘察设计的资质资格、发包承包、勘察设计文件编制与实施、监督管理进行了规定。

4.《建设工程安全生产管理条例》

该条例于 2004 年颁布实施，规定了建设单位、施工单位、勘察单位、设计单位、监理单位五方的安全责任以及条例规定的法律责任，并对生产安全事故的应急救援和调查处理作出了原则性规定。

5.《房地产开发企业资质管理规定》《注册建造师管理规定》和《建筑业企业资质管理规定》

这三个规定分别颁布于 2000 年、2006 年和 2015 年，分别对房地产和建筑市场企业、从业人员市场准入以及资质条件、行为规范、违规处理作出了规定。

6.《房屋建筑工程质量保修办法》

该办法于 2000 年 6 月经原建设部讨论通过，是民用建筑质量管理领域的重要文件，对新建、扩建、改建各类房屋建筑工程（包括装修工程）的质量保修以及房屋的保修范围、保修期限和参与各方的责任进行了较为明确的规定。

二、市政及交通基础设施

城市轨道交通方面，2010 年 1 月住房城乡建设部发布的《城市轨道交通工程安全质量管理暂行办法》，原则规定了城市轨道交通工程建设、勘察、设计、施工、监理各方主体的质量安全责任、质量安全事故应急处理以及质量安全责任的监督管理。

交通基础设施包括公路水运、铁路、港口、民用机场等设施。在工程质量管理规章方面，自 1999 年以来，交通运输部在公路水运工程质量监督管理方面先后出台了 3 部规章，分别是 1999 年《公路工程质量管理办法》、2000 年《水运工程质量监督规定》和 2005 年《公路工程质量监督规定》，对加强质量监管工作发挥了重要作用。近年来，为适应公路水运工程建设以及转变发展方式、改善质量监管手段的要求，2017 年，交通运输部颁布了《公路水运工程质量监督管理规定》，明确了各级交通运输主管部门在公路水运工程质量监督管理上的职责分工、各从业单位在质量管理方面的责任和义务，细化了公路水运工程质量监督管理的具体环节和内容，加强了对违法人员的信用管理。

目前，交通运输部在公路水运工程建设各环节有一套相对完备的法规。如《水运工程建设项目招标投标管理办法》（2013 年）、《公路工程建设项目招标投标管理办法》（2015 年）、《公路工程设计施工总承包管理办法》（2015 年）、《公路建设项目代建管理办法》（2015 年）、《水运工程施工监理规定（试行）》（1994 年颁布，2015 年修订）、《公路水运工程监理企业资质管理规定》（2014 年颁布，

2015年修订)、《航道工程竣工验收管理办法》(2008年颁布，2014年修订)。

铁路和民航方面，2015年交通运输部颁布的《铁路建设工程质量监督管理规定》规定了建设单位、勘察设计单位、施工单位和监理单位的责任义务以及工程质量事故的调查处理、工程质量监督的基本规定，以及违反规定的法律责任。2016年颁布的《民用机场建设管理规定》对运输机场和空管机场的选址、可行性研究（或项目核准）、总体规划、设计、施工、验收进行了规范。

对港口工程建设管理的法规主要有《港口建设管理规定》（2007年）和《港口工程竣工验收办法》（2005年）。随着近年来投融资体制改革和建设项目监管方式的变革，2018年，交通运输部将上述两部规章进行了全面修订，并合并为《港口工程建设管理规定》，对港口工程建设程序、施工、验收及工程信息及档案管理、法律责任作了较为明确的规定。

7.3 工程质量管理的国际借鉴

发达国家在工程建设领域的质量监管普遍根据WTO公开、透明、平等的规则，基于建设工程质量形成的基本规律和工程质量管理的内在特征，以技术法规和标准为基础，以规范的法制化管理来保证建设工程质量。发达国家在建设工程质量法规、工程质量监管、质量担保和质量保险方面具有深厚的历史渊源，立法机构和制度相对完善，形成了一些有借鉴意义的机制和做法。

7.3.1 建设工程质量法规体系

发达国家的建筑业管理体制和机制是建立在严格完善的法制基础上的。高质量工程需要监督管理者的激励承诺。发达国家的建设工程质量法律、条例和细则、建设工程质量监管体制发展得比较成熟，形成了一套行之有效的法律机制。政府主管部门监督、质量检查机构监管、施工单位自检等建设工程质量监管手段相互配合、共同发挥作用，国家的建设主管部门把建设工程质量管理法规及其监督执行作为自己的主要任务。这些国家的法律体系包括三个层次：法律法规、部门法令、行业技术规范及技术标准。

建筑管理的法律是法规体系的最高层次，具有最高法律效力，是对建筑活动的原则性规定，一般由议会制定或由议会授权政府建设主管部门制定，最后由议会审议通过。各国在建筑业管理领域都有一套基本的法律，如美国的《统一建筑管理法规》《国际建筑规范》，英国的《建筑法》《住宅法》《健康安全法》，德国的《建筑法》《建筑产品法》《建筑价格法》，法国的《建筑法》及《建筑职责与保险》，日本的《建筑业法》《建筑基准法》和《住宅质量确保法》等。

条例和实施细则是建筑业管理法规体系中的第二层次。条例和细则一般是对法律条款的进一步细化，以便法律的实施。它一般是依据法律中的某些授权条款，由政府建设主管部门制定，或由政府建设主管部门委托专业人士组织（学会）或行业协会制定，并经议会审议通过。政府建设主管部门中一般设有专门的法规管理部门，专门负责编制或组织编制有关的法规，如英国建设部下设的建筑法规司，根据《建筑法》的授权条款制定了《建筑条例》，根据《健康安全法》的授权条款制定了《建筑设计与管理条例》《公共安全条例》等；日本建设省根据《建筑业法》的授权条款制定了《建筑业实施令》等。

建筑业管理法规体系的第三层次是技术规范和标准。规范和标准侧重于对工程技术和管理的实施程序及细节作出规定，大多由政府委托专业人士组织（学会）或行业协议制定，或由专业人士组织（学会）或行业协会自行组织制定。技术规范和标准一般可分为三类：一类是必须遵守的强制性标准，主要包括被法律、条例和细则引用的规范和标准；另一类是可选择遵守的；还有一类则是指南性的，如德国的许多技术规范和标准是由德国工业标准局（DIN）根据与联邦政府的协议代表政府制定的，在 DIN 的建筑标准中，约有三分之一被法律引用；美国的很多技术规范和标准是由各种学会和协会制定的，可由建筑市场各主体在工程合同中自愿引用的。

从我国建筑工程质量的法制体系来看，目前我国已经形成了法律法规、条例细则和规范标准不同层次的工程质量规范体系，但在系统性、科学性等方面仍然存在欠缺。以技术规范和标准为例，我国近年来每年出台的各类标准平均有 400 项之多，但某些建筑领域并没有相应的标准规范；由于建设工程质量管理中的条块分割、区域分割，铁路、民航、公路、交通、水利等部门负责制定各自领域的工程建设技术标准和规范，国家、行业和地方层面都有相应的强制性条文散落在不同的标准文本里，导致条例和规范标准之间缺乏系统性和兼容性。作为我国建设工程质量的主要法规，《中华人民共和国建筑法》和《建设工程质量管理条例》对工程质量监管中建设方的义务和责任没有做出明确规定，施工方的质量责任并未完全涵盖施工单位在工程质量控制中的主要责任和义务，从法律有效性角度看，两部法律从制定至今已有 15 年，尽管 2011 年曾对《中华人民共和国建筑法》进行过修订，但也只涉及"施工单位应为职工缴纳工伤保险"，这 15 年来，我国建筑行业飞速发展，建设工程领域出现了很多新问题，需要明确参与各方的责任义务，保证工程质量。从法律实施手段来看，这些法律规定的违法处罚主要是行政责任，体现为停止违法行为、停产（停业）整顿、降低（吊销）资质、罚款、没收非法收入等，责任形式和强度偏轻，违法成本远远低于违法受益，不足以对违法行为产生震慑和约束。

在法规、标准的实施效果方面，尽管我国已经形成了较为完备的工程质量法律体系，但其实施效果仍有待进一步提高。现行法律法规部分罚则条款仅限于原则性规定，可操作性和可执行性较差，现实操作中自由裁量权太大，任意性较强,影响了法律的稳定性、可预期性和权威性。同时,法律法规各方主体责任和义务条款缺少相应的罚则,造成责任和义务的落实困难,也影响了法律的可执行性,而且处罚多采用罚款的方式,缺乏其他的法律制约手段,从而导致违法成本偏低,影响了法律的震慑性和权威性。另外,现行质量管理法规往往重在对单位质量责任的追究,对从业人员,如项目经理、工程监理等的质量责任追究,影响了法律的全面性。

7.3.2 建设工程质量监管体系

一、建设工程质量的政府监管

作为一个市场经济高度发达的国家,美国的市场调节机制相对完善,政府一般不会直接插手经济事务,建筑业也是如此。因此,联邦和州政府没有设立专门的建筑管理部门,但是由于建筑工程质量直接关系公共利益和社会安全,政府部门对建设工程的质量监管采取积极监管,尤其对于政府投资的公共工程,政府主管部门的质量监控更加严格。美国在县(市)级政府设立了建设主管机构,直接参与建设工程项目质量的检查和监督。《统一建筑法规》规定,需要领取执照的所有建设工程项目,均应接受建筑主管官员的监督和检查;《国际建筑规范》规定,无论何种类型的建设工程项目,均由政府派出检查人员对整个工程项目实施监督和检查。这些监督与检查人员主要分为两类:一类是政府自己的检查人员,另一类是政府临时聘请或要求业主聘请的外部检查人员,后者需要政府进行资质认定。监督检查包括随时随地检查和分阶段检查两种方式,对于某些类型的建设工程,必须进行连续性、全过程的监督检查,承包商有义务配合检查。

日本政府对工程质量管理的干预更为深入和广泛。建筑业最高行政主管部门是建设省,其主要职责是负责起草建设法规,主管技术标准、监督工程建设过程以及企业、个人资质审查。日本《建筑基准法》规定,特定行政厅即各级行政长官按照政令规定,从该市町村和都道府县的公务员中任命建筑监视员,具体行使政府的建筑监督职能。建筑监视员代表政府,对于工程施工质量进行巡回监督检查。政府的监督管理主要侧重于工程质量对"公共利益"的影响,《建筑基准法》在建筑物占地、结构、用途、面积、防火、环保等方面进行了严格限定。

德国政府不直接参与具体工程质量的监督与管理,而是通过立法手段对施工全过程进行规范。德国建筑业的最高政府主管机构是建设部,具体的建设行政管理职责则由各州和各市的政府来承担。政府对建设工程的质量监管以间接管理为主,直接管理为辅。政府对建设工程质量的直接管理,主要体现在建设工程施工许可证和使用许可证的严格审批上。德国《联邦建筑法》规定,在建设工程施工前,业主需提交建设工程的设计文件以及施工图纸,经审核通过后政府主管部门才颁发施工许可证。使用许可证的颁发同美国比较相似,任何房屋和建筑物在取得政府主管部门颁发的使用许可证之前,一律不得使用或占用。政府对建设工程质量的间接监管，主要体现在通过对质量监督审核与认可，对机构的资质和行为进行监督管理。政府专门制定了《根据〈建筑产品法〉对检测、监督与发证机构的认可规定》，对质量监督机构（检测机构、监督机构、认证机构）人员的准入、构成、职责及操作程序等都作出了明确规定，通过委托具备资质的质监机构监管建设工程的全程施工，实现政府建设主管部门对工程质量的控制。

自《建设工程质量管理条例》实施以来，我国工程质量政府监管水平有了很大的改善和提高。但是，随着我国建筑市场整体规模的不断扩大，对工程质量的政府监管水平提出了更高、更具体的要求。目前来看，我国工程质量政府监管中主要存在以下问题：一是监管体系未理顺，多头管理、条块分割。依据《建设工程质量管理条例》，住房城乡建设部对全国建设工程质量实施统一监督管理，铁路、交通、水利等有关部门负责对各自领域的建设工程制定技术标准，并实施质量监督管理；县级以上住房城乡建设部门对本行政区域的工程质量实施监督管理，实质上形成了多头管理、条块分割的局面，不利于工程质量政府监管的统一、协调和系统运作。二是监管机构责任缺失，侧重事后监管，缺乏过程控制。《建设工程质量管理条例》将政府监管从"审核制"改为"备案制"，将建设工程质量交由建设方组织勘察、设计、施工、监理单位自验自评，质量监管部门主要对施工过程中参与方的质量保证体系和工程质量验收进行监督，较少参与质量监督检查的微观活动，这种结果导向的制度侧重事后监督，导致现场监控和过程控制不足。

二、建设工程质量的社会监理

近年来，随着《土木工程施工合同条件》（即《FIDIC 合同条件》）对监理工程师职责的调整，发达国家工程监理的服务范围已经从监督管理扩展到为业主提供投资规划、投资估算、价值分析、向设计单位、施工单位提供费用控制等多元化的咨询服务。发达国家的监理行业被明确界定为咨询服务业，并对监理人员的执业行为制定了道德规范与准则，监理行业也逐渐独立于设计单位与施工单位，其独立性、客观性、公正性成为工程监理活动的基本准则。

美国的工程监理有两种形式：一是被称为"工程咨询公司"或"顾问公司"，其业务范围较广，可以负责规划、设计和施工；二是建设管理公司（CM 公司），可以直接管理施工。后者大致相当于我国传统意义上的工程监理公司。美国的监理制度贯穿于工程建设项目的始终，包括投资决策阶段、设计阶段、施工招标投标阶段、施工阶段（含保修阶段）。业主委托的咨询公司或者 CM 公司在每个施工阶段结束时都要根据《统一建筑法规》及合同要求的各项规定对工程进行质量检查验收，只有符合质量标准的，才能继续进行下一阶段的工作，承包商才能拿到工程结算款。咨询工程师通过现场巡视检查收集必要的数据信息，经过认真的分析研究，得出相应的处理意见，再向现场发出技术指令，咨询工程师在质量控制中起着不可替代的作用。

20世纪80年代，英国政府引入了私立建筑控制机构（Building Control Body，BCB），并建立了从业人员资质计划（Competent Person Schemes（CPS）），以分担政府的工程质量监管职能，并将人员资质和建筑控制机构的职责列入《建筑法》和《建筑安全法》中。业主可在政府隶属的公立BCB、社会化的私立BCB或独立资质人员三者之间，任选一方来满足工程质量相关法规的要求。这三者形成相互竞争格局，有利于提高工程管理服务质量和效率。BCB承担具体建设过程的监管，政府只负责关键节点审批，如规划申请、建筑控制申请的许可，同时做好工程项目建设过程中的信息备案，并对资质人员的工作进行抽查。BCB则根据建筑控制申请的类型不同，对设计图纸、施工方案、施工过程、竣工验收等环节进行不同程度的现场检查和监督管理，以确保工程项目符合工程质量安全的要求。此外，代表业主利益的第三方建筑工程咨询公司也参与到工程建设过程管理中。

法国也是由专业第三方进行建筑过程质量控制，其特征主要体现在第三方监管主要由保险驱动。法国《斯比那塔法》规定，工程项目必须购买质量缺陷险，所有项目由保险公司指定的工程质量检查机构（Technical Inspection Services，TIS）进行工程质量监管。TIS在初步设计、施工图设计、现场工作、竣工、1年运行期等各个阶段为保险公司分别出具设计期间风险评估、设计审核报告、现场检查报告、完工报告、防水检查报告等。法国工程质量协会也通过数据科学分析质量水平以引导行业的健康发展。

日本《建筑法》第2条将工程监理定义为：工程施工部门承包建筑工程时，受业主的委托，指派专人根据设计文件检查该工程和确认工程是否达到设计文件要求。在日本，建筑工程监理一般只限于施工监理（日本人称之为"工事监理"）。施工监理者由业主选定，具体负责施工过程中的监督管理。在行业规则方面，日本咨询工程师协会制定了《咨询工程师职业行为规范》，其基本原则是坚持监理工作的科学性、公正性、中立性、服务性，不论是业主选定的施工监理者还是依政令任命的建筑监视员，皆由独立于业主和承包商的第三方担任，充分体现了《FIDIC合同条件》对日本监理工程师制度中中立性和公正性的重要影响。

总之，不论是《FIDIC合同条件》还是发达国家法律及行业规则，关于工程监理独立性作为其公正性的基础都得到了相当的体现，而工程监理的公正性是工程质量得到有效监管的前提，因此，从法律层面保障工程监理的独立性显得尤为重要。从目前我国建设工程社会监理的实际情况看，业主的不当干预、承包商的抵触阻挠、监理人员责任不明共同造成了工程监理独立性严重缺失，监理职责得不到有效发挥。《建设工程质量管理条例》规定，国家对部分工程实行强制监理制度，监理人应在执业过程中保持独立和公正，但工程实践中，监理人与业主签订监理合同，受业主委托，按照合同约定和业主授权从事工程监理活动。从承包商角度看，中标价过低等问题往往对工程监理活动产生抵触，甚至可能通过与业主的"协调"，妨碍监理工作的独立开展。从监理方自身角度看，目前我国工程监理市场发育不成熟，尚未形成良好有序的竞争机制、信任机制、价格形成机制以及风险防范机制，监理单位低价中标、监理工程师违规渎职成本过低；另一方面，《建设工程质量管理条例》《工程建设监理规定》等法规只规定了监理单位的监理责任，而监理工程师并不直接承担法律责任，充分履行监理职责的激励约束不足，导致其不能将工程监理义务落实。

三、建设工程参建主体的质量控制

在美国，关于建筑工程质量有着非常专业而清晰的技术规范，同时，建筑主管官员对于工程的监督也相当严格，因此，工程质量安全成为承包商的一项市场竞争战略，为了避免质量事故的发生，施工单位都会编制自己的质量安全规范，这些企业层面的规范要求一般高于政府的要求。施工单位的质量监管人员主要由项目施工经理和现场工程师组成。其中，项目施工经理主要负责施工质量的总体控制，现场工程师则具体负责施工过程中的质量监督工作。如果是大型项目，现场工程师会委派质监人员全过程监督施工现场的操作；如果是小型项目，则只在关键阶段实施监督检查。对于施工过程中必要的现场试验，如混凝土强度检验等，以及实施定位放线、混凝土浇筑、焊接质量等工作也由现场工程师负责。这些试验的数据以及检测报告必须存档，以便在项目完成后交付业主。

日本的施工单位也非常重视自身的工程质量。一方面，施工单位要建立规范而严格的管理制度和质量监督体制；另一方面，要采用先进技术以完善对工程质量的检测。在建设工程施工过程中，通过采用操作者自身、技术人员以及施工小组层层检验的方式，保证施工的质量。所有的检验结果都留有数据记录或现场照片作为技术档案予以保存。

"质量责任由个人承担"是法国建设工程质量管理体系的核心精神。在《斯比那塔法》之前的《拿破仑民法典》中，就有了关于建设工程质量责任的规定，"建筑师和设计师必须在建筑完工 10 年内负有对房屋结构缺陷做维修的责任，在 10 年保证期满后，除非证明建筑师或设计师有欺诈行为，否则建筑工程所有者将对建筑工程负完全责任"。但是，由于建设工程完工后往往难以找到施工单位来承担质量责任，因此《斯比那塔法》对《拿破仑民法典》进行了全面修订，规定建筑工程项目中的质量责任由个人承担，并且属于无限责任。由于个人往往无力承担质量问题的赔付，《斯比那塔法》规定建筑工程的参建各方必须向保险公司投保。在这样的强制工程保险制度之下，各个施工单位为了获得保险费的优惠，不得不增强自身的质量意识。

在我国建设工程质量法律框架下，建设单位和施工单位是工程质量的主要责任方。但是，由于现行法律对工程建设参与主体质量责任规定不明确、不全面、现实操作中违规成本过低、政府监管不力、建筑市场管理混乱、社会监理职能缺位等原因，导致参建主体不能充分履行质量责任和义务，违法招标投标、违法承揽工程、违反质量标准、不按质量要求施工、违法制定材料供应商、建筑材料质量不合格、逃避工程质量保修义务等行为大量存在。

7.3.3 建筑行业市场准入和资质管理

美国建筑企业和职业资格人员的认可都是由各州自行规定，资质认可通常也是由州政府授权给行业协会或学会组织进行。要在某个州开展建筑活动，各类承包商、施工企业必须取得相应的许可证，并在许可证允许的业务范围内开展建筑活动。美国对建筑公司一般不实行分级资质，主要依靠保险公司和担保公司对不同档次的建筑公司所提供保险和担保金额的不同进行市场调节。

美国建设从业人员的专业执照分为建筑师执照与工程师执照，由州专业执照管理局监管，按照各专业进行考试和资历考核。专业工程师资格的取得由美国工程与测量考试委员会作为组织机构进行考试资格审查、考试安排等具体工作，申请者必须经过教育经历、工作经历和考试成绩三方面的考核；建造师的资质认定按照参与建造工作的内容由美国建造师学会资格认证委员会分为项目经理、现场总管、项目总管、施工经理等类别进行认可。

英国建设企业和从业人员的监管是通过注册登记、资质认定和许可来实现的，这类资质认定工作主要也是由各类协会主导。英国对工程承包商通过皇家特许建造学会（CIOB）主导的特许建造公司注册体系实施管理。虽然在实际工程中，对注册承包商并没有强制性要求，但注册的承包商和施工企业被认为更能保障工程质量。建筑师、工程师等建设从业人员的资质由相应的行业协会、专业学会等社会机构评估认可，如施工人员要通过资质人员体系的认可，就必须通过基本技术能力的考察，以及工程现场评估，确认能满足工程质量安全相关的法律法规要求；检查员则需要通过资格预审、许可评审和专业面试等环节，以证明其在法律法规、建筑基础结构、防火、施工技术等方面的知识和经验。这些协会组织不仅代替政府行使职能，还要承担认可人员的监督责任、制定从业人员行为标准和规范、定期检查、抽查其工程项目、对违规行为进行制裁，通过对人的认可监管来保障工程质量。

日本对建筑师、设计师和建设单位的能力、资质、职责和监督都有明确的法律规定。企业和人员资质的认可主要由政府部门主导。建筑企业共划分为28个业种，每个业种按造价分成 A 至 E 共 5 个等级，每个等级根据营业金额划分和确定营业范围。对建筑企业的从业资格，日本由专门的《建设业法》作出规定，分为一般许可和特定许可，并根据企业业务范围的不同，要求必须经过地方政府和国土交通省的审核,才能颁发国家或是地方级营业执照。法律对建设企业的资质从管理人员到技术人员、以及监督处分、合同总包分包关系等各方面都提出了细致具体的要求,而获得资格的企业,每隔2年就要接受政府审查、等级划分并对外公示。

发达国家对建筑工程行业的市场准入有一套严格的法律机制,对企业和从业人员采取审核、评估、许可制度,不合规行为会被取消资质,甚至受到法律制裁。在我国,建筑行业市场准入与资质管理也已经形成了较为完整的法规体系,《建筑业企业资质管理规定》《房地产开发企业资质管理规定》《注册建造师管理规定》等规定了企业和人员的市场准入条件和资质。总体来看,我国建筑行业仍然存在企业和从业人员资质过低、市场准入制度执行不力的状况。如《房地产开发企业资质管理规定》规定,注册资本达到800万元的三级资质开发企业就可以承担建筑面积25万m^2以下的开发项目。资质过低、投入资金有限、技术能力不足的企业进入市场,必然导致行业恶性竞争和建筑质量问题。同时,资质管理规定执行不力导致目前建筑市场中普遍存在资质挂靠行为。尽管《中华人民共和国建筑法》明确规定"禁止建筑企业超越本企业资质等级许可的业务范围或者以任何形式用其他建筑企业的名义承揽工程",但现实中大量企业通过挂靠协议、设立空壳分公司等形式,使不具备相应资质或资质不足的企业大量进入建筑市场。另一方面,项目经理、工程师资质要求不严,违规成本过低;一线施工人员主要由没有受过任何专门培训和资质的农民工组成,整体素质偏低,也是导致建筑工程质量问题的主要原因。

7.3.4 建设工程质量保险制度

在建设工程领域引入工程质量保险制度,引入社会力量和市场机制参与行业管理,是世界主要国家的普遍做法,这一制度在规范市场秩序、建立市场主体质量内控机制、确保工程质量、保障工程质量缺陷引起的损害赔偿方面都发挥了很好的作用。

法国是开展强制性建筑工程质量保险最早和较为成熟的国家。1979年法国《斯比那塔法》规定了强制损失保险和强制责任保险的双保险模式。根据《斯比那塔法》,所有公共建筑、高层建筑和复杂建筑都必须购买工程质量内在缺陷险IDI和十年责任险PLI。IDI对于建筑结构安全和性能是10年保险,一旦出现质量问题,IDI用于快速理赔,PLI则用于责任追究。双重保险制度约束各建设主体的行为责任,有利于降低工程各方风险、提高建设工程质量,保障业主利益。法国的担保制度有两年担保、十年担保和完工担保,根据公司和业主需求,法国三分之二以上的建筑工程都购买了工程质量保险。

美国是开展工程担保较早的国家之一,其工程担保有100多年历史,20世纪初公共工程担保制度就广为应用,并且从法律层面针对公共工程项目提出了强制性工程担保要求。美国保险市场更是做到了高度精细化和市场化，比较有代表性的是综合险和伞险，综合险由业主向保险公司统一投保，伞险提供超过保单保险金限额的险种保险，可以有效应对各类风险和质量问题。

英国建筑质量担保主要采取自愿原则，通过有无保险或保费高低充分发挥市场约束作用。英国最为有名的是英国房屋建筑委员会 NHBC 的十年住房质量担保保险，完工前 2 年，提供协商解决和担保服务，后 8 年则提供保险服务。NHBC 要求所有投保企业和会员必须执行 NHBC 制定的施工和材料标准，该标准高于法规要求以确保工程质量，并且 NHBC 还委派旗下的建筑控制服务有限责任公司进行工程项目全过程监管。英国虽无强制性工程质量保险要求，但 NHBC 十年住房质量担保保险也已覆盖了 80% 的英国新建住宅。

日本有住宅质量保障法和瑕疵担保履行法，甚至还制定了 200 年住宅《长期优良住宅普及促进法》保障工程质量，并建立了担保和保险制度，以法律形式明确了开发商的责任和义务，强制要求购买保险或担保。通过差别保费制度、国家监督机构和建设行业协会主导的保险监督机制在住宅项目和公共工程项目中推行保险和担保，日本建筑工程投保率超过 98%。

就我国情况而言，原建设部于 2002 年首次提出引入工程质量保险机制的思路，并在 2005 年与保监会联合下发了《关于推进建设工程质量保险工作的意见》，明确在我国推行工程质量保险制度。北京、上海等 14 个城市根据意见精神，积极开展建筑工程质量保险试点工作，如北京市制定了《关于加强我市商品房预售方案管理的通知》，对工程质量保险工作提出要求，取得了很好的试点经验。但是，由于现行政策法规体系、建筑市场环境、监理制度、质量保证金制度等原因，工程质量保险制度在我国并没有取得预期效果。首先，从政策法规角度看，法律法规支撑不足导致市场主体规避质量保险。与发达国家不同，我国《建筑法》《建设工程质量管理条例》等相关法律法规都无强制购买建筑工程质量保险的规定，而且《保险法》明确规定投保自愿原则，导致推行工程质量保险制度在法律层面支撑不足。从市场环境角度而言，建筑工程终生保修制度难以落实。我国《建筑法》《建设工程质量管理条例》确立了建筑工程终生保修制度，而法国、西班牙等国家的保修年限为 10 年。从条款内容看，我国保修制度从年限到保修内容并不比发达国家差，但实际运行中，现行制度对建设单位质量责任规定较为宽泛，针对建设单位通过压低造价、压缩工期、降低质量要求、购进劣质材料等行为造成的质量隐患缺乏严厉的处罚措施，建设单位质量控制压力、动力不足。我国现行建筑工程质量保证金制度，也在一定程度上抑制了工程质量保险制度的效果。从工程质量保证金角度而言，建设单位利用其强势地位，往往以工程质量保证金为由，拒绝为工程质量投保，但质量保证金往往不能真正用于质量保修和维护。两种制度并行导致了资源浪费，并可能产生赔付争议与推诿，导致建设单位和施工企业投保意愿较低。

7.4 建筑施工生产安全事故预测分析

随着建筑业的快速发展，安全事故不断发生。在美国，2017 年建筑业安全事故造成了 971 人死亡，每 1000 个工人中有 95 人受伤。在中国，建筑业是事故数和死亡人数排名第二的行业，仅次于交通运输业。2017 年，建筑业的事故发生数和死亡人数分别占事故总数的 6.8% 和 10.2%。多年来，提高建筑施工的安全生产管理水平一直是理论研究和政策制定的重点和难点。

传统的以事故致因分析和风险管理为主的研究已经达到了饱和状态。建筑施工安全生产的事故数据分析显示，近 10 年来建筑业的安全水平并没有得到很大提高。相反，随着先进制造技术与传统建筑业的融合，工程建造技术、项目管理模式和产业工人队伍正经历着新的变化，致使建筑业的安全管理具有日益复杂化的趋势。因此，安全研究人员和专业人员近年来开始试图改变研究策略，利用事故的预测和预警，变被动的事故应急为主动的事故预防，开展了事故预测研究。这些研究展示了根据现有的生产安全管理数据或事故数据对建筑业生产安全事故进行预测的可能性。然而，这些研究存在一些局限性，比如事故发生可能性预测以事故因果链为基础，各因素的发生概率需要专家根据自身经验进行预测计算，这种方式很可能由于遗漏风险和风险关联特征而导致预测结果失真。而事故时间序列预测，仅仅有助于管理者对事故数量和死亡人数的发展趋势有一个大致的把握，不足以作为制定安全管理政策的依据。事故预测研究的目的除了预测之外，还需要从事故数据中提取可行的决策规则。

随着数据挖掘技术的发展，利用机器学习技术预测事故的方法逐渐被应用在安全科学领域，并取得了一些有价值的成果。这些研究论证了基于利用大量的经验或客观的安全相关数据可以对事故的发生进行预测的可行性，也说明了机器学习技术在建筑业安全事故预测中的适用性。但是这些研究也存在一些限制，比如预测变量的数量非常多，且有些变量需要为了预测单独测量，增加了施工管理的工作量，预防成本的增加限制了这些研究在实践中的可实施性。

考虑到事故预测在安全管理中的重要作用，提高建筑业安全管理政策有效性的需要以及缺乏准确的、可实施的预测模型的现实，本书在专家访谈的基础上，选取了具有决策支持性的预测变量，并利用大量的、客观的数据构建了多个机器学习预测模型对建筑业安全事故发生率和死亡率进行预测。之后又以预测准确性为标准对各模型进行了评估。目的是为事故预测的变量选取和模型应用提供参考，并从预测结果中提取决策规则为政策制定提供依据。

7.4.1 生产安全事故预测模型与应用

一、事故预测的原理和方法

事故的发生具有随机性，是在当时的环境、物质状态、管理水平和人员素质等基础上发生的。事故预测通过对大量事故的统计分析，挖掘多数事故所表现出的规律。事故预测方法可以分为定性预测法和定量预测法。定性预测法主要靠预测者的经验、知识及综合判断能力，以定性分析技术为主的预测方法；定量预测法是建立在以往的数据以及相关信息的基础上，通过构建定量的事故预测模型完成对结果的预测。

二、机器学习技术的预测算法及其应用

事故预测可以根据因素之间的相关性和已有数据的特点预测事故的情况，为事故的预防决策做出理论和技术支撑。传统的事故预测运用统计学方法构建线性的事故预测模型，预测未来时间内事故发生的数量或趋势。然而，影响事故发生的因素非常多，他们之间存在复杂的线性和非线性关系，传统的线性分析方法存在较大的不足。

机器学习技术是研究怎样使用计算机模拟或实现人类学习活动的科学。机器学习包括三个基本要素：数据、模型、算法。算法通过在数据上进行运算产生模型。常见的机器学习预测算法有随机森林、神经网络、Classification and Regression Tree（C&RT）等。运用这些算法可以生成相应的预测模型。

机器学习的预测算法由于具有很强的非线性问题处理能力逐渐被用于安全科学领域，应用较多的是交通事故的预测。随着建筑业信息收集和存储技术的发展，可用的数据量增大，机器学习技术在建筑业事故预测方面取代了传统的统计方法并迅速发展起来。比如李书全运用机器学习技术建立了一种基于粗糙集—支持向量机（RS-SVM）的建筑工地伤亡人数预测模型，预测的相对误差小于5%。Kanga 和 Ryub 运用机器学习技术建立了一个 Random Forest 模型分类和预测职业事故类型，模型的预测精度为 71.3%。此外，Tixier 和 Choi 等也做了类似的研究。

因此，在进行事故预测之前需要根据预测的结果变量和预测变量选择合适的预测模型。

三、事故预测的结果变量和预测变量

运用机器学习进行事故预测之前需要确定三个问题：（1）结果变量是什么？（2）用于预测的变量有哪些？（3）研究的应用对象是什么？

首先，预测的结果变量。预测的结果变量也就是预测模型的输出。机器学习预测模型的输出可以是连续值，比如事故的数量、事故损失；也可以是离散的标量值，比如伤害部位、严重程度。目前，建筑业安全事故预测的结果变量主要有四类：事故发生的可能性、事故数量、事故类型和事故严重程度，事故严重程度

包括事故伤亡情况和财产损失情况。其中事故发生的可能性既可以是判断事故是否发生的二分类数据，也可以是事故发生概率的连续性数值。

其次，预测的变量。预测变量是预测模型的输入变量。预测变量根据预测结果变量确定，比如，对事故发展趋势预测时，预测变量是过去一段时期的事故数量和伤亡人数。对事故发生概率预测时，预测变量是导致事故发生的风险因素，比如 Mistikoglu 等的研究。这类方法能够清晰地表示出不同影响因素之间的不确定性关系，从而得到概率性事件的最终结果。类似的还有 Luo 等人的研究，他们通过监测移动物体的状态预测事故发生的可能性。海因里希认为"1 起事故的背后，可能有 29 起故障，另外还有 300 个隐患。"说明导致某事故发生的风险因素非常多。这种预测方法容易遗漏风险，并且对风险发生概率和后果严重程度的确定对专家经验的依赖性较大，很难做到良好的预测。

也有专家运用事故发生的相关因素进行预测。比如，李书全在研究中从人为因素、机械因素、管理因素、环境因素和文化因素 5 个层面识别了一系列衡量建筑工程项目现场施工安全水平的指标集合对施工现场的事故进行预测。Kang 和 Ryub 利用特征重要性提取了年龄、事故类型、工作内容等影响施工现场职业事故类型的 54 个因素预测职业事故类型。然而，建筑安全是一个十分复杂的系统，受到人、环境、设备、制度法规等因素的综合影响，多个因素的共同作用导致了事故的发生。现有以安全因素作为预测变量的研究存在共同的缺陷：（1）变量的数值受专家主观影响；（2）需要为了预测事故而专门测量一些数据，在增加了预防的成本的同时降低了模型的可操作性。

最后，研究的应用对象。应用对象决定了预测的结果变量和预测变量。有些事故预测的研究用于生产过程的安全管理，比如 Zaranezhad 等的研究应用于炼油厂维修阶段的事故预防，Choi 等的研究应用于建筑施工过程的事故预防。有些研究的应用对象是政府安全监管，比如事故发展趋势的预测，通过预测全国事故发生数量把握事故的发展趋势，提前做出一些预防规划。

事故预测研究的最终目的是为管理决策制定提供依据，运用机器学习技术预测事故强调研究结果的实践应用，而增强预测结果的实践应用能力的关键是预测变量的选取和预测模型的确定。预测变量需要可控、客观，预测模型则需要预测准确性高。然而，现在还没有一项研究是能够利用可控的、客观的统计指标进行事故预测，根据指标特征找到一个合适的模型准确预测事故发生率和死亡率的同时，确定哪些监管指标对控制事故有效以及指标的影响大小。目前的研究只是朝这个方向迈出的第一步。本书将亿元产值事故发生率和亿元产值死亡率作为预测的结果变量，将安全监管相关的统计指标作为预测变量，运用机器学习技术构建预测模型，对事故的发生率和死亡率进行预测。

7.4.2 研究方法和数据处理

一、变量选取

变量包括两种：输出变量（结果变量）和输入变量（预测变量）。本书的目的是对地区的事故发生情况进行预测。地区间建筑业产值不同，施工项目数量也不同，为了使不同地区间的安全状况具有可比性，本书将亿元产值事故率和亿元产值死亡率作为结果变量。他们的计算公式如下：

$$亿元产值事故死亡率 = \frac{事故数量}{建筑业产值} \tag{7-1}$$

本书提出了预测变量指标化理论。也就是用一些建筑业客观存在的安全管理相关统计指标作为预测变量，构建预测模型。2017年，住房和城乡建设部要求各地区按季度报送工程安全提升行动进展情况，要求报送的统计数据包括监督执法检查次数、检查工程数量、实施行政处罚的企业数量等16个指标。此外，建筑产业工人实名制平台、建筑业安全事故上报系统和建筑业企业信用评价系统等存储了12个安全监管相关统计指标。排除一些统计数据没有全国统一的，比如签订劳务合同的数量等，剩余19个指标。之后，本书选取了6位专家，他们来自住房和城乡建设部、省住房和城乡建设厅、建筑企业安全管理部门，从事安全管理工作均不低于5年，其中1位是中国建筑集团的安全主管，从事安全管理工作20年。邀请他们为19个指标打分，评估这些指标对安全监管的重要程度，满分5分。之后，计算每个指标的平均得分，选取了得分排序前50%的指标作为预测变量（表7-4）。

预测变量　　　　　　　　　　　　　　　　　　　表7-4

序号	安全管理相关统计指标
1	不良信用记录的数量
2	参加安全培训的人数
3	企业排查的安全隐患数量
4	企业整改的安全隐患数量
5	政府排查的安全隐患数量
6	政府整改的安全隐患数量
7	查处的违规行为数量
8	处罚的违法企业数量
9	处罚的违法个人数量
10	GDP

二、模型选择

机器学习技术在事故预测方面的实用性已经在多个研究中得到证实。机器学习的预测算法有上百种，有些特殊的问题需要单独根据预测数据和对象的特征编写。当然，也有一些比较成熟的算法，可以直接根据数据的特征生成相应的预测模型。各种算法的适用性不同。建筑业生产安全事故是典型的多因素复合灾害事故，且存在统计数据少、数据波动性大等特点。考虑到这些特性，本书选择 C&RT、支持向量机、神经网络、CHAID、线性回归、广义线性 6 种常用的模型。这 6 种模型能够生成可以理解的规则且计算量相对来说不是很大。各模型的基本原理和计算过程在很多资料中都可以看到，在此不再详细介绍。

7.4.3 数据收集和处理

一、数据收集

本书以我国为研究对象，从住房和城乡建设部、国家统计局以及建筑企业信用评价系统搜集了 2017 年第 3 季度至 2019 年第 3 季度各地区上述 10 个预测变量的数据。中国共 31 个省、自治区和直辖市，31 个地区 9 个季度的数据共有 279 组，表 7-5 列出了数据的时间和地区详情。

数据的时间和地区　　　　　　　　　　　　表 7-5

属性	内容
时间	2017 年第 3 季度、2017 年第 4 季度、2018 年第 1 季度、2018 年第 2 季度、2018 年第 3 季度、2018 年第 4 季度、2019 年第 1 季度、2019 年第 2 季度、2019 年第 3 季度
地区	北京、天津、河北、山西、内蒙古、辽宁、吉林、黑龙江、上海、江苏、浙江、安徽、福建、江西、山东、河南、湖北、湖南、广东、广西、海南、四川、重庆、贵州、云南、西藏、陕西、甘肃、青海、宁夏、新疆

二、数据预处理

数据审核之后，为了更好地反映地区的安全管理水平，本书将每个变量进行产值分配。比如变量"参加安全培训的人数"，进行产值分配之后是"每亿元建筑业产值参加安全培训的人数"。最后对数据标准化处理，数据标准化有多种方法，本书采用的是 Min-Max 标准化。方法是：将 A 的一个原始值 x 通过 min-max 标准化映射成在区间 $[0,1]$ 中的值 x，其公式如下：

$$新数据 = (原数据 - 最小值)/(最大值 - 最小值) \tag{7-2}$$

三、数据分类

本研究中按照 7:2 的比例设置训练集和测试集，本书将 31 个地区 2017 年第 3 季度至 2019 年第 1 季度的数据作为训练集，共 217 组，将 2019 年第 2 季度至 2019 年第 3 季度的数据作为测试集，共 62 组。

7.4.4 生产安全事故预测模型的建立与分析

一、事故死亡率预测模型的构建和适用性分析

本书对数据进行预处理后，构建了建筑施工生产安全事故死亡率的预测模

型，以亿元产值事故死亡率为结果变量，表 7-4 中的 10 个指标为预测变量，分别用运用 C&RT、广义线性等算法进行机器学习。结果如表 7-6 和图 7-3 所示。预测结果用两个数据来评价，即相关系数和相对误差。相关系数（R）是指预测值与原始值之间的相关系数，评估预测结果对真实数据的表达能力，越大越好。相对误差（E）= |预测试－实际值| /预测值。E 的值越小越好。表 7-6 是机器学习后生成的 6 个模型的相关系数和相对误差。6 个模型的预测结果显示 C&RT 模型的预测结果最好，其次是广义线性模型，预测结果最差的是神经网络模型。

6 个预测模型的亿元产值事故死亡率的预测结果　　　　　　　表 7-6

模型	相关系数(R)	相对误差(E)
C&RT	0.959	0.08
广义线性	0.727	0.472
线性回归	0.725	0.475
支持向量机	0.638	0.593
CHAID	0.589	0.764
神经网络	0.524	0.761

图 7-3 是 6 个模型预测效果的图形展示，在每个预测模型评估图中横轴是实际的亿元产值事故死亡率，纵轴是模型预测的亿元产值事故死亡率，每个图显示了模型的观察值与预测值的对比，提供了它们之间相关性的快速可视化指示。对于一个好的模型，点应该沿着对角线聚类。从模型的预测效果对比图中也可以发现 C&RT 模型的预测效果最好，预测效果最差的是神经网络模型。

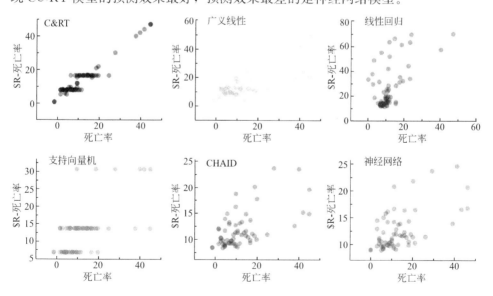

图 7-3　6 个预测模型的事故死亡率预测效果对比

由于 C&RT 模型的预测效果最好，因此，本书选用构建的 C&RT 模型，使用 2019 年第 2 季度至 2019 年第 3 季度的数据进行验证。结果显示，预测值和实际值的相关系数为 0.939，相对误差为 0.055。说明 C&RT 模型可以很好地预测地区事故死亡率。C&RT 模型可自动忽略对目标变量没有贡献的预测变量，当数据有缺失和变量较多时，C&RT 显得非常稳健。C&RT 模型的输出可以是数值型，也可以是分类型。支持向量机和神经网络的预测效果较差。支持向量机算法主要应用于分类问题，而本书中的事故预测是数值型问题，因此适用性较低。神经网络预测法具有很强的自学习能力，但是神经网络模型通常需要大量的数据进行模型的训练，当数据量有限时，用神经网络模型训练出的模型效果并不会很好。地区的安全数据有限，因此神经网络的预测效果也不好。

二、预测指标重要性分析

由于 C&RT 模型的预测效果最好，本书对 C&RT 模型展开进一步的研究。对 C&RT 模型中每个指标的重要性进行了排序，结果如图 7-4 所示。指标的重要性是在所有单棵树上该指标重要性的一个平均值。

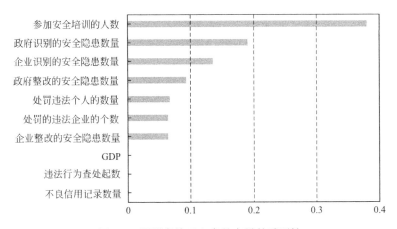

图 7-4 预测事故死亡率的变量的重要性

指标重要性分析结果显示，GDP、违法行为查处的起数不良信用的数量在预测事故的发生率时重要性为 0，说明这 3 个指标在预测时是无效的，可以从模型中删除。而其他的 7 个指标对于准确预测是有效的。

图 7-4 中对各指标的重要性进行了排序。"参加安全培训的人数"（38.2%）最重要，说明在政府的建设管理过程中加强工人的安全培训可以有效降低事故的死亡率。其次是"政府识别的安全隐患数量"（19.1%），这两个变量的重要性占比达到了 57.3%，说明隐患排查对预测事故发生的数量是最重要的，也说明政府的安全监管对于提高施工现场的安全水平至关重要。访谈中发现，有些安全隐患企业的安全检查人员可能出于工作量、成本等压力而选择忽视，但是政府的安

全检查则一切从安全的角度出发，政府的安全检查更加严格。值得注意的是，GDP 在事故伤亡率预测中的重要性为 0。GDP 反映了地区的经济水平，经济水平越高则在建工程发生事故的可能性就越大。然而，GDP 在事故死亡率的预测中没有起到作用，可能跟我国建筑业的用工特征有关。我国建筑工人具有跨地区就业的特征。经济发达地区就业机会多，建筑施工由于恶劣的作业环境而较少被当地人作为就业目标。建筑企业的工人通常来自其他地区，因此，工人的素质与地方经济水平关系较小。

"防患于未然"是安全管理的基本原则。在事故发生之前就应该对事故进行预测，并采取有效措施预防事故的发生，而不是将管理的重点放在事故后的应急处理上。因此，建筑业安全事故预测研究成为近年来的研究热点。研究人员建立了很多模型来对事故进行预测，但是它们的理论基础和预测目的并不完全一致。随着人工智能技术和理论的发展，机器学习算法作为一种全新的预测模型，逐渐被应用到了建筑业安全事故预测中。机器学习有多种算法，针对不同的数据特征和预测目的，各种算法的适用性不同，构建的预测模型的预测效果也不同。本书对预测变量的选取和预测模型适用性的分析，可以得出以下结论：

首先，运用机器学习预测模型，以安全监管相关的统计指标为预测变量，对建筑业事故的发生率和死亡率进行预测是可行的。这意味着安全管理相关指标可以作为一种工具，以主动或"事前"的方式评估事故的情况。

其次，以季度为周期，对每个省和自治区的安全监管统计数据分析，数据量的积累需要一个渐进的过程。在目前的数据量条件下，C&RT 模型在预测事故发生率和事故死亡率方面具有最高的准确性。这将具有很好的实践价值，对于政府来说，各地区乃至全国正在建立建筑信息平台，定期搜集和公布多个安全管理指标，政府可以充分利用这些数据，运用 C&RT 算法构建事故发生率和事故死亡率预测模型，对地区事故发生情况进行预测。

最后，在预测事故死亡率时"参加安全培训的人数"的重要性最高，其次是"政府识别的安全隐患数量"。员工的安全行为则是导致死亡的重要因素，安全培训作为增强员工安全知识和安全技能的重要途径，在预防事故造成的人员死亡方面具有很好的作用。同时，控制安全隐患的数量可以更好地控制事故的发生，政府的建设管理部门和企业均应该增强安全隐患排查力度，预防事故的发生数量。

第 8 章 建筑业高质量发展面临的挑战

我国建筑业自 20 世纪 80 年代起，作为城市经济体制改革的突破口率先走向市场，并在过去的三十多年内伴随着国民经济的发展实现了高速增长。然而，我国建筑业目前仍然大而不强，在新形势下，作为国民经济支柱产业的建筑业，依靠规模快速扩张的传统发展模式更是难以为继，行业面临着前所未有的机遇和挑战。目前，制约建筑业健康发展的问题和障碍主要体现在以下几个方面：一是建筑业生产能力过剩，恶性竞争，产值利润率低、劳动生产率低、产业集中度低、市场交易成本高；二是建筑业生产方式落后，工程建设过程中资源浪费大、污染物排放多；三是建筑企业的科技创新能力、技术装备水平与发达国家还存在着一定差距；四是建筑产业工人业务素质低下，不能适应现代建筑产品快速发展形势的要求。建筑业仍是一个劳动密集型的传统产业，其发展还没有真正转移到依靠集约化管理和技术进步的良性轨道上。

8.1 工程建设组织模式不适应高质量发展需要

我国建筑业仍然存在行业发展方式粗疏，监管体系不完善，建设组织方式落伍等问题，完善工程组织模式已成为建筑业升级改革的重要任务。我国建筑业高质量发展的重要任务之一是打破建筑业中行业人为割裂局面，改善碎片化现状，进一步明确责任层级，整合责、权、利。

目前，我国工程建设中普遍存在的一些问题大多与工程建设组织模式有关。目前主要采用设计施工平行发包的传统工程建设模式，将工程建设项目的资本运作、建筑设计、物资采购、施工管理以及新技术应用等环节割裂开来，造成设计与施工脱节，施工协调工作量大，管理成本高，责任主体多、权责不够明晰，从而造成工期拖延、造价突破等问题。

早在 20 世纪 80 年代，我国开始逐步探究工程总承包模式：从 1982 年，开始试点探索工程总承包；1988 年，开始研究工程总承包；1997 年，《中华人民共和国建筑法》明确提倡工程总承包；2003 年，《关于培育发展工程总承包和工程项目管理企业的指导意见》（建市〔2003〕30 号）提出推广工程总承包；2005 年，原建设部批准《建设项目工程总承包管理规范》；2016 年，住房城乡建设部发布《住房城乡建设部关于进一步推进工程总承包发展的若干意见》以推进工程总承包；2017年，《国务院办公厅关于促进建筑业持续健康发展的意见》强调加快推行工程总承包，推广工程总承包模式仍然任重道远。虽然工程总承包模式具有控制投资、降低工程造价、缩短工期、减少合同管理工作量、减少协调费用、控制质量等诸多优点，但在其推广过程中，由于体制、法制和机制问题、市场供给能力以及业主意愿等因素，使得工程总承包模式以及相关配套改革面临很大挑战。特别是在招标投标等具体操作环节缺失具体流程和标准依据，缺少相应的实施细则和标准合同文本等。施行者缺乏运行操作的认知，监管者缺乏监督管理的依据，致使无法规范管理工程总承包，极大程度上制约了工程总承包模式的有效推广。

从体制、机制和法制角度看，三十年来，工程总承包在化工、建材等领域发展较为迅速，已在一定区域内得到应用，但总体上发展仍相对缓慢，没有突破性发展。其原因主要是存在工程总承包发展的体制、法制和机制障碍，其中法制方面障碍最为突出，如缺乏明确的承包主体定位，缺乏明晰的项目经理任职条件，缺乏对分包管理清晰的规定，缺少设计、施工单位的职责区分等。为使工程总承包得到更有效的推广，政府有关部门仍需完善有关政策法规。目前，我国通常基于传统发包模式制定建设法规，相关建设法规以规范性文件为主，贯穿工程项目全生命周期的内容不齐全。地方政府制定的实施细则也不尽相同；对政府职能、制度、程序没有统一规定，施行者在实施过程中主要凭各自领略执行；政府相关管理部门没有明确统一的协调机制处理实施过程中出现的问题；没有明确业主（建设单位）、工程总承包企业、项目经理的要求和责任；在市场准入方面，在推进工程总承包过程中缺乏市场化运作，未能提供良好的推行环境。此外，还存在执法不严、推行力度不够、法律效力不足等问题，例如对违法分包等行为往往采取惩治手段而非进行有效管制，效果甚微；对设计、施工、监理、咨询等建筑企业资质进行人为割据，导致严重的制度壁垒等。因此，当采用工程总承包模式进行项目建设时，由于政策、法律的留白，导致各方责权不清晰，法律地位不明确，特别是在招标投标等具体操作环节缺少具体流程和标准依据，缺少相应的实施细则和标准合同文本等。施行者缺乏运行操作的认知，监管者缺乏监督管理的依据，致使无法规范管理工程总承包，极大程度上制约了工程总承包模式的有效推广。

从市场供给能力来看，我国实行工程招标投标制以来，基本采用传统平行发包方式，即业主将工程设计、施工等进行拆分发包，发包给各个独立单位，在工程总承包领域进行有限的探究，虽然总承包企业数量基数较大（理论上可以承担工程总承包任务的企业数量或允许从事工程总承包业务的企业数量），但由于存在诸多体制和机制障碍，实行工程总承包的项目数量很少，总承包企业缺乏"锻炼"机会，没有培育出有足够能力和足够数量的工程总承包企业。在我国建筑业企业中，并不是所有的企业都具有资质和能力承担工程总承包，多数企业不能达到专、精、实、细。因此，有的业主即使想采用工程总承包模式，也担心找不到有实力、有能力承担工程总承包任务的企业，只好沿用传统发包模式组织实施。

从业主角度来看，一方面，部分业主观念落后，明知道工程总承包有许多好处，但为了规避风险，不愿意采用工程总承包模式；还有部分业主没有深刻理解到工程总承包可能带来的良好效益，忽略提高整体经济效益；更有部分业主认为实行工程总承包导致自身权益受损，因此不选择工程总承包模式。另一方面，工程总承包模式涉及包含设计和施工的多阶段甚至全过程的承包，因此，业主会顾虑失去对工程项目的控制，或因本身能力有限而实际上没有能力控制，尤其是没有能力对总承包工程的设计进行控制。采用工程总承包带来诸多优点对业主具有足够的吸引力，但是，要实现这些优势，需要一个非常重要的前提，就是业主有能力控制工程总承包。但在实际运作中，工程项目管理系统性专业性非常强，特别是在工程总承包模式下，建设单位没有足够的知识、经验和能力实现对总承包企业的有效控制以及对工程项目设计和施工的有效控制。

8.2　项目成本上升压缩企业利润空间

近年来，以建筑原材料、劳动力等为代表的项目要素成本不断攀升，使得建筑企业毛利水平不断收窄。除了部分砂石经营者借机炒作、坐地起价等原因外，环保政策、去产能政策多重政策因素叠加，使建筑材料市场出现了剧烈波动，特别是砂石涨幅惊人，导致项目要素成本增加，成为诸多工程项目最大的不可控风险，造成许多建设工程项目只能持观望态度，工期大面积延误成为普遍现象，为建筑企业招标投标、施工运营带来了不利影响。另一方面，工程结算成本居高不下，拖欠款现象仍较严重，大量工程款无法按时收回，使得企业流动资金紧张，制约企业长期发展（表8-1，图8-1、图8-2）。

2018年末中国建筑业企业法人单位平均资产负债率　　　　表8-1

	资产总计(亿元)	负债总计(亿元)	营业收入(亿元)	资产负债率(%)
建筑业合计(平均)	342355.6	223073.8	256277.9	65.16
房屋建筑业	144265	92020.9	1347660.9	63.79
土木工程建筑业	140336.8	93453.8	74793.7	66.59
建筑安装业	21127.7	19410.2	18285.9	91.87
建筑装饰、装修及其他	36626	18179	25557.4	49.63

资料来源：中国国家统计局网站。

随着我国工业化、城镇化快速推进，劳动力减少、高素质建筑工人短缺的问题越来越突出，建筑业发展的劳动力约束加剧。一方面，劳动力价格不断提高，

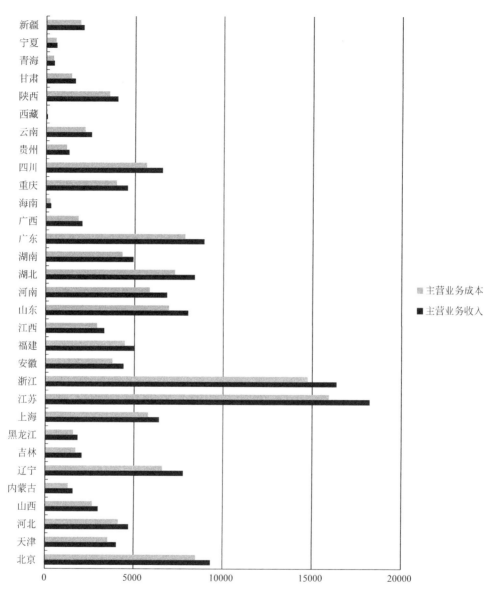

图 8-1 2018 年建筑业总承包和专业承包企业收入及成本状况（单位：亿元）

工程附属费用持续攀升，工程项目人工费处于"上升通道"，带动产业整体生产成本刚性快速上升。另一方面，建造方式传统粗放，工业化水平不高，技术工人少，劳动效率低下。我国人均年竣工建筑面积仅约为美国的 1/4、日本的 1/5。生产效率低下导致的产值利润率低、产业集中度低、市场交易成本高的问题比较突出。在劳动力成本不断加速增长的浪潮中，建筑业也难逃其影响，陷入了"招工难，人工费飞涨"的局面。劳动红利消失，建筑工人实名制、社保新政等制度

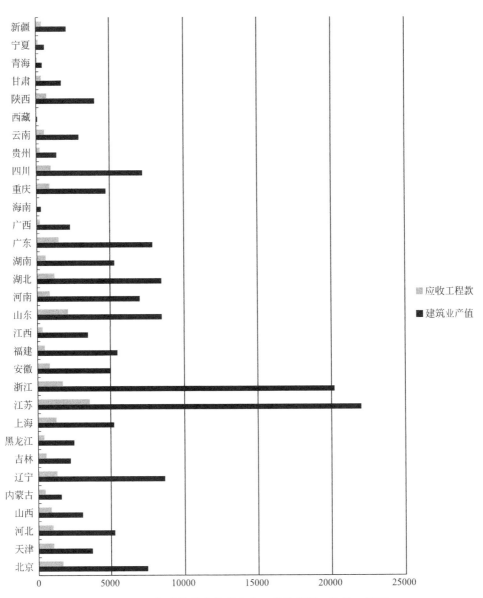

图 8-2　2018 年建筑业产值及应收工程款状况（单位：亿元）

资料来源：中国经济普查年鉴 2018。

的出台，导致人力成本进一步上升。建筑业用工量大，以农民工为主，而农民工的流动性强大，社保费的追收、统征或将进一步拉高建筑业企业用工成本，压缩利润率，经营压力进一步加大。劳动力成本上升给许多企业，尤其是一些中小型建筑企业带来了巨大的生存压力和挑战。据统计，城镇建筑企业职工平均年收入从 2003 年起，每年的增长率都在 10% 以上，至 2013 年已增加了近三倍。而占建筑业从业人员 80％ 以上的农民工，其工资水平也从 2004 年开始迅速增长，最高涨幅达到 2008 年的 26.3％，从 2008 年到 2018 年 10 年间，我国建筑业人工成本经历了大幅度上涨，共增长 108.9％，年均增长幅度达 13.5％。作为典型的劳动密集型产业，劳动力是建筑生产过程中的决定性因素之一，其收入水平的提升不仅会促进建筑业劳动生产率的提升，也会增加工程项目的人工费用给企业带来成本压力，进而给建筑业发展带来一系列影响。但是，建筑业劳动力成本增长的问题并未像制造业那样得到足够的重视。在当前劳动力成本继续不断增长的情况下，如何改善企业经营管理，引导建筑行业应对成本挑战，健康发展，是建筑业当前面临的重大问题。我国建筑业劳动力成本已经进入了快速增长的阶段，这种增长趋势是不可避免和不可逆转的，并且在未来一段时期内，建筑业劳动力成本还将继续保持高速增长。根据预测，到 2020 年，全国建筑施工工人的日平均收入将达到 332 元，月平均收入将超过万元。全国各省之间建筑业劳动力成本水平和增长速度具有很大的差异性，随着时间推移，各省建筑业劳动力成本的变化，将推动建筑业劳动力逐步由成本较高的东南沿海地区向劳动力相对稀少的地区转移。

然而，劳动力成本的增加也给建筑业带来了一定的有利影响，它有助于促使企业改进技术水平和管理水平，提高市场竞争力；有助于提高行业准入门槛，建立良好的市场秩序；有助于加速产业升级。但是，劳动力成本增长也给建筑业造成了很大的负面影响，它造成项目成本增加，人工费在工程直接费用中所占的比例正在增加，给项目管理工作带来了难度，压缩了建筑企业的利润空间，威胁到了一些中小企业的生存和发展，阻碍了大型企业技术投入和企业转型升级的步伐。

8.3 技术能力难以适应行业转型提质要求

习近平总书记在十九大报告中提到"要推动经济发展质量变革、效率变革、动力变革，提高全要素生产率"。新时期中国经济增长方式将由依赖要素投入增长转向全要素生产率增长。在当前大环境下，建筑业高质量发展必须实现转型提质，提高技术投入，提高全要素生产率。

随着我国建筑业总产值的迅猛增长，建筑企业在项目管理方式、施工技术水平、质量安全保障方面已具备自主承建各类超高层、大跨度、大空间等结构新颖、技术难度大的工程施工。新技术、新工艺、新材料、新设备在工程上的广泛应用，加快了建筑业科技成果转化，推动了施工技术和施工工艺的不断创新，促进了工程质量安全水平的全面提升。从目前来看，我国建筑业的规模增长相当程度上来源于国内建设投资的增加。与其他行业相比，建筑业存在自主创新能力弱、产业结构不合理、生产模式粗放等明显缺陷，亟待转型升级。技术进步是建筑业的必然选择，行业健康发展不仅需要量的扩张，质的跃迁亦必不可少，而质的跃迁主要以技术创新能力为支撑条件。面对以创新和技术升级为主要特征的产业竞争，建筑业技术创新能力已经成为制约其发展的严重问题。2017 年 2 月国务院办公厅发布的《关于促进建筑业持续健康发展的意见》指出，要积极支持建筑业科技研发工作，大幅提高技术创新对产业发展的贡献率。高技术产业的科技资源投入规模和方向在很大程度上决定了技术创新的形式、内容和质量。鉴于此，建筑业应在政府创新政策、商业竞争等外部环境的驱动下，基于自身的创新资源与优势，共同参与科学研究与创新活动。使资金、人才、知识、技术等资源要素突破系统之间的壁垒，提高科技成果转化效率，形成一个与科技资源投入优势互补、风险共担、利益共享的耦合协调关系。

行业转型对技术进步的要求迫切。在我国经济转型发展的驱使下，工业制造技术、信息化技术日新月异，一小部分创新能力和技术能力强的企业走在前列，拥有一定的技术竞争优势。但从行业整体上讲，大多数企业技术比较落后，与现代技术提供的产业进步的可能性还有巨大的差距。比如装配式建筑技术基于建筑设计、部品部件生产、现场施工装配、竣工验收管理全过程的标准体系不完善，技术缺乏整合等，都是业界关注的焦点。

建筑企业同质化竞争严重、行业利润率低下、一线工人技能水平偏低、安全事故时有发生、节能环保压力较大等问题，困扰行业的高质量发展。如何破解这些发展难题，创新是一个有效的途径。科技部发布的《2016 年我国企业创新活动特征统计分析》指出，以实现创新（包括产品创新、工艺创新、技术创新、组织创新等）的企业占全部企业的比重分析，建筑业企业的占比为 26.8%，低于工业企业的 44% 和服务业企业的 27.7%，创新活跃程度较低。这从一个方面反映了当前建筑业企业在创新方面的概况。根据中国建筑业协会 2016 年调研统计结果，我国施工技术创新困难的主要原因包括以下几个方面：缺乏政策的扶持及资金投入；研发人员和团队数量少；激励机制不健全；企业经济效益差、知识产权保护不力等。

从建筑业 R&D 资本投入看，建筑企业科技创新的大部分资金来源比较单一，主要来源于企业的自有资金；近些年，虽然建筑业科技投入经费量和增长率呈增长的趋势，但国内建筑业科技投入与发达国家建筑企业存在差距，我国建筑业对建筑技术研究开发的资本投入仍然不足。

从建筑业技术装备率来看，建筑业现阶段仍处于粗放型增长阶段，主要依赖资本投入为主，科技投入对行业经济增长的促进作用不明显。这种传统的过度依赖资本投入的粗放型增长模式必将阻碍建筑业的现代化发展。我国建筑业乃至整个中国的经济结构都面临着调整及转型，科学技术是第一生产力，只有转向依靠科技投入促进增长的模式，才能实现建筑业及经济的可持续发展。建筑业作为劳动密集型产业，正处于依靠资本投入快速发展的时期。在这种情况下，建筑业技术装备率有很大的提升空间，通过提高施工机械设备及手工工具的自动化水平、提高劳动生产率提升技术装备率，能对经济增长产生立竿见影的促进作用，从而推动建筑工业化的发展。

从建筑业员工素质来看，大约有 40% 的建筑企业研究与试验发展人员占职工人数的比重不足 2%，有 1/3 的建筑企业研究与试验发展人员占职工人数的比重在 2%～5%。由此可以看出，我国建筑业对施工技术研究开发的人力资源投入非常不够。建筑业是过度竞争的行业，现有 4500 万建筑从业人员，占全国就业人员总数的 6% 左右，但是从整体来看，从业人员素质参差不齐。我国建筑业企业 R&D 人员主要以本科生为主，硕士、博士较少，优秀的人才外流情况也很严重。同时，由于传统的教育方式的局限，有"专才"而缺乏"通才"，即很多受过高等教育的人只精通本专业，而对相关专业及其他内容知之甚少。科技人员是科技资源的核心，科技人员是支撑建筑业技术研究、技术扩散和技术应用的重要载体，是自主创新能力提升的重要基础，对推动经济发展具有举足轻重的作用。因此，在提高建筑业技术装备率的同时，也应注重对建筑业 R&D 人员的投入与培养。

8.4 企业国际化进程风险增大

近年来，伴随国家"走出去"战略的推进，我国越来越多的建筑企业走出国门，并取得了骄人的成绩。根据美国《工程新闻纪录》（ENR）2014 年统计，我国内地 62 家企业进入"全球最大 250 家国际承包商"行列，比上一年的 55 家增加了 7 家，共完成海外工程营业额 790.13 亿美元，比上一年的 671.75 亿美元增加了 17.6%。从上榜企业数量看，我国以 62 家企业蝉联榜首。但是，我国 62 家内地入选企业平均完成海外营业额为 12.77 亿美元，而本届全球最大 250 家国际承包商平均完成海外营业额为 21.76 亿美元，比我国企业平均海外营业额高 70.4%；且在国际承包商前十强中，除第 9 名为我国企业外，其他 9 家均被欧美发达国家占据。由此可见，尽管我国建筑企业在 ENR "全球最大 250 家国际承包商"排行榜上数量领先，但与国际著名大型承包商相比，我国企业国际化实力仍然差距明显，要想真正成为世界一流的跨国承包商，还有相当长的路要走。

建筑企业的海外项目中，不同国家地区信仰、政治体制、法律制度、文化环境各异，国外项目大型化、跨专业化、跨领域化、综合一体化特征越来越明显，施工形式也从单一分包发展到 EPC（设计施工总承包）模式，建筑企业在"走出去"的过程中，必然面对来自社会、文化、法律、市场环境的全方位的挑战。从外部环境看，国际工程承包市场出现深刻变化。国际市场竞争更趋激烈，一些国家和地区贸易保护主义依然存在，国际市场中复杂的综合性项目对承包商技术、资本、管理、履约等综合能力要求越来越高。项目所在国政治事件或政府行为以及与其他国家的政治关系，都可能导致政治风险继而影响项目实施。项目当地宏观经济变化、法律、政策、宗教、社会人文环境，以及安全的挑战、国际化与本地化的难题等都可能成为风险点。国际工程项目规模日趋大型化甚至特大型化，总承包和投融资类项目日益成为主流，承包商的总承包能力和融资能力成为关键。此外，国际工程项目不确定因素增多，风险日益增加。在当前全球保护主义盛行的政治经济背景下，我国企业"走出去"面临的政治、经济、技术壁垒增多，风险所导致的损失规模越来越大。

从企业自身看，一是国际化战略不明确，在经营中缺乏前瞻性和战略思维，经营活动存在较大的盲目性和随机性。二是管理体制存在制约，表现在国外工程项目的管理、决策权归口于总部的某一部门，往往是国外的事情国内定、国内外行管国外，导致国外项目"一抓就死、一放就乱"。三是本土化程度不高，倾向于从国内组织人财物等各类资源，造成各类隐患和不安全因素频繁出现。大多数企业的人才规模、专业结构、驻外人员的海外工作能力等方面均不能完全适应市场占据、扩张的需要。综合来看，建筑企业国际化进程中面临的风险主要来自三个方面，即企业战略风险、财务风险、市场风险。

企业战略风险。由于企业战略规划、业务结构、市场布局不合理使企业未能把握"走出去"的战略机遇实现转型升级。提升国际化经营质量的风险主要表现在三个方面：一是未能充分认识"一带一路"等国家战略带来的巨大商机，战略制定过分保守或者战略规划的针对性不强、战略举措执行不到位、战略保障措施未落实，导致企业错失国际化发展的战略机遇；二是业务板块过于分散造成主业不突出或核心竞争力不强，或者业务板块过于集中，并处于产业链低端，缺乏产业链协同，单一业务类型的资产比重过高，战略转型成本过高，时间过长，企业短时间内无法满足国际市场要求；三是在目标国家的市场布局不充分，品牌知名度和产品认可度较低，市场资源配置能力不强。企业在国际化进程中需要对自身资源进行有效评估和配置，否则"国际化战略"可能严重透支企业实力，可能造成经济损失和声誉损失，甚至丧失原有发展基础和市场优势，同样会使企业错失发展机遇，主要表现在三个方面：一是战略上冒进，在主营业务、核心技术、资源配置能力与国际化要求不匹配的情况下强行"出海"，甚至放弃了原有的市场优势和技术优势，进入陌生市场，开展新业务；二是对国际化经营的复杂形势和困难认识不足，对市场开发形势盲目乐观，同时高估了自身的国际化经营能力和资源保障能力，导致战略目标脱离实际；三是由于管理水平、技术实力、资源配置能力跟不上国际化经营的要求，导致可持续发展能力下降，履约能力不足，甚至发生"赢得了订单、输掉了市场"的情况。

财务风险。一是现金流风险，主要表现为盲目拓展国际市场、开发国际业务导致的成本费用类现金支出大幅增加；出于抢占市场的目的扩大销售信用额度引发应收账款激增，严重影响现金回流；库存原材料或半成品占用资金，在形成销售之前无法变现，甚至发生跌价损失；同时上马多个大型投资项目引发短期内企业现金流出激增等情形。二是融资风险，主要表现是过度依赖银行融资而缺乏信托公司、保险公司、财务公司等非金融机构的融资渠道；过度依赖债权融资，导致资产负债率高企限制了持续融资能力；过度依赖境内融资而缺乏境外融资平台或者在业务所在国的融资渠道等。三是债务风险。债务风险是与现金流风险和融资风险高度相关的风险。现金流风险多表现为入不敷出，而融资风险多表现为供血不足。如果二者同时发生，企业可能面临由于缺乏资金无法偿还到期债务的风险。另外，债务风险也可能来自于长短期债务错配，最典型的就是短债长投，即企业用短期贷款投资回收期较长项目。四是汇率风险。汇率风险是指企业在境外开展业务，从事生产经营使用的结算货币与本国货币之间汇率波动对企业实际经济效益造成的影响。在人民币国际化进程逐步加快的背景下，人民币汇率波动还会加剧。

市场风险。一是市场进入风险。特别是在发展中国家，不少国家为了保护本国工业和商业的发展，贸易壁垒和贸易保护主义依然存在，这可能导致已签署的框架协议或合作协议被取消、已取得的市场订单被取消、面临更高的资金和技术门槛、承担更多的税负等情况，造成企业无法进入目标市场，或者即使进入市场也难以为继高成本的日常运营。二是市场需求风险。建筑市场需求风险主要来自于客户需求波动和替代品。客户需求受到技术进步、消费偏好、消费能力、投资预算、产品价格等要素影响，比如拟投资建设高速公路的业务所在国政府受到财政预算的限制改变投资计划或者缩减投资规模。同时，替代品也会对现有需求产生冲击，客户可能选择替代品而放弃现有产品与服务。比如，出行的旅客选择高速铁路出行而放弃高速公路出行，导致对高速公路的需求下降。三是市场竞争风险。建筑企业在参与国际市场竞争时，应当针对不同竞争对手采用相应的竞争策略，包括成本领先、集中化和差异化，具体战术可能包括价格战、技术战、服务战等等。而采取任何一种竞争策略，都会引起竞争对手的还击，尤其是行业领先者可以利用市场优势迅速发起反击，一旦竞争策略失败，企业将承担竞争成本和丢失市场份额的双重损失。这里值得一提的是，在基础设施建设、高端装备制造、能源开发建设等领域，大型中央建筑企业经常面临来自我国企业内部的竞争。这种竞争虽然促进了我国建筑企业的技术进步和市场竞争能力提升，但同时出现了很多负面的影响，比如相互诋毁信誉、相互压低投标价格等，这对我国建筑企业的国际形象造成严重负面影响。四是市场价格风险。包括生产要素价格风险和产品与服务价格风险。对于建筑企业来说，产品和服务的价格是通过招标投标的形式确定的，其价格风险大小取决于建筑企业对与项目成本投入估算和后期项目二次经营判断的准确性。如果在投标环节出现重大误判，后期市场价格风险将很难消化。

8.5 融投资业务风险防控难度加大

近年来，建设工程项目中以 PPP、BOT 为代表的业务模式日益增多，PPP 模式是公共基础设施建设中发展起来的一种优化的项目融资与实施模式，这是一种以各参与方的"双赢"或"多赢"为合作理念的现代融资模式。其典型结构为：政府部门或地方政府通过政府采购形式与中标单位组成的特殊目的公司签订特许合同（特殊目的公司一般由中标的建筑公司、服务经营公司或对项目进行投资的第三方组成的股份有限公司），由特殊目的公司负责筹资、建设及经营。政府通常与提供贷款的金融机构达成直接协议，向借贷机构承诺将按与特殊目的公司签订的合同支付有关费用的协定，采用这种融资形式的实质是：政府通过给予私营公司长期的特许经营权和收益权换取基础设施加快建设及有效运营。以 PPP、BOT 为代表的融投资建造业务项目投资额度大、建设运营周期长、涉及的领域广，各种不确定性因素多，比如，金融监管趋紧导致项目融资难度和风险增大。产业发展初期国家政策变化调整相对频繁，政策风险比较集中。地方政府债务总体水平较高，一些经济发展相对滞后、财政支付能力不强的地方政府存在一定的支付风险和信用风险。项目投资预期和投资效益也可能存在明显的财务风险。过去几年，PPP 模式兴起，建筑企业纷纷投入大量资源布局 PPP 模式，但在去杠杆、稳金融等宏观政策的冷却下，项目融资难度和风险增大。

我国 PPP 模式的运作形式主要是借鉴国外经验，其运作模式不尽相同，包括委托运营（OM）、管理合同（MC）、建设-运营-移交（BOT）、转让-运营-移交（TOT）、改建-运营-移交（ROT）等类型，由于其所涉及的政府与社会资本的定价、投资收益、权责关系等不同，容易造成合同纠纷及利益纠纷。PPP 模式的重要特征即建立起具有相同目标的伙伴关系，实现资源的有效配置，以消耗最少的资源获得最多高质量的产品和服务的供给。但是由于政府部门与私营机构的利益目标有所不同，在具体项目实施过程中，政府部门致力于公共利益最大化，最大程度解决社会问题缓和社会矛盾，而私营机构则更加关心企业自身经济利益最大化。所以双方的目标与利益追求不可避免地存在冲突。为了巩固双方的伙伴关系，使 PPP 项目能够顺利实施，需要明确双方的职责权利。政府相当于项目的委托方，它负责对项目进行监督，私营机构则承担项目具体的建设、运营工作，二者各司其职。

PPP 项目能否顺利推进还依赖于项目的风险是否分担合理，这就需要制定合理的风险分担机制使政府和私人机构以及其他项目参与者明确各自的职责，并科学预估可能发生的风险，以及时对项目进程进行调整，在风险发生前将风险有效遏制，控制风险发生的概率，减少不必要的资源浪费与财产损失，使各投资方能以最小的代价获得最大的利益。在追求共同宏观目标的前提下，实现各方参与者各取所需，互惠共赢的目标。

　　PPP 模式风险具有阶段性、复杂性和不确定性三个主要特点。阶段性是指作为一种合作新方式的 PPP 模式，从合作意向的产生到协议的签订再到最后项目的实施是一个复杂的过程，需要经历不同的阶段，而每个阶段都会存在一些潜在的风险；复杂性是因为 PPP 模式涉及的参与者较多，所建设的工程规模也较大，PPP 模式难免会面临更大的违约风险、融资风险和时间风险等，同时大型公共基础建设还会受政府政策的影响，这就使得 PPP 模式的风险具有复杂性。

　　PPP 等投融资方式的经济风险主要包括两方面，即金融风险和财务风险。金融风险的产生主要在贷款环节，因为贷款的利率、人民币汇率以及通货膨胀等因素都会导致金融风险，而 PPP 模式中的很大一部分资金来源于贷款，因此 PPP 模式需要承担一定的金融风险；财务风险主要出现在公私融资和项目实施的过程中，同时也受金融风险影响，运营风险是任何项目都存在的，PPP 模式下的项目运营也不例外。激烈的市场竞争、复杂多变的政治形势、利率变化带来成本增加、各项税费及其他费用的调整以及后期的收益情况等构成了项目的运营风险。PPP 模式下的运营风险存在于项目启动后的具体实施过程中，该风险既是无法避免的也是比较复杂的，尤其是项目的转交收益，如果无法达到预期收益或者是亏损运营将直接导致项目的运行失败。PPP 模式下的运营风险主要包括三方面：一是由于对市场的发展预测不准确，导致预期收益与实际收益存在很大的差距；二是由于市场供求关系或者激烈的同行竞争导致的需求变化和收益减少等相关风险；三是在项目开始运营后由于参与合作者的失信或者原始协议发生修改变动引发的信用风险。

　　由于 PPP 合作模式是新兴的合作模式，当前的政策法规、实施方法并不完善，因此要着重加强风险防控意识，提升风险抵抗能力。一般的政府采购合同只涉及采购方和供应商两个方面，一旦出现问题责任方很容易就被明确，而且应该承担怎样的责任、如何进行赔偿等均很容易做出决策。但在 PPP 模式运行下的项目则没有这么简单，PPP 模式运行下的政府采购合同涉及面广、持续时间长、组织关系复杂，在项目的确定、私人机构的选择、风险分担、融资方式选取、纠纷解决措施等方面都具有自身特点。一旦出现问题，很难判断责任方是谁，而且目前关于 PPP 模式的监管法律并不完善，这就导致出现问题后会出现相互推诿的现象，而且问题调查的过程会比较复杂，耗费的时间也会比较长，法律规定的不完善使得私人机构在参与 PPP 模式建设过程中承担较多的法律风险，却无法提前防范。建筑企业作为合作模式的中心，要制定风险清单，其中包括政府政策风险、融资时间长的风险、运营风险等，充分预估 PPP 项目蕴藏的风险，注重与政府（合作方）的合作协议，加强项目公司的管控模式。

资金不足往往会直接影响工程建造或后期的运营。但是目前，由于融资的渠道较少，而且向银行贷款的流程比较繁琐导致经常出现资金不到位的现象。要确保工程的顺利运行就要解决融资的问题。积极拓展其他融资途径，打破当前单一融资的局面。在当前的政策环境下，积极学习国外先进经验技术，努力寻求与金融企业之间的合作，通过拓展自己的融资渠道，让项目获得充足的资金支持，缓解资金压力。除了银行之外，可以通过保险公司、基金公司、证券公司等渠道获得资金支持，用较少的自投资金获取较大的工程承包任务，努力将企业做大做强。可以和政府联合，建立专门的 PPP 项目基金吸纳社会上的闲置资金，在资金发生短缺的时候可以有项目基金快速补充。也可以将吸纳来的社会闲置资金的一部分归为 PPP 融资支持基金，工程建设和运营的资金主要还是来自银行，只有当项目承担者出现逾期或者当地政府发生失信行为导致银行或保险工资的资金无法及时偿还时，才会启动 PPP 基金里面的资产，这样可以提高银行的放贷意愿，调动银行发放贷款的积极性，使得整个工程建设和运营的过程有完整的资金链支持；产业投资基金、信托资金以及一些民间资本的引入都可以拓展融资的渠道，也可采用资产证券化等方式盘活存量，减轻政府的债务负担。对于一些发展前景较好的工程，可能前期的耗资较大，但是后期的社会收益也会比较乐观，针对这种工程企业可以通过适应性缺口补偿基金解决短期的资金不足。

第 9 章
建筑业高质量发展面临的机遇

当前,我国经济已由高速增长阶段转向高质量发展阶段,正处在转变发展方式、优化经济结构、转换增长动力的攻关期,社会主要矛盾已变为"人民日益增长的美好生活需要和不平衡不充分的发展之间的矛盾"。社会主要矛盾的变化,表明广大人民群众对物质文化的需求,如居住条件、基础设施、公共服务设施等,正在从温饱型向小康型转变,从数量型向质量型转变。创新、协调、绿色、开放、共享的五大新发展理念,要求建筑业必须走"绿色化、工业化、信息化""三位一体"协调发展、高质量发展之路,这些宏观经济和社会环境的变化也为建筑业高质量发展提供了难得的机遇。

高速增长时代的结束,就是高质量发展时代的开始。当前,随着全国经济下行压力的增大,固定资产投资增幅放缓,建筑业也呈现出增速放缓的状态,一些企业出现了亏损,面临着极大挑战。但是,我国经济长期向好的基本情况没有变,经济增速放缓为高质量发展提供了机遇。党的十八届五中全会指出,今后 5 年要在已经确定的全面建成小康社会目标要求的基础上,保持经济中高速增长,到 2020 年国内生产总值和城乡居民人均收入比 2010 年翻一番。"一带一路"战略规划的实施,带动了新一轮的投资热潮,这将给建筑业带来巨大的发展空间和新的发展机遇。装配式建筑、绿色建造、智能建造等新型建造方式的出现将推动建筑工业化发展步伐;同时,京津冀协同发展、支持东北振兴、推动长江经济带发展等将带来大量的区域性基础设施建设的投资。另外,以海绵城市建设、地下综合管廊和城乡危旧房改造及新农村建设等为代表的新一轮城乡基础设施建设改造将全面展开,这也为建筑业的发展带来新的机遇。

9.1 国家和区域发展战略蕴含巨量投资需求

新型城镇化、城市基础设施建设与改造等国家和区域发展战略为建筑业发展创造了巨大的需求和发展机遇。新型城镇化是我国经济社会发展的重要战略决策之一，也是我国经济发展的重要推动力之一。国家统计局数据显示，2017年末，我国城镇化率为58.52%。"十三五"规划纲要提出，到2020年我国城镇化率将达到60%，预计到2030年将达到70%左右。我国人口基数大，城镇化率每提升一个点，都意味着社会固定资产投资的巨大投入。2019年，我国城镇化进程的持续推进与快速发展，涉及大量基础设施、住宅建设、工业等领域的投资需求，这将给建筑业发展带来更广阔的市场。同时，区域发展、城镇化发展更强调绿色、宜居，高质量推进是首要任务，这也与建筑业深化改革的要求相契合。所以，能够跟上新型城镇化建设高质量发展需求的行业企业，发展空间依然巨大。

"十三五"时期，我国深入实施区域发展总体战略，以推动实施"一带一路"建设、京津冀协同发展、长江经济带建设三大战略为引领，构筑各地区比较优势充分发挥、各类要素有序自由流动和优化配置、地区间良性互动的区域发展格局。近年来，我国出台了多个区域规划和政策文件，涵盖东部、中部、西部各个地区。在国家政策的支持下，不同层级的新区域经济增长极不断涌现，长三角、珠三角、京津冀三大地区产业结构不断优化，东部沿海地区已完成新一轮战略布局，中西部地区也培育形成了成渝、关中—天水、中原经济区、皖江城市带等一批经济增长极。特别是2017年4月1日，中共中央、国务院决定设立雄安新区，将建设优质公共设施，建设绿色智慧新城，建成国际一流、绿色、现代、智慧城市，随着新区的规划接近尾声，一大批重点建设项目即将启动实施，这将给建筑企业带来大量的市场机遇。粤港澳大湾区规划即将出炉，将建成一个比肩世界一流湾区的大都会，基础设施与住宅建设将进一步扩容提升，其中蕴藏着巨量的建设需求。

城市基础设施建设处于高峰期。2017年5月，住房和城乡建设部、国家发展改革委联合发布《全国城市市政基础设施建设"十三五"规划》，提出到2020年，建成与小康社会相适应的布局合理、设施配套、功能完备、安全高效的现代化城市市政基础设施体系，基础设施对经济社会发展支撑能力显著增强。规划新增城市道路10.4万km，新增道路面积19.5亿m^2；加大轨道交通网络覆盖率，新增城市轨道交通运营里程3000km以上；结合道路建设与改造、新区建设、旧城更新、地下空间开发等，建设干线、支线地下综合管廊8000km以上等等。2017年3月，住房城乡建设部发布《关于加强生态修复城市修补工作的指导意见》，涉及水体治理和修复、改造老旧小区、改善出行条件等，这将涉及大量建筑类工程，形成新的巨大市场。基础建设投资平稳增长，为轨道交通、铁路、市政等建筑企业带来更多发展空间，促进建筑企业业绩稳定增长。2018年下半年，基建补短板政策不断加码，基建等投资政策不断细化，可执行性进一步增强。根据发改委发布的《2018年全国固定资产投资发展趋势监测报告及2019年投资形势展望》，全国投资项目在线审批监管平台数据显示，2018年全国拟建项目（指已经办理审批、核准或备案手续的项目）数量增势较好，同比增长 15.5%，为 2019 年投资平稳运行提供坚实的项目储备基础。初步预计 2019 年我国固定资产投资运行将呈现企稳态势，中高端制造业、现代服务业投资成为主要拉动力，基础设施投资增长情况略有好转，中西部投资增速继续领先。

9.2 "一带一路"为建筑业"走出去"提供平台

十九大报告指出，推动形成全面开发新格局，要以"一带一路"建设为重点，坚持引进来和走出去并重，遵循共商共建共享原则，加强创新能力开放合作，形成陆海内外联动、东西双向互济的开放格局。自 2013 年"一带一路"倡议首次提出以来，已经为我国企业的海外投资创造了巨大的发展机遇。经过近 6 年的不懈努力，"一带一路"已完成了夯基垒台、立柱架梁的阶段，现已转入落地生根、开花结果的全面推进阶段，建筑行业迎来重大合作机遇。经过不断拓展，我国建筑业的国际竞争力、影响力、合作吸引力逐步提高。据统计，仅 2017 年，我国与"一带一路"沿线国家贸易额达 9830 亿美元，同比增长 15.4%。我国企业共对"一带一路"沿线的 58 个国家进行了非金融类直接投资 112 亿美元，主要流向新加坡、马来西亚、老挝、印尼、巴基斯坦、俄罗斯、越南等国家地区。对外承包工程方面，我国企业在"一带一路"沿线 61 个国家新签对外承包工程项目合同 6032 份，新签合同额 1217 亿美元，占同期我国对外承包工程新签合同额的 55.4%，同比增长 21%；完成营业额 575.2 亿美元，占同期总额的 48.5%，同比增长 9.1%。自 2013 年提出至今，"一带一路"倡议已得到为数众多的国家和地区的积极支持，多个国家与我国签署跨国或跨区域合作协议。《中共中央关于全面深化改革若干重大问题的决定》提出，"推进丝绸之路经济带、海上丝绸之路建设，形成全方位开放新格局"。"一带一路"发展战略是党中央、国务院根据全球形势变化，统筹国际国内两个大局做出的重大战略决策，是新形势下推动我国经济增长的重要动力，使我国与沿线国家合作更加紧密，往来更加便利、利益更加融合，将给我国建筑企业"走出去"与我国经济进一步融入全球经济找到新的突破口与增长点。

近年来，受经济大环境的影响，我国建筑业产值的绝对值和增长情况有所放缓，"一带一路"战略的适时出台为国内建筑业带来了新的希望和机遇。"一带一路"为建筑企业打开了海外的建筑市场，不仅可以承揽国际市场的基础设施和房建工程业务，还可以带动材料和成套设备的出口。伴随我国"一带一路"战略的推进，建筑业国际化的战略布局也在紧锣密鼓地进行。从建筑业的角度来看，我国企业"走出去"大概有三个阶段：第一阶段是输出劳务，这个阶段有将近二十年的历史。第二阶段是在 20 世纪 90 年代中后期，不仅输出劳务，还输出设备材料。这一时期国内的制造业达到了一定水准，能够用符合国外标准的原材料，按照国外的制造标准生产出符合国外标准的产品。第三个阶段是输出资本，这是我国综合实力提高的表现。对于我国建筑企业而言，在原有海外市场布局的基础上，"一带一路"为建筑企业拓展海外业务提供了新的市场机会。

"一带一路"沿线发展中国家进入工业化加速阶段，在基础设施互联互通、产业投资等领域的发展需求不断释放，将催生出巨大的国际合作潜力，为中国建筑业创造更加广阔的空间。2017年5月在北京召开的"一带一路"国际合作高峰论坛，提出了加大项目合作、加大资金支持等多项新举措，取得了一系列成果，对深入推进"一带一路"建设具有重要推动作用。2019年，"一带一路"沿线的互联互通项目优先发展，建筑企业"走出去"面临良好机遇。随着全球基础设施需求呈爆发式增长，我国建筑企业也将借此机会不断扩大海外市场份额，不断加快全球化的步伐，并成为建筑业新的增长点。经济全球化的不断深入、全球范围内产业结构的调整，进一步增强建筑企业利用国际资源、优化资源配置、拓展发展空间的能力，这是实现国家和社会全面发展、不断提高企业经济整体素质和国际竞争力的重要手段。建筑行业也应该顺应时代潮流，把握风向，按照国家"供给侧改革"和"一带一路"战略的思路，大力推进建筑工业化，从资金、品牌、管理等方面促进建筑企业改革，最终实现行业和企业的可持续发展。

9.3 产业转型升级为建筑业高质量发展提供宝贵机遇

当前及今后的一个时期是我国新型工业化、信息化、城镇化、现代化良性互动、协同发展的战略机遇期。全面促进和加快实现建筑产业现代化，其转型升级的目标是建筑产业工业化，转型升级的基本途径是高质量发展，高质量发展为建筑产业转型升级和产业现代化提供了宝贵的发展机遇。

现代建筑业与传统建筑业的区别在于：现代建筑业更加强调以知识和技术为投入元素，即应用现代建造技术、现代生产组织系统和现代管理理念所进行的以现代集成建造为特征、知识密集为特色、高效施工为特点的技术含量高、附加值大、产业链长的产业组织体系。实现建筑产业的高质量发展，需要大力推进建筑生产方式的深层次变革，强调建筑产品生产的全生命期集成化。建筑产品的生成涉及多个阶段、多个过程和众多的利益相关方。建筑产业链的集成，在建筑产品生产的组织形式上，需要依托工程总承包管理体制的有效运行。提倡用现代工业化的生产方式建造建筑产品，彻底改变目前传统的以现场手工作业为主的施工方法。在产业现代化发展的进程中，装配式建筑、绿色建造等新型建造方式成为推动产业结构调整、推动产业现代化发展的重要力量。

2006年，住房城乡建设部出台基地管理办法，明确以试点城市、基地企业

"双轮驱动"推进装配式建筑发展。发展装配式建筑有利于建筑业节约资源能源、减少施工污染、提升劳动生产率和质量安全水平，有利于促进建筑业与信息化工业化深度融合、发展新产业、培育新动能。通过装配式建筑技术体系的研发和推广，形成一批关键核心技术。装配式建筑采用系统化设计、模块化拆分、工厂制造、现场装配，能将制造业技术模式、社会化大生产组织模式和现代信息技术加以融合，是工业化建筑的主体，是工业化程度较高的建筑。而建筑工业化发展状况直接关系到国家现代化的进程。

21世纪以来，装配式建筑在生产方式、结构体系、科技含量、建筑品质和市场定位等方面被赋予新的内容，步入快速健康发展轨道。《中共中央国务院关于进一步加强城市规划建筑管理工作的若干意见》中明确提出"全面推进装配式建筑发展"。这些年，建筑工业化进程取得显著进展，但与国家工业化整体进入中后期阶段的现实、信息化日新月异的变化、城镇化快速推进的局面相比，仍然明显滞后，仍然是党的十八大报告提出的"五位一体"现代化战略布局中较为薄弱的环节。因此，《国家新型城镇化规划（2014~2020）》明确提出"强力推进建筑工业化"要求，中央领导同志也多次批示加快推进建筑产业现代化法规政策标准的研究，主要目的就是要发展装配式建筑，补上建筑业生产方式同步改革的"短板"，加快建筑工业化进程。

目前，全国已批和待批的装配式建筑试点城市10个，装配式建筑基地企业54家。同时，评定了300多个国家康居示范工程项目，对近400个项目进行了性能认定，一大批建筑部品产品获得认证标识。依托大批示范项目，试点城市、基地企业在政策创新、技术体系完善、产业链建设等方面进行了卓有成效的探索，发挥了很好的示范带头作用。越来越多的城市和企业积极申请成为试点城市和基地企业。新的城市和企业不断加入，为发展装配式建筑不断注入新的活力。全国范围内装配式建筑区域化布局、规模化生产、产业化经营、社会化服务的格局正在加快形成。

为推动装配式建筑健康有序发展，各级政府积极探索装配式建筑引导激励政策，已有30多个省市出台推进装配式建筑发展的指导意见和配套行政措施，政策和措施激励主要体现在6个方面：一是在土地出让环节明确装配式建筑面积的比例要求；二是采用科技创新专项资金扶持、优先返还墙改基金和散装水泥基金等财政补贴方式，支持装配式建筑试点项目；三是采用将成本同步列入建设项目总成本，或在商品房预销售环节给予支持等方式，对装配式建筑项目予以优惠鼓励；四是通过税收金融政策予以扶持。如将构配件生产企业纳入高新技术产业，享受相关财税优惠政策等；五是鼓励发展成品住宅，推进一次装修到位或菜单式装修；六是以政府投资工程为主，大力推进装配式建筑试点项目建设。这些政策措施有力促进了项目落地实施。2017年装配式建筑新开工面积已达8000多

万 m^2，占新开工建设规模的比例已超过 10%，装配式建筑呈现出前所未有的良好发展态势。住房城乡建设部《建筑产业现代化发展纲要》明确提出，到 2020 年，装配式建筑占新建建筑的比例在 20% 以上，直辖市、计划单列市、省会城市的比例在 30% 以上，保障性安居工程装配式建造比例达到 40% 以上，到 2025 年，装配式建筑占新建建筑的比例在 50% 以上。各地政府积极响应国家号召，不断加码支持政策。未来几年装配式建筑将步入黄金发展期。按照生态文明建设的总体要求，主动适应新常态，积极引领新发展，全面推进装配式建筑跨越式发展。

在新的经济发展环境下，我国经济增长将从高速转向中高速，在出现许多积极变化的同时，隐性风险会逐步显现，经济下行压力加大，亟待建筑业提供更加强劲的发展动力。发展装配式建筑可以催生众多新型产业，推动建筑产业转型升级。装配式建筑包括木结构建筑、钢结构建筑、混凝土结构建筑、混合结构建筑等，量大面广，产业链条长，产业分支众多。发展装配式建筑能够催生包括部品部件生产企业、专用设备生产企业等众多新型产业，促进产业再造和增加就业，拉长、加粗产业链条，带动企业专业化、精细化发展。

9.4 新技术创新应用助推建筑业向现代化迈进

近年来信息产业的发展和新技术的不断涌现及应用，给各个行业尤其是制造业带来了根本性的变革。作为传统行业的建筑业，相比其他工业门类发展缓慢，工业化信息化程度较低，存在生产方式粗放、劳动效率低下、高耗能、高污染等问题。但这一方面也表明，建筑业通过技术进步提升生产方式转型升级的发展空间巨大。这要求建筑业以技术创新为驱动，进一步推进建筑产业现代化，装配式建造、绿色建造等新型建造方式的推广和应用，也将为建筑业现代化发展和高质量发展提供巨大的动力；加快推进以 BIM 和互联网技术为主的集成应用，实现项目全生命周期数据共享和信息化管理；加快先进建造设备、智能设备的研发、制造和推广应用，限制和淘汰落后危险的工艺工法；发挥标准引领作用，提升完善工程建设标准，加强与科技研发沟通结合，与国际先进标准衔接。建筑信息模型（BIM）、云计算、大数据、物联网、移动互联网、人工智能及 3D 打印等技术创新和应用，对建筑本身及建筑业产生广泛而深刻的冲击和影响，成为推动建筑业科技进步和转型升级的重要力量，将大幅提高工程项目精细化管理水平和效率效益，带动建筑业由要素驱动、投资驱动向创新驱动进行转型。

9.4.1 绿色建造

绿色低碳循环发展，是世界的潮流、国家的要求，也是建筑行业和企业可持续发展的必然追求。绿色建造是一种国际通用的建造模式，是基于国家和社会的整体利益，着眼于微观项目实施控制的一种先进方法，是实现建筑品质提升、促进建筑业可持续发展、实现中国建筑与国际接轨、推动建筑企业国际化经营的建造模式。

第一，绿色建造有利于实现资源和能源的高效利用。传统的工程承包模式中，施工图是设计单位的最终技术产品，与施工单位主导的施工过程是分离的。绿色建造将施工图设计和施工过程进行有机结合，但不是简单叠加，它能够促使工程承包商立足于工程总体角度，从施工图设计、材料选择、楼宇设备选型、施工方法、工程造价等方面进行全面统筹，有利于工程项目综合效益的提高。同时，绿色建造要求工程承包商通过科学管理和技术进步，制定节能措施，采用高效节能的机械设备和绿色性能好的建筑材料，改进施工工艺，最大限度利用场地资源，增加对可再生能源的利用程度，加强建筑废弃物的回收利用，从而提高工程建造过程的能源利用效率，减少资源消耗，实现"四节一环保"。

第二，绿色建造要求承包商对绿色建筑负主要责任，有利于建筑产品质量责任的明晰。绿色建筑的形成，是各方共同努力的结果，需要策划、规划、设计、施工、运营、物业等均实现绿色。绿色建造将施工图绿色设计和绿色施工有效结合起来，其实质是将工程建设中关联相对紧密的两个重要环节的主体责任均集中于工程总承包企业，使工程建设的质量责任主体更加清晰。反映在绿色理念的推进上，承包商不仅对施工过程绿色化负有实质责任，而且还对绿色建筑形成起到重要作用。

第三，绿色建造是建筑业实现可持续发展、促使环境治理的需要。建筑业是一个资源消耗较高、环境影响较大、工业化水平不高的产业。目前，我国建筑业消耗了40%的能源和资源、全国45%的水泥、50%以上的钢材，造成的建筑垃圾占全社会垃圾总量的40%左右。绿色建造强调工程建设过程中最大限度地减小对场地和环境的影响，严格控制污染，是一种把质量保证、资源高效利用和环境保护作为核心指标，注重建设过程与环境友好的建造模式，有利于建筑业可持续发展和环境治理与保护。

第四，绿色建造是我国建筑业与国际接轨，走向国际市场的必要条件。当前，"低碳经济""可持续发展"已成为国际共识，欧美发达国家已经把绿色环保纳入市场准入的考核指标。美国建造者和承包商协会推出的绿色承包商认证，其评审内容不仅包括承包商承建LEED项目情况，还涵盖承包商绿色建造与企业绿色管理情况。这些无形中形成的绿色壁垒，给我国建筑企业的国际化造成了影响，使我国建筑企业在争夺国际市场时面临更大的压力和挑战。因此，推行绿色建造，建造绿色建筑产品，提升建筑企业绿色建造能力，是打破发达国家绿色贸易壁垒，使我国建筑业与国际接轨，进入国际市场、赢得国际竞争的必要条件。

9.4.2 装配式建造

走"建筑设计标准化、构件部品生产工厂化、建造施工装配化和生产经营信息化"的新型建筑工业化之路，是现代建筑业发展的方向。近几年，国家大力推行装配式建筑，出台了一系列政策，《中共中央国务院关于进一步加强城市规划建设管理工作的若干意见》指出，要大力推广装配式建筑，减少建筑垃圾和扬尘污染，缩短建造工期，提升工程质量。要求"力争在10年左右时间，使装配式建筑占新建建筑的比例达到30%"。2018年2月，《装配式建筑评价标准》GB/T 51129—2017作为国家标准正式实施，标志着装配式建筑将从试点示范走向全面推广阶段，未来几年，装配式建筑发展将提速发展。发展装配式建筑涉及标准化设计、部品部件生产、现场装配、工程施工、质量监管等，构成要素包括技术体系、设计方法、施工组织、产品运输、施工管理、人员培训等。装配式建筑系统化设计、模块化拆分、工厂化制造、现场装配、信息化监控的建造方式，会"倒逼"诸环节、诸要素摆脱低效率、高消耗的粗放建造模式，走依靠科技进步、提高劳动者素质、创新管理模式、内涵式、集约式发展道路。通过生产方式转型升级，减轻劳动强度，提升生产效率和全面提升建筑工业化发展水平。装配式建筑能够彻底转变以往建造技术水平不高、科技含量较低、单纯拼劳动力成本的竞争模式，将工业化生产和建造过程与信息化紧密结合，应用大量新技术、新材料、新设备，强调科技进步和管理模式创新，注重提升劳动者素质，注重塑造企业品牌和形象，以此形成企业的核心竞争力和先发优势。同时，与装配式建筑天然相关的是工程总承包模式、工程咨询先期介入、大资金全过程运作，而这些正是国内企业在国际市场竞争中的"短板"。发展装配式建筑将促进企业依靠工程总承包业务带动国产设备、材料的出口，在参与经济全球化竞争的过程中取得先机，为调结构、转方式赢得时间和战略机遇。装配式建筑技术的应用提高了住宅质量性能和品质，提升了整体节能减排效果，带动了工程建设科技水平的提升。同时，《装配式混凝土结构技术规程》JGJ 1—2014已于2014年正式执行，工业化建筑评价标准、预制装配式混凝土结构技术导则等正在编制或已进入待审阶段。涉及钢结构、木结构建筑的标准规范也在逐步健全。各地方出台了多项地方标准和技术文件，北京、上海、深圳、沈阳等地方针对装配式建筑设计、施工、质量验收以及模数协调等内容，分别出台10多项地方性标准、导则和技术管理文件，为装配式建筑发展提供了技术支撑。

9.4.3 BIM技术

"十三五"规划中提出了建设新型智慧城市的新要求和新目标，实现信息化、工业化与城镇化深度融合，构建一种城市可持续创新生态。如果将CAD（计算机辅助设计）技术的应用视为工程设计的第一次革命，BIM技术的实现则是在互联网时代，利用大数据进行的第二次工业设计革命。过去30余年期间，中国作为世界上基础设施发展最快、建设体量最大、最集中的地区，是全球工程建设最大的需求市场。为顺应国家大数据战略构建以数据为关键要素的数字经济，作为国民经济支柱产业的建筑业，其数字化转型已经刻不容缓，而 BIM 技术作为一个多元多维度应用的开放式平台，通过先进的信息化手段，将建筑业业务流程和表达建筑物本身的信息更好地收集起来，能有效提高城市的管理效率、节约资源，推动信息化与工业化深度融合，支撑城市的规划、建设，促进城市可持续发展，为建筑业赋予了全新的活力。建筑绿色化、工业化和信息化的三化融合将成为必然趋势。

近年来，BIM（建筑信息模型）技术作为建筑信息化的新型技术，在我国建筑领域的应用正逐步兴起，但是 BIM 在发展中还普遍存在着一些问题和认识误区，如：项目应用中各专业和各阶段信息未能共享，条块化严重难以整合；BIM 还停留在一些点状的应用层面，如可视化展示、碰撞检查、虚拟仿真等；BIM 应用的深度不够，一线专业人员缺乏使用动力，未能给企业带来真正价值。目前，BIM 技术在设计和施工方面的应用主要是碰撞检查、减少返工；模拟施工、多方协同；三维渲染、宣传展示。在运维阶段的应用主要是空间管理、设施管理、隐蔽工程管理、应急管理、节能减排管理。通过 BIM 技术的可视化、参数化、智能化，可以检查各专业间的设计冲突，在施工前进行多方位、多角度的考量及修改。BIM 技术作为信息记录的最佳手段，它的技术优势更是体现在建筑全生命期的信息集成性，只有通过多专业、多阶段的集成应用才能发挥出 BIM 的更大价值。

BIM 技术的应用潜力将在四个方面推动建筑业现代化进程。

首先，BIM 技术将实现工程建设的各相关方的数据共享和协同。在设计阶段主要体现在多专业的协同设计，通过 BIM 平台集成各专业设计成果，提供多专业协同设计模式，消除信息孤岛。通过模型参照、互提资料、变更提醒、消息通信、版本记录、版本比对等功能，强化专业间协作、消除错漏碰缺、提高设计效率和质量。多专业数据应通过数据库存储来避免数据过大时的模型拆解，通过模型轻量化实现互联网、移动设备和虚拟现实设备的应用。

其次，BIM 技术有助于工程项目全生命期信息的集中管理。通过 BIM 技术与工程项目 EPC 建造模式相结合，对工程建设的设计、采购、施工、试运行各阶段的信息进行统一管理。通过建立基于 BIM 的项目总控中心，使建筑信息在项目建设的各阶段逐步丰富；通过满足应用需求的交付标准使信息传递更有效，避免重复性工作，带来整体效益的提升。在建设周期中的各个阶段，建设方提交给审图部门的不仅是各阶段施工图，而是具备更完备信息的 BIM 模型，为当前各地逐步推广的 BIM 数字化报建审批创造条件。项目竣工后，建设方将在给业主提供实体建筑的同时，还能提供一个集成全部信息的虚拟建筑 BIM 模型，用于业主后期的运维管理。

BIM 技术在专业领域的深度应用将有效提高建造效率和工程质量，助推建筑产业链整合提升。这其中最典型的是"BIM+装配式建筑"。装配式建筑作为实现建筑工业化的主要途径之一，是集成了标准化设计、工业化生产、机械化安装、信息化管理、一体化装修、智能化应用的现代化建造方式，BIM 是装配式建筑体系中的关键技术和最佳平台。利用 BIM 技术建立装配式部品部件库，可使装配式设计标准化；利用 BIM 建立集成 BIM 模型，进行各专业协同设计、抗震分析、管线预留预埋、钢筋避让、自动出图，可从整体提高设计效率和精度；通过 BIM 指导生产，可以精确地把握构配件特征，BIM 数据直接接力生产设备，可使生产进度和质量大为提高；施工过程中通过 BIM 指导构件的装配位置、装配顺序，利用拼装校验技术与智能安装技术指导施工，优化施工工艺，可有效提高建造效率和工程质量。总之，利用 BIM 技术在装配式建筑全流程的应用将给装配式建筑的全产业链带来全面提升。

将 BIM 从工程项目的应用向更广阔的城市范畴发展。随着我国数字城市建设的逐步展开，以往单纯依托 GIS（地理信息系统）平台的城市管理已不能满足精细化管理的要求。数字城市越来越需要拥抱 BIM 来获得海量的建筑设施数据，GIS+BIM 将形成更大范围的城市信息模型（CIM）。同时，BIM 将为数字城市中各类应用提供基础数据平台，可保证随时、随地地调取与分析数据。通过融合物联网、大数据、云计算、5G 移动互联、人工智能等新技术的城市管理平台，将为城市提供全方位的智能服务，实现城市的智慧管理和运行。当然，实现数字城市的前提是以数字建筑为基础，即工程建设阶段的数字化建造和报建，政府主管部门也要采用 BIM 数字化审批和归档。面向数字城市的 BIM 模型也应转换为自主可控的数据格式记录，以保证国土资源的数据安全。

我国的 BIM 应用虽然刚刚起步，但其发展迅速。各地政府对于 BIM 技术的重视程度逐年递增，多省相继出台 BIM 标准、BIM 收费标准；交通运输部出台《关于推进公路水运工程 BIM 技术应用的指导意见》；"中国 BIM 认证体系"正式发布；以 BIM 为核心的 CIM 技术发展时机成熟。以 BIM 为基础并融合新技术的信息技术集成应用能力，将使建筑业数字化、网络化、智能化取得突破性进展，助推建筑行业高质量发展、建筑企业转型升级、效率提升。

9.4.4 3D 打印技术

为推动建筑行业实现新的飞跃，近年来我国先后出台了多项政策予以大力支持。早在 2015 年，我国政府就发布了"中国制造 2025"倡议，3D 打印技术成为了该倡议发展目标的重要推动者。2017 年，多部委联合发布的《增材制造产业发展行动计划（2017-2020 年）》，再次为 3D 打印建筑行业的未来发展指明了方向。中国建筑行业在向着集成式、精细化、高效化方向转型升级过程中，要着重发展具有突破性和创新性的 3D 打印等前沿技术，并结合多种数字建造技术构建全新的建筑产业体系。

在政策引导下，建筑领域的 3D 打印企业不断增多，许多高品质的 3D 打印设备也加快被研制出来，并应用于 3D 打印建筑的过程中。从目前来看，3D 打印技术主要应用于建筑设计领域，3D 打印技术的出现，为建筑师设计和建造动态、复杂的建筑提供了强大的技术手段。以往建筑设计师只能凭空想象建筑所呈现出来的整体效果，缺乏可供参考的立体模型。在采用 3D 打印技术后，建筑设计师可将设计构想或草图变为触手可得的实物。这样做，不仅能节约制造建筑模型所用的时间、降低成本、提升建筑材料的利用率，还能便于建筑设计师进一步检测建筑设计的合理性，从而最大限度保证建筑的安全性和可用性。除此之外，借助 3D 打印建筑模型，设计师能够更好地与客户、施工方沟通设计理念，并测试建筑实施的实际可行性。在实际的操作过程中，很少有客户能一眼看懂建筑设计图纸，自然也就无法凭空想象建筑立体效果。设计师 3D 打印建筑模型后，就可以为客户直观呈现设计效果，并精准把握客户个人喜好或者实际使用需求，避免无效沟通。目前，基于 3D 打印在多样化、复杂化建筑快速精准成型方面的诸多优势，该技术已经被广泛用于建筑设计、建筑学术交流、建筑模型（沙盘）等多个领域。由于受材料等因素限制，国内目前更多地还是将 3D 打印运用在大型建筑的主体设计层面，以此帮助设计师实现创意构想。

从目前来看，3D 打印技术远远未能发挥出其技术应用潜力，该技术在设计、施工、节能降耗等领域均有广阔的应用前景。建筑 3D 打印有利于缩短工期、降低劳动强度。近年来建筑业的薪酬不断看涨，这两年来，北京、上海、广州等地一些建筑工人年收入超过 10 万元。在我国逐步步入老龄化时代、劳动力越来越紧张、人力成本越来越高的形势下，劳动密集型的建筑业发展面临巨大挑战。建筑 3D 打印，以信息化和机械化为技术手段，可在 24h 内"打印"出 10 栋 $200m^2$ 的建筑，缩短工期 70%，节约人工 80%，很大程度上缩小了对劳动力的依赖，也在很大程度上降低建筑工人的劳动强度，改善了工作环境，提高了工作效率。建筑 3D 打印有利于减少资源和能源消耗，我国建筑能耗的总量逐年上升，在能源总消费量中所占的比例已从 20 世纪 70 年代末的 10%，上升到 27.45%。住房和城乡建设部科技司研究表明，随着城市化进程的加快和人民生活质量的改善，我国建筑耗能比例最终还将上升至 35% 左右。如此大的比重，使得建筑耗能已经成为我国经济发展的软肋。建筑 3D 打印可以充分利用打印智能控制，使建筑一次成型，可节约材料 60%，同时可减少建造过程中的工艺损耗和能源消耗。建筑 3D 打印有利于我国新型城镇化实现。中共"十八大"和《中共中央关于全面深化改革若干重大问题的决定》等均对我国新型城镇化提出了明确要求，要体现生态文明、绿色、低碳、节约等要求，将生态文明理念融入城镇化进程。

建筑3D打印能打印出各种房型及装饰构件，让建筑的艺术性通过3D打印技术一次实现；对各种特殊设计结构、空间结构、研发性产品、单一样品具有比常规施工技术更明显的优势；同时可有效改善施工粉尘和噪声影响，避免了环境污染；可有效促进我国新型城镇化的实现。建筑3D打印可以提高垃圾再生利用率、降低能源消耗、提高建造效率、降低劳动强度和成本；建筑3D打印的广泛推广将彻底改变现行建造方式，推动建筑产业的转型升级、促进我国新型城镇化的实现。

第10章

促进我国建筑业高质量发展的举措

10.1 优化产业组织结构，整合完善全产业链条

根据产业组织理论，结合我国建筑业的特点，未来建筑业企业结构改革调整应注意以下几个方面：逐步建立有效竞争的分层次企业结构。企业结构的规模形态为大型、中型、小型企业；服务形态为总承包、专业承包和劳务分包；组织形态是管理密集型、技术密集型、劳动密集型；三层次结构的市场行为是企业通过总包、承包、分包体系分工协作又进行有序、有效的分层竞争。

从市场结构分析多层次企业结构模式，应是规模经济与竞争兼容的垄断竞争型市场结构。建筑市场将主要由一些生产集中度和市场占有率很高的建筑业大型企业或集团构成。这些大企业基本占垄断地位，成为建筑业的寡头，是具有突出实力的企业。在这些企业集团的带动下，形成大中小企业，按照一定的分工协作进入市场，既能产生规模经济，又能与中小企业协作。建筑业市场集中度应达到10%左右。

从市场行为分析，多层次企业结构模式，应是逐步形成以大中小型企业分别为总包、承包、分包模式的市场结构，在政府的监管与政策的指导下，企业之间既有竞争又有协作，形成排同联异的竞争特征，即同层次企业之间相互排斥、竞争；不同层次间企业展开联合协作。企业的价格行为将趋向正常合理化，在价格竞争存在的同时，企业间非价格竞争将呈现多样化，如技术进步、技术创新，管理创新等，将成为企业间竞争的主要手段，建筑业进入以追求工程质量和服务为目标的良性、有序、高效的竞争。

从企业组织结构分析三层次企业结构模式，应是逐步形成大、中型企业数量比例较小，小企业比例很大的塔型结构。以大型企业为核心，中、小型企业专业化分工协作的分层竞争结构。形成专业化竞争，而不是大、中、小企业不分层次的无序竞争。大型企业以管理、技术、资金为经营基础，形成管理密集型企业，

重点作总承包角色；而中型企业要向特色化、专业化、精细化发展，形成技术密集型企业，经营方式是主要围绕大型企业或集团，在专业承包层次上展开竞争；小型企业主要是专业分包和劳务分包企业，经营方式是围绕中型企业，形成劳动密集型企业。

从建筑业产业链的角度来讲，建筑产业现代化是全产业链的现代化，相关产业包括以投资、集成应用为主的房地产开发业，提供标准化设计的建筑规划设计业，提供部品构配件工厂化生产的装配制造业，从事部品运输的物流运输行业，以建筑工业化为核心的建筑施工业，从事装饰装修的装修行业以及提供管理维护的物业管理行业，以及整条产业链的整合、更新以及升级。

1. 标准化。设计的标准化是建筑产业现代化最基本的特征。由规划设计企业对部品构件进行标准化设计，设计出统一规范标准和模数的部品构配件，用于预制部品构配件的规模化生产。并且通过标准化生产出来的构配件经过后期处理可以适用于不同产业化建设项目，提高了生产效率。同时大批量的流水生产也提高了预制部品构配件的可持续使用性。

2. 工业化。流水线式的规模化生产部品构配件替代了传统建筑产业中以现场手工、湿作业为主的作坊式生产方式，将 PC 技术应用于预制构配件的拼装，将工业化生产出来的部品通过专业的物流运输企业运输至施工现场，以装配式作业代替传统浇筑作业，将先进的技术、现代化的管理方式以及具有专业知识的产业工人作为支撑，实现建筑产业的工业化。

3. 集成化。通过对全产业链条的更新升级和整合，使得产业链结构日益完整、资源配置水平逐渐提高、产业组织之间达到最大程度协同、生产力和产业布局逐步合理，同时集成建筑产品开发-设计-生产-运输-施工-运营等各部分环节一体化。集成化生产可以降低建造成本并提高运行效率，从而提高建筑产业的经济效益。

4. 信息化。建筑企业利用先进的信息技术来建立自身的信息管理系统进行辅助管理。通过应用 BIM 技术、智能化操作技术、物联网技术等来建立促进现代化建筑产业发展所需要的信息平台，引入信息化手段可以促进运行机制的高效运作，同时发挥现代化生产的规模效应。

5. 绿色化。建筑产业现代化追求的就是绿色环保的建造过程和为社会提供绿色建筑产品，在建筑部品的生产和使用过程中集约化利用社会资源、最大程度降低对环境的不良影响，努力创建环境友好型产业。

完整的建筑产业链不止包含了建筑业，还包括研发、设计、咨询等服务性企业，在我国产业的分类方式中，将建筑业划分在第二产业，将与建筑有关的设计、勘察等作为服务性行业划分进第三产业，这一划分造成了建筑产业价值链的分割，加剧了行业内的竞争。为了营造良好、健康的市场环境和政策环境，政府应当制定有利于建筑业积极创新的财政政策、知识产权保护政策、专项资金扶持政策，创造自由平等的市场环境，建立市场竞争机制，保护创新主体的积极性，并立足供给侧改革重组产业链，以建筑业的核心竞争力为支点进行产业重组，通过信息化平台探索新的合作发展模式，矫正资源配置，深化国有企业改革，混合所有制企业，重视外资企业，调整产业结构，优化建筑企业规模效率，以产业创新推动产业发展，提升产业产值。

10.2 加快培育建筑产业工人队伍

目前，国内的建筑业工人主要以未经过系统培训的农民工为主，无论是社会还是企业，对其职业生涯发展、个人素质提升的关注都较少。比如对工人技术水平的评定不够科学、合理；高素质技术工人在城市落户、社会福利等方面的政策措施难以落地；对工人的技术培训体系不健全。随着国内"人口红利"和低成本劳动力优势的减弱，这些问题将更加凸显。产品和服务是由从事产品和服务工作的人创造的，没有一支高素质的产业工人队伍就不可能走高质量发展之路。一支高素质、适应现代化发展的产业工人队伍，是要经过长期培养养成的，并且还必须建立起一套运行有效的长效机制。所以，走建筑工人产业化发展之路是一种必然选择。

一是改革建筑用工制度。要建立施工总承包企业自有工人为骨干、专业承包和专业作业企业自有工人为主体、劳务派遣为补充的多元化用工制度，尤其鼓励组建小微专业作业企业，加快农民工转化为建筑业产业工人，实现建筑工人技能化、专业化、职业化的目标。建立多元化的建筑用工方式，充分发挥施工总承包企业在推动建筑产业骨干工人队伍建设和引领施工劳务企业成长中的积极作用，发挥领导施工劳务企业成长中的积极作用，提倡施工总承包企业采用自有劳务人员、劳务分包或劳务派出等多种方式完成劳务作业，而不再只限于通过劳务分包完成劳务作业；专业承包企业应独立完成所承包的工程业务，不得将劳务作业进行分包；施工劳务企业只能依法承接施工总承包企业发包的劳务作业，并组织自有劳务人员完成作业。在我国建筑业企业组织结构框架中施工总承包企业、专业承包企业、施工劳务企业之间保持必要的社会专业分工与合作，施工总承包企业在建筑行业处于领导地位，具备先进的机械设备，高素质的专业人才以及现代企业管理理念。而广大的农民工从一无所知到成为一个合格的基层岗位作业人员，需要花费大量的心血去培养。因此，应当鼓励施工总承包企业发展一批拥有一流技术工人、机具设备齐全、加工制作能力较强的新型专业化劳务企业，成为工程劳务分包的合格市场主体。在这一过程中，施工总承包企业承担着建筑产业工人队伍建设的责任和义务。此外，当施工劳务公司从施工总承包企业那里承接劳务分包业务时，施工总承包企业应当加强对施工劳务企业的业务管理。通过严格管理，促使施工劳务企业管理素质和技术工人操作水平不断提高。主要包括：一是严格评价施工劳务队伍能力。总承包企业对施工劳务队伍的能力评估，要从保证工期、工程质量、安全管理、现场文明施工的技术能力、管理水平、人员素质等方面全方位考察、调研、认证，以此引导施工劳务企业的能力提升。

二是完善建筑工人用工管理制度。首先应完善建筑工人劳动合同，制定统一的建筑业简易劳动合同示范文本。建议住房和城乡建设部牵头制定统一的建筑业简易劳动合同示范文本。简易合同示范文本应包括以下内容：为从源头减少工资纠纷隐患，应该结合当前建筑业的用工特点提供多种工资约定方式；为进一步加强建筑行业劳务用工的实名制管理以便提升建筑企业合法用工意识，简易劳动合同示范文本应涵盖用工双方当事人的基本信息；为引导建筑企业与劳动者建立长期稳定的雇佣关系，应实行多种方式的劳动合同期限制度，将以完成一定工作任务作为双方约定劳动合同期限的首选，增加了无固定期限劳动合同形式供双方选择；为提升劳动者依法维权意识及维权能力，应增加标准工作条款，减少因工作标准约定不明导致的纠纷；为在一定程度上加快建筑业农民工转化为产业工人的进程，应加快劳务用工的社会保险和福利待遇相关条款的制定。在合同条款中明确双方应按照有关规定参加社会保险，建筑企业应为从事危险作业的劳动者办理意外伤害保险；最后，为提升建筑工人职业技能水平，简易劳动合同示范文本需细化职业培训条款，明确培训内容。行政部门应动态检查简易劳动合同签订情况，强化建筑工人劳动合同签订情况的监察执法，在畅通举报投诉渠道、严格执行动态检查及开展日常巡视检查的基础上，主管部门需要开展简易劳动合同范本执行情况的专项检查，核实简易劳动合同签订情况，促进简易劳动合同的推广，立法保障简易劳动合同的法律效力。明确适度的立法是推进简易劳动合同示范文本的关键之一，需要通过立法赋予简易劳动合同范本相应的法定意义与应用范围，同时健全劳动合同示范文本法律效力和刑事司法衔接机制。

其次要完善建筑工人薪酬制度。"薪酬总付一体化"制度是目前完善建筑工人薪酬制度的主流意见。全费用工资是指建筑业产业工人薪酬结构为"基本工资＋奖金＋保险＋福利＋津贴"。同时，结合目前建筑业的实际情况，需建立以个人为单位的强制劳动保险制度。由个人购买保险，劳动期间的保险费用包干于全费用工资，工人进场上岗前，需提供包括但不限于资格认证、各类保险购买凭证。一是加大对建筑企业与雇佣的农民工之间签订劳动用工合同的监督，落实用工合同的履行，建立职工名册和劳动用工备案制度。二是全面实行农民工实名制管理制度，坚持施工企业与农民工先签订劳动合同后进场施工，充分运用互联网技术，实现施工现场农民工作业的实时信息记录，考勤记录，工资结算等信息，并实时上传至管理机构实名制信息管理平台，以避免农民工薪酬计算无依据而被拖欠工资的现象。施工总承包企业要加强分包企业对其劳动用工和工资发放的监督管理，在工程项目部配备劳资专管员，建立施工人员进出场登记制度和考勤计量、工资支付等管理台账，实时掌握施工现场用工及其工资支付情况。

三是加强技术工人培训，着力提升操作工人的技术技能素质水平，同时为建筑工人提供职业上升通道。切实提高施工作业人员的素质。既要充分发挥政府的引导作用，又要落实企业责任，充分利用社会资源，完善建筑产业工人培训和技能鉴定体系，加大建筑产业工人的培养力度，为建筑业输送更多合格的产业工人。要发挥政府、企业、个人和社会四个方面的积极性，建立起立体交叉、注重实效的操作技能人才培训、使用、提高的制度体系架构。可由相关部门牵头，建立覆盖更全、标准更高、机制更优的技术工人培训体系，例如在社会、学校（含培训机构）、企业三个层面建立连接更加紧密的培训体系，以改变现在普遍存在的农民工"不培训就上岗"，或教学与实践脱钩的情况。

在提升建筑工人技能素养的同时，应鼓励和引导建筑企业为工人提供职业发展和提升通道，形成良好的激励制度，留住优秀的技术工人。建筑业的主要角色是一线施工人员，他们以自身掌握的技术为主要能力，但新生代农民工的学历有所提高，未来产业工人的学历肯定会高于新生代农民工的学历，他们的综合素质也会有所提升，考虑到此方面，将建筑业产业工人的职业发展通道设计为技术和管理的双向通道，技术通道主要是针对操作技能的提升，管理通道对应的是产业工人在企业中的职务提升，也即通常意义上的升职。二者是两个平行的发展通道，可以跨通道发展。鼓励建筑企业建立合理的岗位考核制度。考核是建筑业产业工人职业发展和提升的重要依据，也是工人自我价值体现重要途径。职业升降考核可以定期进行，如一年一次、一年两次等，但整个考核是从周自评和月考核开始的，其考核结果与职业升降、薪酬水平挂钩。

四是构建建筑工人职业资格体系制度。严格职业准入制度，建立覆盖全工种建筑工人的严格职业准入制度。发达国家建筑行业准入设置了严格关卡，并强制实施全员持证上岗。结合我国实际情况，借鉴特殊工种持证上岗制度实施经验，抓紧制定实施关键工种（与结构安全密切相关的工种）的职业资格制度，并逐步向一般性工种推广。对于普工不做技能要求，但必须通过安全培训与考核才可持证上岗；建立健全建筑工人职业技能等级制度。建筑工人可根据从业年限、专业类别、从事工种等进行等级划分，可划分为高、中、初级技工。对建筑工人职业技能资格评审应由具有相应资格的鉴定机构在建设行政主管部门的监督下，根据工人资格评审、考核鉴定成绩确定技术等级。建立健全建筑工人职业技能等级制度的同时，对高技能人才实行高薪制度，能够有效地起到鼓励工人提高技术水平，加快建筑工人队伍建设，提高建筑工人的思想、业务素质的作用。为完善建筑行业用工制度，对建筑从业人员实现有效管理，形成稳定、高素质的新型建业产业工人队伍，可通过将工人技能分级、资格认证与社保、身份有效结合形成三位一体管理（可链接至实名制管理信息一体化平台），从而实现对工人与企业权益的双保证。工人技能分级、执业资格认证和身份、社保的三位一体管理，不仅有利于强化从业人员在工程建设中的权利、义务和法律责任，有助于市场健康发展，更是能够保证人员业务素质和职业道德水平的提高，对规范建筑行业，提高劳动力供给效率有重要意义；完善个人执业资格信用体系，建立工程质量终身责任制。当前对建筑市场主体的信用评价仅局限在从事建设活动的企业或单位，尚未涉及从事建设活动的工人。建筑业农民工的转型，需要构建像发达国家那样的建筑工人信用评价体系。缺少建筑工人个人信用评价体系，会造成建筑工人信用意识淡薄、对个人失信行为监管不力、守信者未能得到激励等现象，从而形成了整个行业的信用环境不良。因此完善建筑业的信用评价体系，不仅要对作为市场主体的企业及注册建造师等进行信用评价，也要建立起对建筑工人的个人信用评价体系，才能对建筑工人的信用行为进行引导和规范。通过完善的个人信用体系促进早日建立工程质量终身责任制，从而快速地推动建筑业农民工向产业工人转化。

五是要加快畅通农民工市民化发展的通道。改革城乡二元结构体系，明确城乡一体化的户籍制度改革方向，逐渐弱化直至消除由于城乡二元机制造成的城乡户籍福利差距，逐步让户口与福利脱钩，建立健全户籍与福利合一的社会管理制度，实现国民待遇平等化。把获得城市户籍与放弃农村土地权利分离，逐步消除户籍人口与非户籍人口之间的福利待遇差距。恢复户籍的人口登记功能，打破以户籍与福利合一的社会管理制度，将户籍与福利脱钩，这才是户籍制度改革的根本方向所在。进一步探索福利与户籍脱离的人口社会管理制度，建立健全推进农民工"公民化"、市民化的长效管理机制。构建"城乡一体化"的公共服务体系。坚持均等化、公平公正的原则，完善社会基本公共服务体系，为农民工身份转化提供良好的制度保障。推动建筑业农民工身份转化，需要完善社会基本公共服务体系，让农民工与城镇居民同等享受社会保障与公共服务，从制度层面保障农民工权益。拆除农民工在户口、就业、住房、就医、社保、子女入学、升学、高考等方面的藩篱。可优先考虑在城市已生活工作一定年限（比如说十年）、技能素质达到一定级别（比如说高级技工）的高技能人才，使他们尽快市民化，享受市民的正常待遇，使他们能够长期在城市安居乐业、幸福生活。还应当设立一大批专门从事建筑工人管理的专业公司，将广大的建筑产业工人组织起来，发展起来。

10.3 建立健全建筑行业质量管理体系，构建竞争有序市场环境

建立健全建筑质量管理的市场机制，一是推行工程担保制度，建立合理的风

险防范机制。以政府投资工程为重点，充分发挥工程担保的作用，全面实行工程款支付和承包商履约担保。允许用保函代替各类以现金形式提交的保证金，切实减轻企业负担。二是加快行业诚信体系建设，加快研究制定建筑市场诚信相关政策，健全企业和人员的信用机制，完善全国建筑市场监管与诚信信息发布平台，实现数据实时互联共享。三是将工程质量治理行动转化为长效机制的建设，总结经验，修订完善相关管理办法，有效落实各方主体责任。我们在放松限制、优化市场环境同时，对于市场违法违规行为依然要严厉打击，以此营造公平公正公开的建筑市场环境。

10.3.1 完善建设工程质量政府监督

建设工程质量政府监督是政府公共管理的一部分，政府对建设工程质量实施监督的过程，实质上就是监督机构对建设工程运行各个阶段相关主体之间责任、义务、利益进行调控和协调的过程。根据我国工程质量监督中存在的问题，应当从政府监督的组织体系、监督机构的定位与职责以及政府监督的制度体系健全等多方面入手，寻求更合理、更优化的监督模式和运行方式。

理顺建设工程质量监督的组织体系。组织机构及其体系是实施建设工程质量监督管理的主要因素。建设工程质量监督管理的组织体系，需要改变多头管理、条块分割的现状，依据统一管理、资质管理、社会化、专业化、形式多样化原则等予以调整。统一管理体系上，由住房城乡建设部门统一行使政府监督职能，以《建设工程质量管理条例》《房屋建筑和市政基础设施工程质量监督管理规定》等相关规定为基础，设置建设工程质量监督机构，监督人员须经专业考核合格后，方可从事工程质量监督工作。工程质量监督机构应当坚持社会化和专业化现结合的原则，组建整合技术、经济、管理等综合知识和经验的复合型团队，同时，在组织体系的具体建设方面，应当保证工程质量检测机构与工程质量监督部门相分离。

厘清政府监督管理机构的职责范围。政府监督管理机构的质量监督，应当从对建筑实物"全过程"的质量监督转向对工程建设各方主体的质量责任落实情况及效果的监督，从而强化政府监督力度。为此，质监部门的质量监督要实现四个转变：一是质量监督由原来仅注重工程实物质量监督变为对工程建设参与各方主体质量行为的监督管理；二是质量监督由原来单纯的施工环节监督变为全过程各个环节的监督；三是质量监督由原来对竣工工程质量等级的核验变为对建设单位组织的竣工验收进行备案；四是政府质量监督要以法律、法规和强制性标准为依据，以工程建设各方主体的质量行为为主要内容。政府监督管理机构在监管职责上由委托执法向授权执法转变；由监督工程实体质量为主，转变为既稽查工程实体质量，但更重要的是检查参建各方责任主体的质量行为；由过去的"监、帮、促"这种保姆式的方式，转为监督执法，恢复执法主体的地位，继续加大县、区级工程质监站的监督力量，真正落实例行的工程关键部位的检查，突出随机性和主动性，强化质监站监督检查的威慑力。

充实建设工程质量政府监督内容。建设工程质量政府监督制度是保证监督管理规范化、增强监督管理能力、提高质监机构水平和质监人员素质、保证监督工作顺利和高效进行的重要措施。从监管内容看，应当包含监管市场准入制度、工程项目监督委托制度、资质考核制度、业绩考评制度、验收核准制度、全过程控制制度以及业主监督验收制度等。在市场准入上，应严格资质审查，除了遵循《建筑业企业资质管理规定》《房地产开发企业资质管理规定》规定的设立条件外，还要严格查处无证、越级、超范围承接建设工程业务的行为，挂靠承包、转包、非法分包行为，同体监理等行为。对建筑设计、施工、监理等与工程质量密切相关单位进行资质年检，对发生重大责任事故的单位从事相应业务的，应取消资格或降低其资质等级。严格建筑行业从业人员的资质管理，提高工程队伍素质，还应当切实提高商品房开发市场准入门槛，以保证建设资金投入。《建设工程质量管理条例》的一个重大变革就是将工程竣工验收由核准制转变为备案制，这项变革的直接后果是忽略了政监督职能，削减了政府对企业的管控能力，不利于保持和提高建设工程质量量。恢复核准制、明确政府的工程质量监督主体地位是提高建设工程质量的必要保障。在核准制下，政府质量监督部门不仅要对竣工验收的组织、程序等进行监督，还要到施工现场进行监督，出具意见，核发竣工验收证明，主动地变事后补救为事前预防，变结果评价为过程评价，而且要对工程问题承担责任。

10.3.2 发挥建设工程监理的质量监管职能

我国工程监理制度设计的主要目标是控制工程项目目标，即控制工程项目的投资、进度和质量目标，即监理工作的"三大控制"。依据我国《建筑法》规定，工程监理作为独立第三方，应当遵循客观、公正原则。目前建设工程监理中存在的主要问题，是监理方的独立性不足，妨碍了其在工程建设过程中作用的发挥。因此，未来应当着重培育工程监理方的独立性，充分发挥建设工程监理的质量监管职能。

工程监理独立性缺失的主要原因是监理方与业主方之间权利和责任配置不当。对于工程监理与业主之间权利与责任配置失衡问题，应加强对业主不充分授权及滥加干涉监理活动行为的规范与限制，促使工程监理与业主间权利、义务、责任配置趋于平衡。具体而言，可以考虑设立工程监理合同的备案制度，加强对工程监理合同的监管。在业主对监理单位的授权问题上，我国《建筑法》《建设工程质量管理条例》《工程建设监理规定》都对保障监理单位的独立性和权利有强制性规定，业主应当依法将这些权利（权力）全面授予监理单位，而不得在委托监理合同中以约定的形式排除法律的强制性规定。设立工程监理合同的备案制度，将业主和监理单位签订的工程监理合同交由行政主管部门备案，可对监理合同的授权是否充分进行有力监管。对授权不充分的工程监理合同，行政主管部门应履行告知提示义务或执行行政处罚，确保工程监理服务能得到有效开展，保证工程质量。此外，可以在相关法规中赋予行政管理部门对业主滥加干涉监理行为的处罚权，并使之操作性得到细化，使实行该类行为的业主在承担违约责任的同时，受到相应的制裁，努力使工程监理与业主之间权责配置达致平衡。

通过"专家责任"来强化监理单位的独立性。专家责任是广义的侵权责任中的一种，其责任主体因是特定领域具有专业知识或技能之人而具有特殊性。专家责任的实质是在专家侵权行为发生时，避免受害人处于合法权利无法得到保护的困境。在业主与监理单位所签订的建设工程监理合同中，由于双方在工程建设领域中信息和知识的掌握不对称，故业主不会也不可能在合同中列举穷尽工程监理一方应承担的各项义务。相反，监理工程师是具有专业知识或者专业技能，为公众提供专业服务的专家，其职业活动应当达到自身资质要求的专门服务标准。构建工程监理专家责任，规定监理人员的法定义务，有利于增强监理人员的责任感，强化其地位和行为的独立性，确保业主的工程质量这项根本利益。

10.3.3 强化落实建设工程参建各方的质量责任

根据我国《建筑法》《民法典》《建设工程质量管理条例》的规定，参建主体违反工程质量义务时，一般应承担民事责任、行政责任，只有在造成重大安全事故时才承担刑事责任。由于违规成本远远低于违规收益，建设单位、施工单位以及其他参建主体违反工程质量义务的现象比比皆是，而政府监管失灵和社会监理不到位进一步加剧了违法现象的蔓延。可以从以下两方面来强化参建主体的法律责任：一方面，加强建设工程质量责任立法，明确参与方违法责任。针对参建主体的工程质量违法行为，不仅追究行政责任，还要坚决适用民事责任、刑事责任措施，比如提高罚款金额、降低或吊销开发资质证书、扩大刑事责任适用范围等。对承担民事责任不以弥补损失为限，对故意或者存在重大过失造成严重工程质量问题的，应当考虑引入惩罚性赔偿制度。另一方面，严格执法，加大工程质量违法处罚力度。施工单位合法承揽工程以及保质保量完成工程建设任务，在其中发挥着决定性作用。为保证建设工程质量监管法律机制的有效运行，应加强施工单位的义务，强化其违法责任。

10.3.4 完善建筑市场信用制度

构建我国建筑市场信用制度的基本框架包括信用信息管理制度、信用中介制度、诚信激励制度与失信惩戒制度。

一、建筑市场信用信息管理制度

信用信息是信用制度的基础，目前建筑市场信用信息的主要内容有企业和从业人员的基础数据和市场行为记录。完善建筑市场信用信息公开披露制度，在具体的建构过程中，应当建立以各级政府为主体的政务信息公开披露系统、以行业协会为主体的自律维权同业信用信息系统、以企业为主体的自我内控独立信用信息系统，政府、协会、企业、中介服务机构同步发展信用信息系统，最终形成不同层面、互联互通、信息共享的建筑市场信用信息系统，实现更充分的建筑市场信息披露。

二、建筑市场信用评级制度

建筑市场信用评级制度除了企业信用、融资信用外，项目信用也是一个重要的评级内容，不同的信用主体，如业主、承包商、专业人士以及金融机构都围绕"项目"这个核心形成一个"信用链"。由于我国建筑市场信用问题主要表现为企业的主观失信问题，且重点发生在建筑市场行为主体之间，因此，应当对评级目的、需求动力强制评级的切入点以及信用评级的主导者等内容作出特别规定，重点是对建筑市场中行为主体的"信用行为"和"信用记录"进行考察和评判。

三、建筑市场诚信激励和失信惩戒制度

诚信奖惩机制是诚信体系的重要组成部分，是对守信者进行保护，对失信者进行惩罚，发挥社会监督和约束作用的制度保障。建设行政主管部门应当依据国家有关法律法规，制定建筑市场诚信信息的管理和使用办法，逐步建立诚信奖惩机制，并联合其他行政主管部门，采取社会、行政、经济、法律等综合惩治措施，对有失信行为的企业和人员可以依法公布曝光、行政处罚、经济制裁、甚至追究失信者的法律责任，提高失信成本，使失信者得不偿失。诚信体系建设要注意调动建筑市场主体参与信用体系建设的积极性，对诚实守信的企业和人员要加大正面宣传力度，并在行政监管过程中给予适当便利，降低守信成本，使建筑市场形成诚实光荣和守信受益的良好环境。

10.3.5 推行建设工程质量保险制度

建立健全完善的风险控制体系。在产业转型发展的时期，要以新的理念、新的思维、新的视角来认识风险和管理风险，将风险管理作为经营能力建设的一项重要内容，完善风险管理的机构、人才、制度和流程，落实各级风险管理责任，提升风控能力。要进一步强化对各类风险的管控，保障企业安全运营。重点加强投资风险管理，强化项目分析、评估和决策，审慎选择项目，明确投资决策底线。切实加强海外风险研判和布防，从严进行海外项目可行性研究，充分考察评估项目，建立风险事件的信息反馈和国内外风险控制联动体系。在所有项目实施中，要按照风险识别、风险评估、风险应对等管理体系，把风险控制在企业可以承受的范围之内，以高水平的风险管理，为企业健康持续发展保驾护航。

在建设领域引入工程质量保险制度，引入社会力量和市场机制参与行业管理，是规范市场秩序、建立市场主体质量内控机制、创新质量管理体制机制的迫

切需求。工程质量保险制度在法国、英国、日本、新加坡、加拿大等国家推行，在确保工程质量、保障工程质量缺陷引起的损害赔偿方面都发挥了很好的作用。我国从2005年开始推行工程质量保险制度，但由于政策法规、市场环境、监理制度等方面的因素，进展较为缓慢，未来应在完善法规体系、培育规范市场、引入独立质检机构等方面，尽快推进工程质量保险制度。

在法规支撑体系方面，在《中华人民共和国建筑法》《建设工程质量管理条例》等法律法规修订过程中应加入强制进行建筑工程质量保险等相关内容。地方政府应在地方法规、规章层面着力探讨工程质量保险强制执行的政策措施，为推进工程质量保险工作创造良好的政策环境。

在规范市场环境方面，依托房屋销售环节，采取多种措施手段推进建筑工程质量保险，如：要求开发商在房屋销售前公示质量保证方案、对没有质量保险的住房严格核验相关手续、从协会角度建议购房者不购买无质量保险住房等方式，形成推进工程质量保险的闭合链条和良好市场氛围。同时严格工程质量保险市场准入门槛，各级建设行政管理部门要联合本地区金融管理部门严格保险公司准入。对拟开展建筑工程质量保险业务的保险公司要设置准入标准，如承保能力、偿付能力、技术水平、管理手段等，确保质量保险工作稳健推进。

推行建筑工程质量保险制度，必须引入独立的质量检查机构。应明确独立质量检查机构与监理企业不同的市场定位，确保形成质量监管合力：一是质量检查机构不能取代监理企业。《中华人民共和国建筑法》规定，监理职责在于依照法律法规和合同要求，代表投资方对施工质量、工期和资金使用实施监督，而质量检查机构是代表保险公司，更多关注于施工阶段的质量检查，对于工期、资金使用等监督职能无法履行。质量检查机构也无法替代监理公司实行旁站检查，质量检查机构不能取代监理公司。二是质量检查机构采取重点检查模式。监理工作被界定为全程监督、管理，而质量检查机构的工作应界定为鉴别，主要是根据工程项目特点和预估风险点，对关键部位、关键工序进行重点鉴别、检查等。三是质量检查制度可成为工程监理的制衡和监督。保险企业具有通过质量检查最大程度控制风险的自发动力。所以，质量检查机构作为监理制度的补充和制衡，能够揭示真实的质量信息，改善信息不对称的状况。

推进工程质量保险制度的过程中。可以选择政府投资工程，建设示范工程。建议选择保障性住房项目作为工程质量保险试点工程，积累数据和经验，完善操作流程，为全面推开工程质量保险制度奠定基础。

10.4 深化工程项目组织方式改革，提高建筑业生产效率

建筑业市场环境和市场需求的重大变化，要求项目管理模式上的创新，从以

往单纯基于工程施工单一环节的项目管理优化升级到全周期项目管理，以适应新的市场需求。EPC 工程总承包是国际通行的项目组织实施模式，也是大型建筑企业未来发展的方向。要掌握 EPC 工程总承包招标、投标、合同商签、承包商设计、施工管理、竣工交付等一系列运作过程，熟悉合同规范、操作模式和管理流程。充分利用企业施工、设计的资质、业绩和实力，深度整合产业价值链，补强短板，提高咨询、设计、采购、施工管理等全过程服务能力和集成管理能力。强化工程总承包市场导向，提高市场对接层次，使工程总承包模式进入良性滚动发展。

通过工程总承包项目管理模式转变，可以实现项目参与方的集成。工程总承包管理对于各专业的集成管理要求较高，这就需要将各专业参建方集中整合。在施工总承包项目中，设计由业主委托设计院负责，游离于建造之外；采购由业主主导，通常被切分为众多专业包，导致施工时各自为政，难以统筹。打造一个 EPC 深度融合、市场高度认可、各方合作共赢的集成管理平台，通过建立业主方、总承包方、分包方等多方协同的项目集成管理体系，借助先进的信息技术，建立统一的信息管理平台。在一个平台下，通过总包方对 EPC 的统领，将项目参建各方组成一个有机的整体。

在工程总承包模式之下，构建适应建筑产业现代化的扁平化矩阵式组织模式，精简职能部门，并且根据工程进度动态化调整人员分工，将专家资源、分包资源通过平台集中管理，同时决策方式应分级化，打破职能部门之间的壁垒，实现基于同一目标的跨职能协同。对于项目各参建方，建立畅通高效的沟通机制和双向的客户评价体系，将各专业合约界面、施工界面划分明确，制定完整的流程与参建方沟通信息渠道，提升跨组织间协同效率。同时优选分包资源，制定优质分包资源合作方入库标准，集成合作方的专业优势，为项目设计、建造提供支撑，保证项目整体目标实现。

通过 EPC 模式提升项目管理服务水平。打破传统土建专业施工的思想，具备为业主提供全过程全专业管理的服务能力，从传统的建筑制造承建商向提供建筑前期可研、设计、施工、运营全生命周期的综合服务升级。EPC 项目管理是从传统的项目施工管理能力向设计、采购、建筑一体化的多专业集成管理能力升级，缩短管理沟通流程、提升管理效率，增强项目管理能力，形成成熟的项目管理体系；EPC 项目管理是对工程总承包管理的升级，包括原有管理板块，如传统施工总承包中的土建施工和专业施工；增加宽度的管理板块，如大型设备招标采购、分包招标、物资采购、计划管理，总承包现场管理新增的管理板块，需要在原有项目管理工作基础上，对工作内容、管理精度等方面进行提升；新增的管理板块，如报批报建、勘察设计、概算管理，工程总承包要求我们对各个业务板块的管理工作交互融合；EPC 项目全过程集成管理是工程总承包服务的升级，实现 EPC 时间集成，在项目投标、报批报建、设计、建造、运营维护等阶段对项目进行全过程管理，为业主提供增值服务。

通过 EPC 模式改善建筑企业经营管理水平。企业层面，进一步强化企业与项目的总承包管理机构职能，充分发挥总部支撑引领作用；项目层面，完善组织结构的建立，根据工程阶段动态调整人员分工，发挥职能部门与专业工程师协同作战的能力。企业总部建立总承包管理专门机构作为后台支撑，提供技术支持，主导各业务部门进行总承包业务开拓、履约及核心能力培养，通过合理给项目授权，减少重复管理，达到缩短项目管理流程的目的。项目层面，明确与各参建单位之间的权责分配，要系统梳理，提早谋划（追责机制、分成机制、变更控制等）；项目层次上，在公司层面形成的完善的总承包运行制度，优化公司各分支机构和部门的总体定位和职能。项目作为总承包业务的直接履约主体和资源组织平台，应为项目制定出完整的运行流程，在项目策划前期明确管控措施和管控要求。制定能够指导项目实施的管理制度，完善传统施工总承包中缺失的几个管理环节中对建造、商务、采购、设计等版块的管理任务，包括方案设计阶段、初步设计阶段、施工图设计阶段、报批报建阶段，对管理思路、流程进行梳理、促进 EPC 项目管理的规范化；管理考核制度方面，在企业与项目部层级之间建立考核指导，企业绩效重在考核企业的后台建设、团队培养、技术支撑、市场开拓等指标、助推项目管理升级。项目部及岗位绩效重在考核总承包管理的团队能力、个人能力、工作成效、输出成果。

通过 EPC 模式的实施拓展建筑企业业务能力。EPC 项目计划管理不仅是施工进度计划，应该涵盖项目管理全过程，报批报建、设计、招标采购、合约、建造、运维等阶段。明确项目管理中的关键工作，编制关键节点网络图，项目执行过程中利用这些重要的时间检查点来对项目的进程进行检查和控制。同时，实行计划分级管理，对各业务板块编制分项计划，对设计出图、分专业提前招标采购、概算指标划分、设计规格书编制等主要管理活动进行穿插体现。

通过 EPC 模式大力发展装配式建筑。住建部《建筑产业现代化发展纲要》明确，到 2020 年，装配式建筑占新建建筑的比例 20% 以上，直辖市、计划单列市、省会城市的比例在 30% 以上，保障性安居工程装配式建造的比例达到 40% 以上。到 2025 年，装配式建筑占新建建筑的比例 50% 以上。在国家的大力推动下，未来 10 年我国装配式住宅将处于黄金发展阶段。尽管目前装配式建筑产业主要处在市场培育、标准构建、能力建设、观念转变的阶段，但大方向是明确的。建筑企业要利用在施工领域的经验和优势，抓住机遇，大力发展装配式住宅，与主管部门、地方政府深入开展推广合作，建立研究开发、建筑设计、施工装配、产品推广、运营管理一体化的生产经营模式。EPC 模式有利于实现工程建造组织化，是推进装配式建筑一体化、全过程、系统性管理的重要途径和手段。有别于以往的传统管理模式，EPC 模式可以整合产业链上下游的分工，将工程建设的全过程联结为一体化的完整产业链，实现生产关系与生产力相适应，技术体系与管理模式相适应，全产业链上资源优化配置、整体成本最低化，进而解决工程建设切块分割、碎片化管理的问题。装配式建筑项目推行 EPC 模式，投资建设方只需集中精力完成项目的预期目标功能策划和交付标准，设计、制造、装配、采购等工程实施工作则全部交由 EPC 工程总承包方完成。总承包方对工程质量、安全、进度、造价负总责，责任明确、目标清晰。总承包方围绕工程建造的整体目标，以设计为主导，全面统筹制造和装配环节，系统配置资源（人力、物力、资金等）；工程项目参与方均在工程总承包方的统筹协调下处于各自管理系统的主体地位，均围绕着项目整体目标的管理和协调实现各自系统的管理目标，局部服从全局、阶段服从全过程、子系统服从大系统，进而实现在总承包方统筹管理下的工程建设参与方的高度融合，实现工程建设的高度组织化。

通过 EPC 模式发展投融资建造业务。2014 年以来，国家大力引导、推动发展 PPP（政府与社会资本合作）模式，虽然经过规范调整，但基础设施建设项目推行 PPP 模式已是大势所趋。大型建筑企业发展 PPP 模式，既是适应市场变化的需要，也是转型升级的内在要求。要着力加强投融资建造能力建设，特别是投融资专业能力、业务资源和管理体系的构建，加强和深化与地方政府的战略合作，在投融资建造领域开辟一片新天地。通过项目实践，逐步构建投资、建设、运营平台，加快从施工承包向城市的开发和综合建设转变，从承建商向综合服务提供商转变。

10.5 增强建筑企业技术水平和创新能力，提升建筑业产出效率

从生态系统的视角研究技术创新，产生了国家/区域-产业-企业不同层面的技术创新理论，其中，产业创新系统理论将技术系统定义为"一个特定的经济/产业领域的主体互动的网络，在一个特定的制度基础或系列基础设施下，参与技术的产生、扩散和利用。技术系统的定义根据的是知识/能力流动，而不是一般的商品和服务流动。它们包括动态知识和能力网络"[1]。基于这一定义，参与者、网络和制度目前普遍被学者们认为是产业创新系统的基本要素。参与者包括企业、个人或产业协会[2]。从产业创新系统来看，提高建筑业技术创新能力和技术水平，应从以下几个方面着手。

首先，明确技术创新方向，制定建筑工业化技术创新发展战略。以实现可持

---

[1] 余伟，胡岩，陈华. 创新系统研究 30 年：发展历程与研究展望 [J]. 科研管理，2019，40 (11)：1-11.
[2] 纪颖波，姚福义. 我国建筑工业化协同创新机制研究 [J]. 建筑经济，2017，38 (4)：9-12.

续建造的建筑工业化技术为底线，以提高全要素生产效率为基本导向制定建筑工业化技术创新发展战略目标，提高建筑工业化技术创新的适用性。其次，对建筑工业化技术创新活动进行补贴。对从事建筑工业化技术创新研发的企业、高校和科研院所提供专项补贴、税收优惠等政策。建立建筑工业化技术创新奖励制度。对建筑工业化关键技术创新研发有重大突破的，要向符合奖励制度的科研单位提供奖励，激发市场参与技术创新活力。最后，建立国家级示范工程。示范工程要凸显建筑工业化技术创新发展的优越性，为企业、高校及科研机构提供建筑工业化技术创新规划参考，并围绕示范工程构建联合研发创新平台，进一步形成全国建筑工业化技术创新体系。

其次，构建建筑工业化技术创新发展联盟要以市场为导向，调动企业的主观能动性，充分整合并发挥联盟中"产学研"有效要素，提升建筑工业化技术创新发展联盟创新效率。路径之一是制定建筑工业化技术创新发展联盟战略目标，在战略目标的引导下，一方面，围绕目标充分整合联盟中各方知识优势，快速形成技术创新路径，开发具有突破性的技术创意。另一方面，利用战略目标的动态性和循序性，以技术创新末端为切入点，倒逼联盟体系内部的资源整合和组织结构优化，为技术创新联盟发展打下根基。路径二是构建多元技术创新联盟形式，构建全国性或区域性的技术创新联盟，增进各联盟体系之间的交流；通过各联盟之间的交流构建建筑工业化技术创新协会或者组建统筹各技术创新联盟的更高层次的联盟组织，确定联盟的组织框架和角色分工，拓展建筑工业化技术创新联盟形式。路径三是提高技术创新发展联盟内部技术流动，厘清联盟中企业、高校和科研院所的角色分工，提高高校和科研院所在建筑工业化技术创新中的地位。使技术创新成果向企业自然转化，企业需求能够被高校和科研院所准确识别，推进双向研发交流模式，同时构建双向人才培养模式，在技术创新联盟内部完成要素转移与消化。

第三，建筑工业化产业建设链条化。加快完善建筑工业化产业链构建，充分发挥市场活力，一方面能够高效稳步推进建筑工业化水平，另一方面为建筑工业化技术创新供外部动力。首先，完善建筑工业化技术体系。在建筑工业化前期，由于技术体系不够全会引起产业链发展较为薄弱，但随着技术和产业的同步发展，从产业角度会引发新的技术创新，从而带动新产业的发展。随着建筑工业化产业链的不断完善，推动建筑工业化技术链的创新发展。其次，推动建筑工业化产业链配套能力建设。推动包括以建筑工业化产业发展总体规划为内容的地区配套服务；以建筑工业化技术标准、技术服务、技术认证咨询等为内容的技术配套服务；以拓宽融资渠道为内容的金融配套服务。同时，还应以建筑工业化产业链为背景，以建筑工业化技术链为原则对接高校和科研院所，优化人才培养模式，提高人才供给质量。最后，引入商业模式开拓技术市场。鼓励建筑企业立足本土市场优势，充分分析和利用用户需求做好技术创新研发，降低企业建筑工业化技术创新压力并发挥建筑工业化技术创新的经济效益。

第四，建筑工业化技术体系化。我国建筑业传统现场湿作业技术发展思路极大地限制了企业对建筑工业化技术创新的认识。建筑工业化的基本内涵体现在设计标准化、生产工厂化、建造装配化和管理科学化。建筑企业应从建筑工业化的内涵着手，全面了解建筑工业化的意义，构建建筑工业化基础技术体系，拓展建筑工业化技术创新内容。建筑工业化技术创新要充分考虑人民对建筑需求的变化，将不同领域的技术进行集成创新来服务建筑工业化技术发展。一方面要企业深耕市场需求，并能通过技术创新满足市场发展；另一方面企业需要认识到建筑工业化背景下技术创新的重要性，加强技术研发投入，弥补自身技术研发短板。调整建筑工业化技术创新发展方向，以信息化引领工业化发展是新型工业化内在要求，建筑工业化技术创新应充分结合信息化技术，提升建筑工业化发展效率。

10.6　构建创新发展体系，推进建筑产业现代化

建筑行业是一个传统行业，中国建筑业是我国开启市场化进程比较早的行业领域，建筑企业作为完全竞争性的市场主体，必须锐意改革，不断创新，才能立于不败之地。建筑业的创新包括技术创新、管理创新、模式创新和机制创新等方面。

一是技术创新。随着物联网、大数据、云计算和人工智能等新兴信息技术的迅速发展，我国建筑业已突破传统的产业化和信息化内涵，并融入了全新的技术创新要素，整个国家的建筑产业更加注重对生命周期数据和全息信息的采集、处理、共享与融合应用。当前，我国的建筑产业现代化整体步入了设计生产一体化、装配构件部品化、施工体系智能化和建造管理人性化的转型升级阶段，在当前的建筑产业现代化技术发展背景下，以全产业链、全生命期视角推进现代建筑工业技术变革与智能化管理的思想已得到学界与业界的广泛认同，建筑产业现代化生产更加注重对建筑全生命周期和全产业链的数据挖掘、实体物联与信息融合应用。

在建筑业现代化、产业技术变革与智能化管理背景下，建筑企业应当加大技术研发和应用的投入，及时吸收国内外先进的施工技术、手段、方法，实现施工技术的革新与创造，新材料、新技术的应用。大力推行环保节能、低碳高效、绿色建造、绿色施工、绿色建筑。"十四五"规划的发布预示着建筑业进入了转型升级的关键阶段，技术进步是建筑业经济增长的源头。技术创新是影响技术贡献率的重要因素，建立以政府为引导，以创新为驱动，以促进建筑企业技术创新为目的的科技支撑体系，引导企业进行技术研发与创新，并以服务平台为中心，结

合各地资源和条件，架起政府、企业、市场间沟通的桥梁，收集技术信息，推广示范项目，并以人才支撑为保障，促进行业人才队伍的培养，加快推进建筑产业现代化，推动装配式建筑的发展，积极推行工程总承包模式，转变生产组织方式，使建筑业向集约化、产业化转型，激励技术创新和管理创新，广泛运用BIM等新技术，实现建筑产业的高质量发展。

鼓励企业加大科技创新投入，可规定从工程结算中按一定比例提取资金，纳入企业技术进步发展专项基金，鼓励企业加快设备更新，对引进专用先进设备的给予进口贴息资金等优惠政策。促进企业开展施工技术、工艺的研究应用，编制工程建设标准和施工工法，开发拥有自主知识产权的专利和专有技术。支持和鼓励企业申报高新技术企业，建立国家级、省级重点实验室和企业技术中心，加大各级科研经费对建筑科技项目的扶持力度，引导企业参与国家和省级各类科技示范工程。

加快建立以市场为导向、产学研相结合的技术创新体系，引导企业通过战略合作、校企合作、技术转让、技术参股等方式，加大科技创新力度。开展"产学研政"合作，合理配置资源，推进科技成果转化。应当鼓励技术创新，构建技术创新平台，建立创新激励机制，通过建立健全科技人才培养、激励和管理机制，为企业培养造就一批创新型科技人才。充分发挥人才作用，提高企业进行技术创新的积极性与主动性，同时开展"产学研政"合作，吸纳各方资源优势弥补劣势，积极推进科技成果转化。有效利用劳动力和资本的投入，提升企业技术管理水平，提高规模效率与技术效率并极参与国内外建筑行业市场竞争，带动企业进行技术创新。

二是管理创新。建筑企业需要在企业管理和工程项目管理两个层面上创新管理模式，提高管理效率，在经营管理、生产组织方式、运营机制等方面应当不断进行变革和创新。供给侧结构性改革、高质量发展是在新形势下对建筑业如何解决重快轻好、重量轻质问题提出的新要求，在管理创新中，要发挥企业家精神，树立适合技术创新的企业文化，提升技术装备水平，应当在企业中树立创新文化，营造企业创新氛围，激励员工，增加研发投入，培养创新人才，积极引进或自主研发新技术、新工艺等，提升参与统一市场的能力，才能在国际竞争、"一带一路"、PPP项目、基础设施建设等领域发挥积极作用。

首先要以项目管理模式创新推动企业发展提质增效。高度重视先进的工程建设管理和项目组织模式的引进和应用，在EPC、PPP、BOT等新型工程组织模式、投融资模式和项目运营模式基础上，不断创造新型的服务内容和服务方式。国际工程承包市场发展动态和工程建设规律表明，业主方更加青睐能够提供更全面、更高效、更广泛的服务内容的工程承包商。工程承包商必须适应建筑业与金融业、服务业相融合的趋势，建立项目策划、可行性研究、融资、工程设计、采购、施工、竣工、试运行的一体化集成服务体系，着力提升面向工程项目全寿命期的综合创新能力，赢得更加有利的市场竞争地位。通过加快转型升级，实现企业提质增效。

通过信息技术应用推动项目管理效率。在知识经济时代，信息化技术是提升项目管理效率强有力的助推器。信息化技术应用的范围、途径、程度反映了工程项目管理手段的现代化水平。近年来，以 BIM、云计算、虚拟现实、移动技术、协同环境、大数据为代表的各种新兴信息技术不断涌现，这些信息技术的应用对工程项目全生命期管理的影响程度日益加剧，能够大幅度提高工程建设的全过程优化、集成效益、可施工性、安全性、专业协同性、目标动态控制精度和"智慧管理"程度。因此，要加大项目管理层面"互联网+"和信息化技术应用的力度，通过工程项目管理的数字化、可视化、网络化和智能化，逐步构建建筑产业互联网，加快推进传统建筑业走向现代建筑业的步伐。

以文化建设创新支撑项目管理软实力。项目文化是除人、财、物等生产要素之外重要的项目管理资源。工程项目管理的创新应该注重工程项目文化的塑造。首先，要注重用共同的企业价值观、愿景和行为准则凝聚员工的心智；其次，要注重培育员工的敬业精神、进取精神、创新精神、奉献精神，融入项目团队建设之中；再次，要凸显劳动文化、安全文化、绿色文化的特质，使之融入项目的日常管理；最后，要把文化基因融入项目制度建设，强化项目部管理层与操作层两个层次以项目文化为纽带的一体化管理。总之，通过项目文化建设创新，使项目文化成为新常态下驱动工程项目管理引领时代发展潮流的软实力。

三是商业模式创新。商业模式创新被认为在市场竞争中比管理创新、技术创新更为重要，未来企业间的竞争将不可逆转地进入到"商业模式"的竞争。模式创新之一是"提升效率的商业模式"，其最直观的体现是注重成本的降低，包括时间成本、浪费的机会成本等方面。模式创新之二是"提升效益的商业模式"，其主要是指要打通价值链，将附加值较低的施工端向高附加值的设计、运营转型，从而实现效益提升。模式创新之三是"改善生态的商业模式"。随着环保要求不断提高，传统建造方式能耗大，环境污染严重，积累的矛盾和问题日益突出，建筑企业要不断探索以构件预制化生产和装配式施工为生产方式，以设计标准化，构件部品化，施工机械化，管理信息化为特征的"建筑工业化"的新型生产模式。建筑产业要走出一条资源集约、环境友好、生态文明的可持续发展之路，必须推动互联网与建筑业融合，以"互联网+"重新构建筑产业的新生态，提升建筑业数字化、网络化、智能化水平，加强产业链协作，将专业技术、信息技术、智能技术融入建造过程，整合各种硬件服务商、软件服务商、专业服务商，以及网络服务商，甚至金融机构，形成网络化协同建造公共服务平台，实现全产业链上各参与方之间信息的高效共享、准确传递、正确反馈，发展基于互联网的协同建造新模式和网络化产业生态体系。

建筑业企业"垂直产品型"商业模式创新。"垂直产品型"商业模式是以实体技术或信息技术创新为支撑的建筑产品商业化模式。在"垂直产品型"商业模式中，最为典型的是基于"互联网＋BIM"形成的围绕建筑产品寿命期过程的一体化集成管理模式。其价值体现在能够打通设计、采购、施工、监理、运维全过程，在建筑企业内部的主要功能在于提高建筑产品的建造效率，优化资源配置，消除安全生产隐患，减少浪费，降低成本。早在20世纪90年代，建筑业就开展了互联网在企业和项目层面的应用实践。在制定建筑业发展"十二五"规划时，住房城乡建设部专门颁发了包括BIM技术在内的《2011—2015年建筑业信息化发展纲要》，后来又专门印发了《关于推进建筑信息模型（BIM）应用的指导意见》。国家政策和行业规范导向，为"互联网＋BIM"模式提供了强大的推动力。目前，国内已有不少先进的建筑企业在一些大型复杂的工程项目中应用现代信息技术，并逐步实现了全专业、全过程的BIM协同设计、虚拟施工。

建筑业企业"横向平台型"商业模式创新。互联网技术推动人们现有生活方式、社会经济、产业模式、合作形态的颠覆性变革。现代信息不仅能够面向建筑产品建造过程的各方参与主体重构新型产业生态，更为重要的是，对于建筑业企业（包括与建筑业相关的企业）商业模式创新的意义在于构造面向生产者、消费者的平台型商业模式。对于许多建筑企业而言，"互联网＋集中采购"是应用较早的"B2B"在线交易平台模式。这种模式可以为建设项目材料采购、成本控制等许多方面提供高效、高质的服务。建筑企业建立一个集成化、多方共赢的建筑材料在线交易平台，对于优化资源配置效率、降低施工成本、提高市场竞争力、推动企业持续发展具有现实意义。

建筑业企业"T形"商业模式创新。如果把"垂直产品型"商业模式与"横向平台型"商业模式相互融合，就可以形成建筑企业的"T形"商业模式。换言之，建筑企业在打造"T形"商业模式时，既要在纵向上依托技术支撑的"垂直产品型"商业模式，提升产品或服务的品质地位和竞争实力，又要在横向上通过多群体构成的"横向平台型"商业模式，从而构造具有成长活力和多方共赢潜能的商业生态圈。横向上的产品销售过程与纵向上的产品生产过程的结合就构成"T形"商业模式框架，"T形"商业模式可以划分出"T-O2O"模式和"T-C2B"模式两种类型。在"T-O2O"模式中，实质上是把"O2O"模式与"垂直产品型"商业模式进行深度集成，即把建筑业企业在产品生产线上的优势通过"O2O"平台与产品市场营销对接，从而更快捷地满足客户需求。在"T-C2B"模式中，实质上是把"C2B"模式与"垂直产品型"商业模式进行深度集成。即借助于"互联网＋"，对接用户个性化需求，开展基于个性化产品服务的商业模式创新。"T型"商业模式对于已经转型为产业发展商、城市运营商的建筑业企业而言，在工业厂房、办公楼宇、住宅开发建设等方面，将会有很大的发展空间。

10.7 践行"走出去"战略，在国际化竞争中实现高质量发展

"一带一路"是新时期重大的国家开放战略，将为建筑业带来重大的发展机遇。建筑企业通过参与"一带一路"沿线国家交通、能源、房建、通信等基础设施投资建设，引导国内建筑业产能流向周边地区，化解行业产能过剩。依据"一带一路"沿线区域自身特点不同，我国应对沿线国家及区域实行差异化合作战略，满足不同国家不同需求，实现互利共赢；并通过亚洲基础设施投资银行等提供的国际化战略投融资平台助力中国企业"走出去"，将"一带一路"沿线国家的巨大市场潜力转化为我国建筑业海外发展的新机遇。建筑业企业"走出去"已成为必然趋势。国务院《关于促进建筑业持续健康发展的意见》，明确强调要加快建筑业企业"走出去"，并提出要加强中外标准衔接、提高对外承包能力及加大政策扶持力度。在这一背景下，中国建筑业企业更应充分把握"一带一路"等战略机遇，由内而外进一步提高国际竞争力，为中国及全球基础设施建设、经济发展增添动力。

建筑业企业"走出去"仍是一大挑战，建筑业企业要提高自身的管理能力，对于"走出去"较晚的部分建筑业企业来说，因为不熟悉国际市场和复杂的海外环境，在语言文化、商业规则、法律体系和行业标准对接方面均存在一定的问题，因此对企业管理提出了更高的要求。从目前来看，国内建筑业企业"走出去"也有一定的优势。首先，国外基础设施建设需求大、市场潜力大。我国在"一带一路"战略中直接投资最多的地区是东盟地区，主要集中于印尼、马来西亚、越南、菲律宾和新加坡等地，投资的主要方向是金属和能源开采，涉及基础设施如电力建设等；增长最快的则是南亚地区的印度和巴基斯坦，主要投资到基础设施建设、信息通信技术、软件设计开发、金属开采和制造等行业。其次，建筑业企业工程建设基础厚、实力强，具有竞争优势。在多年的发展过程中，我国建筑业企业在高铁、公路、电力、港口、机场、油气长输管道和高层建筑等工程建设方面具有一定优势。最后，政府大力扶持，建筑业企业在"走出去"中更具竞争力。建筑业企在"走出去"过程中要加强自身能力建设，加大对国际标准的研究力度，积极适应国际标准；加强对外承包工程质量、履约等的管理，在援外住房等民生项目中发挥积极作用。同时，对外承包工程企业可以向项目融资、设计咨询、后续运营维护管理等高附加值的领域有序拓展，并推动企业提高属地化经营水平，实现与所在国家和地区互利共赢。具体来说，建筑业国际化进程中应

着重解决以下问题：

以提高建筑企业综合竞争力为重点，在全球范围发挥竞争优势。建筑产品的形成需要经过概念、规划、实施、结束等多个阶段，每一阶段有其对应的市场主体，并且需要对技术、人才、资金、设备等多种生产要素资源进行优化配置和组合。在一个开放的、全球化的市场空间中，资源的取得途径和组合方式是多种多样的，并且不同的资源组合的方式会创造不同的效率和价值。因此，要从提高建筑产业国际化竞争力的角度，在全球范围内整合优势资源，建立全球建筑供应链网络，在工程建设过程中积极引入生产要素与生产条件的最新组合方式、最佳配置方式，推动工程项目管理组织方式和过程控制的精益化。在建筑产品全产业链上进行上下游企业间的协同创新，以新型产业链形态打造新的产业竞争力，有效应对新常态的挑战。

以激励政策和公共服务为重点，实现我国建筑业的国际化发展。国家"一带一路"战略为建筑业发展提供了广阔的发展空间。我国建筑业企业走向国际市场的主要问题是劳动生产率低，资金实力弱，核心业务不突出，高端市场份额有限，风险管理能力有待加强，健康安全与卫生管理体系不够健全。要通过降低保函成本，支持企业参与融资建设市场，扩大国际市场份额；要通过放开市场竞争，支持企业的差异化发展，提高工程的管理能力、技术创新能力、融资投资管理能力、社会影响力；要通过企业的扁平化组织改革，提高国际承包企业的独立性和自主性；要通过中国工程标准的国际化和国际工程标准的学习掌握，提高国际市场参与的主动性；要通过建立综合性的企业服务平台，为国际市场进入、市场信息、风险提示预警提供良好服务。

以建设中国工程建设标准体系为重点，促进建筑业"走出去"。加快建设国际化的中国工程建设标准体系。推进工程标准体制改革，建设适应国际通行规则的新型工程标准体系。改革现行强制性标准体制，制定"结果控制"的全文强制性工程建设规范，替代现行分散的强制性条文。精简整合政府推荐性标准，鼓励社会组织积极承接现行政府推荐性"过程标准"，鼓励社会团体和企业制定实施"领跑者"标准，提高中国工程标准水平，引领建筑产业高质量发展。加快中外工程标准比对研究，积极参与国际标准化活动。支持已经具备对外承包工程优势的建筑企业推广应用中国工程建设标准。加强与"一带一路"沿线国家的多边与双边工程标准交流与合作，推动中国工程标准转化为国际或区域标准，促进建筑业"走出去"，带动我国建筑业占领国际工程承包高端市场。

以推行建筑师负责制为重点，提升建筑设计国际竞争力，与国家化接轨，培养一批既有国际视野又有民族自信的建筑师队伍。建筑师可以理解是自然人，也可以是一个机构，是受建设单位委托依照合同管理承包商的专业人员（机构）。推行建筑师负责制，可以大大提高工程建设管理的专业水平，尤其是建设单位的专业管理水平，提高合同的严肃性，保证合同履约，提高项目建造全过程的管理水平，有效沟通发承包双方，依法依规依合同协调发承包关系，带动专业咨询服务组织发育发展。在国内探索推行建筑师负责制。一是要在法规层面确立相关组织和人员的权责、地位，提高建筑师话语权，探索建筑师互相担保制度，为顺利执业创造条件；二是率先在民用建筑项目中探索实施建筑师负责制，总结经验加以推广；三是加强对于建筑师的培养，使其具有工程全过程、全方位管理能力，并鼓励相关中介咨询、项目管理组织的发展；四是鼓励政府采用购买社会服务的方式，委托具备能力的专业人员和机构履行政府质量安全监管职能。

参考文献

[1] 许思雨，薛鹏. 中国经济高质量发展的内涵与评判：一个文献综述 [J]. 商业经济，2019（5）：132-134.

[2] 田秋生. 高质量发展的理论内涵和实践要求 [J]. 山东大学学报，2018（6）：1-8.

[3] 赵大全. 实现经济高质量发展的思考与建议 [J]. 经济研究参考，2018（1）：7-9，48.

[4] 刘志彪. 强化实体经济推动高质量发展 [J]. 产业经济评论，2018（2）：5-9.

[5] 龚越，方俊. 基于BIM技术的新型建筑工业化精益协同发展 [J]. 施工技术，2016（18）：10-13.

[6] 冯俏彬. 我国经济高质量发展的五大特征与五大途径 [J]. 党政干部参考，2018（3）：13-14.

[7] 张立群. 中国经济发展和民生改善进入高质量时代 [J]. 人民论坛，2017（35）：66-67.

[8] 王珺. 以高质量发展推进新时代经济建设 [J]. 南方经济，2017（10）：1-2.

[9] 刘迎秋. 四大对策应对高质量发展四大挑战 [N]. 中华工商时报，2018-01-23.

[10] 安淑新. 促进经济高质量发展的路径研究：一个文献综述 [J]. 当代经济管理，2018，40（9）：11-17.

[11] 孙继德，郑冕，傅家雯. 新时代建筑业高质量发展的内涵与政策建议 [J]. 建筑经济，2019，40（5）：5-9.

[12] 李忠富，范建双，王一越. 中国建筑业产业结构调整的研究 [J]. 建筑管理现代化，2008（5）：1-4.

[13] 张万秋. 中国建筑业产业结构现状分析及调整对策研究 [D]. 哈尔滨：哈尔滨工业大学，2011.

[14] 贡晟珉，成虎. 中国建筑业国际竞争力的比较分析 [J]. 建筑经济，2000（1）：35-38.

[15] 王彬武，李德全. 中外建筑业企业组织结构对比研究 [J]. 建筑经济，2017，38（4）：13-18.

[16] 刘禹，李忠富. 建筑工业化产业组织体系构建研究——基于现代制造理论 [J]. 建筑经济，2014（3）：5-8.

[17] 吴涛. 加快转变建筑业发展方式 促进和实现建筑产业现代化 [J]. 中华建设，2014（7）：60-65.

[18] 纪颖波，姚福义. 我国建筑工业化协同创新机制研究 [J]. 建筑经济，2017，38（4）：9-12.

[19] 吴冠霖，钱雨，孙新波，等. 产学研协同创新机制研究进展述评 [J]. 冶金经济与管理，2015（2）：22-25.

[20] 亓霞，李洁，束晓东. 基于国外成功经验的中国建筑工业化发展研究 [J]. 工程建设与设计，2015（3）：71-73.

[21] 苏泽伟. 工程项目管理中成本管理的现状与应对措施 [J]. 工程技术研究，2018（12）：96-97.

[22] 孙继德，傅家雯，刘姝宏. 工程总承包和全过程工程咨询的结合探讨 [J]. 建筑经济，2018，39（12）：5-9.

[23] 向鹏成，谢怡欣，李宗煜. 低碳视角下建筑业绿色全要素生产率及影响因素研究 [J]. 工业技术经济，2019，38（8）：57-63.

[24] 杨德钦，岳奥博. 科技投入效率与建筑业发展水平：协调状态及影响因素 [J]. 西安建筑科技大学学报，2019，38（3）：49-57.

[25] 郭慧锋，叶卫正. 建筑业产业技术创新战略联盟系统结构研究 [J]. 建筑经济，2018，39（12）：18-20.

[26] 张英杰，叶怀远，王晓峰. 中国建筑业未来发展对策研究——基于建筑业劳动力供求的视角 [J]. 经济问题，2018（11）：66-73.

[27] 程碧华，汪霄，潘婷. 基于DEA-Malmquist的建筑业技术进步贡献率实证研究：江苏省2006—2015年十类登记类型企业 [J]. 土木工程与管理学报，2018，35（3）：179-186.

[28] 柯燕燕，颜旭. 建筑业科技投入对行业经济增长的影响分析 [J]. 建筑经济，2019，40（4）：33-37.

[29] 祝碧波. 对我国建筑企业国际化经营的思考 [J]. 价值工程,2015,34 (5):182-183.
[30] 任庆斌. 工程项目 PPP 模式运行机制与风险防范研究 [D]. 天津:天津工业大学,2019.
[31] 翟文龙. 建筑劳务用工制度改革研究 [D]. 西安:长安大学,2017.
[32] 王昭. 建筑业企业技术创新效率评价研究——基于 DEA 方法的实证分析 [J]. 工程管理学报,2018,32 (5):40-44.
[33] 刘禹. 我国建筑工业化发展的障碍与路径问题研究 [J]. 建筑经济,2012 (4):20-24.
[34] 李国彦. 郑一军:建筑业技术进步水平要持续提高 [J]. 建筑,2008 (23):14-15,4.
[35] 吕铁,刘丹. 制造业高质量发展:差距、问题与举措 [J]. 学习与探索,2019 (1):111-117.
[36] 国务院发展研究中心. 2030 年的中国 [M]. 北京:中国财政经济出版社,2012.
[37] (美) W. W. 罗斯托. 经济增长的阶段 [M]. 北京:中国社会科学出版社,2001.
[38] 吴涛,陈立军,尤完. 迎接创新共赢的"春天"中国建设工程项目管理的创新发展趋势 [J]. 项目管理评论,2017 (4):40-42.
[39] 李瑞彤. 基于技术创新视角下的建筑企业竞争力研究 [D]. 锦州:辽宁工业大学,2019.
[40] 杨志和,王要武. 基于建筑产业现代化技术演化的智慧施工推进策略研究 [J]. 中国软科学,2018 (8):18-30.
[41] 尤完,卢彬彬. 基于"互联网+"环境的建筑业商业模式创新类型研究 [J]. 北京建筑大学学报,2016,32 (3):150-154.
[42] 王彬武. 新时代建筑业改革与发展的路径选择(下)[J]. 建筑,2018 (20):26-28.
[43] 黄梅. 抓住"一带一路"战略机遇 做好"走出去"风险应对 [N]. 中国建设报,2017-03-31 (7).
[44] 赵振宇,姚蒙蒙,李兴才. 我国建筑业的产能过剩分析及应对策略 [J]. 建筑经济,2016,(6):9-13.
[45] 冯志军,陈伟,杨朝均. 环境规制差异、创新驱动与中国经济绿色增长 [J]. 技术经济 2017,6 (36):61-69.
[46] 谭丹,王广斌,曹冬平. 建筑业全要素生产率的增长特征及其影响因素 [J]. 同济大学学报(自然科学版),2015,43 (12):901-907.
[47] 郑继开. 建筑业 R&D 投入对劳动生产率的影响研究 [D]. 杭州:浙江大学,2016.
[48] 田潇. 我国建筑业劳动生产率影响因素及预测研究 [D]. 北京:北京交通大学,2016.
[49] 杨元华,赵辉,杨修明. 绿色建筑技术创新的现状与建议 [J]. 建筑经济,2019,40 (8):94-96.
[50] 马晓国,欧阳强. 基于碳排放的建筑业产业结构调整研究 [J]. 生态经济,2016 (4).
[51] 李越洋,张静晓. 基于 NK 模型的建筑业企业服务创新能力内部驱动路径研究 [J]. 建筑经济,2019,40 (7):106-110.
[52] 王维俊. 建筑工程管理中创新模式的应用及发展分析 [J]. 山西建筑. 2018 (35):11-13.
[53] 钟华明. 创新模式在建筑工程管理中的应用及发展探讨 [J]. 住宅与房地产,2018 (27):9-11.
[54] 詹鸿. 新常态下建筑企业竞争力的培育 [J]. 中国电力企业管理,2018 (27):20-22.
[55] 张大治. 新时期建筑企业市场营销战略创新探究 [J]. 智库时代,2018 (37):45-47.
[56] 杨淼. 层次分析法在建筑工程项目风险管理中的应用 [J]. 绿色环保建材,2018 (8):29-31.
[57] 杨龙江. 新时代背景下国有建筑企业文化建设浅论 [J]. 现代国企研究,2018 (16):11-14.
[58] 谢琳琳,韩婷,胡毅,等. 我国建筑施工企业社会责任指标体系 [J]. 土木工程与管理学报,2018 (6):21-16.
[59] 赵峰,王要武,金玲,等. 2017 年建筑业发展统计分析 [J]. 工程管理学报,2018 (3):13-19.
[60] 陈玉梅,徐冬冬,陈渊. 建筑业技术创新投入产出的定量分析 [J]. 科协论坛,2010,(9):123-124.
[61] 李亚静. 建筑业农民工产业工人化研究 [D]. 北京:北京交通大学,2017.

[62] 曾德珩, 陈春江, 杜永杰. 中国建筑业农民工向产业工人转型动力机制与传导路径研究 [J/OL]. 重庆大学学报 (社会科学版): 1-14 [2020-01-13].

[63] 李燕鹏. 改变建筑业用工方式 重塑新型产业工人队伍 [J]. 建筑, 2016 (14): 34-35.

[64] 项勇, 郑茂, 代天卉. 我国建筑业高质量发展动力因素及影响机理研究 [J]. 建筑经济, 2019, 40 (12): 15-20.

[65] 贾若愚, 徐照, 吴晓纯, 等. 区域建筑产业现代化发展水平评价研究 [J]. 建筑经济, 2015, 36 (2): 22-28.

[66] 王凯, 梁建楠, 张思宇. 供给侧改革下装配式建筑产业化发展困局及对策 [J]. 工程管理学报, 2019, 33 (5): 7-12.

[67] 高敏, 郝生跃. 我国建筑业 BIM 应用影响因素研究——基于因子分析法 [J]. 工程管理学报, 2019, 33 (4): 38-42.

[68] 许炳, 朱海龙. 我国建筑业 BIM 应用现状及影响机理研究 [J]. 建筑经济, 2015, 36 (3): 10-14.

[69] 杜小武, 汪岩. 基于 C-D 生产函数模型的我国建筑业产出影响因素研究 [J]. 建筑经济, 2019, 40 (9): 104-108.

[70] 王凯, 梁建楠. 供给侧结构性改革下建筑工业化技术创新发展及实现路径 [J]. 西安建筑科技大学学报, 2019, 38 (5): 59-66.

[71] 王雪青, 潘辉. 我国区域建筑产业生产效率比较研究 [J]. 统计与决策, 2012 (18): 96-99.

[72] 余伟, 胡岩, 陈华. 创新系统研究 30 年: 发展历程与研究展望 [J]. 科研管理, 2019, 40 (11): 1-11.

[73] 施庆伟, 庞永师, 杨植. 中国区域建筑业全要素生产效率 [J]. 土木工程与管理学报, 2016, 33 (5): 98-103, 109.

[74] 叶浩文. 新型建筑工业化的思考与对策 [J]. 工程管理学报, 2016, 30 (2): 1-6.

[75] 叶明, 武洁青. 关于推动新型建筑工业化发展的思考 [J]. 住宅产业, 2013 (Z1): 11-14.

[76] 徐奇升, 苏振民, 王先华. 基于系统动力学的建筑工业化支撑环境影响因素分析 [J]. 工程管理学报, 2012 (4): 36-39.

[77] 吕铁. 技术经济范式协同转变与战略性新兴产业发展 [M]. 北京: 中国社会科学出版社, 2014.

[78] Cui C, Liu Y, Hope A, et al. Review of studies on the public-private partnerships (PPP) for infrastructure projects [J]. International Journal of Project Management, 2018, 36 (5): 773-794.

[79] Guo H, Yu Y, Skitmore M. Visualization technology-based construction safety management: A review [J]. Automation in Construction, 2017, 73: 135-144.

[80] Hale D R, Shrestha P P, Gibson G E, et al. Empirical comparison of design/build and design/bid/build project delivery methods [J]. Journal of Construction Engineering and Management, 2009, 135 (7): 579-588.

[81] Hallowell M, Toole T M. Contemporary design-bid-build model [J]. Journal of Construction Engineering and Management, 2009, 135 (6): 540-549.

[82] Mok K Y, Shen G Q, Yang J. Stakeholder management studies in mega construction projects: A review and future directions [J]. International Journal of Project Management, 2015, 33 (2): 446-457.

[83] Whtty S J, Maylor H. And then came complex project management (revised) [J]. International Journal of Project Management, 2009, 27 (3): 304-310.

[84] Yeo K T, Ning J H. Integrating supply chain and critical chain concepts in engineer-procure-construct (EPC) projects [J]. International Journal of Project Management, 2002, 20 (4): 253-262.

[85] 曹峰,邵东珂,王展硕. 重大工程项目社会稳定风险评估与社会支持度分析——基于某天然气输气管道重大工程的问卷调查 [J]. 国家行政学院学报,2013 (6):91-95.

[86] 陈通,任登魁,朱玲玲. 中国政府投资项目管理新机制的实践与创新研究 [J]. 管理世界,2015 (4):178-179.

[87] 丁继勇,王卓甫,Anumba C,等. 建设工程项目交付方式与项目绩效研究综述 [J]. 土木工程学报,2014 (4):139-152.

[88] 高翠香. 高速公路建设 BOT 融资模式的意义与风险 [J]. 山西财经大学学报,2012,34 (S4):36.

[89] 乐云,李永奎,胡毅,等. "政府—市场" 二元作用下我国重大工程组织模式及基本演进规律 [J]. 管理世界,2019,35 (4):17-27.

[90] 卢广彦,付超,吴金园,等. 重大工程决策过程与决策特征研究——以三峡工程为例 [J]. 中国科技论坛,2008 (8):20-24.

[91] 麦强,安实,林翰,等. 重大工程复杂性与适应性组织——港珠澳大桥的案例 [J]. 管理科学,2018,31 (3):86-99.

[92] 毛基业,陈诚. 案例研究的理论构建:艾森哈特的新洞见——第十届"中国企业管理案例与质性研究论坛(2016)"会议综述 [J]. 管理世界,2017,(2):135-141.

[93] 钱寅泉,汪宝国,王仪融,等. 代建制项目管理模式初探 [J]. 技术经济与管理研究,2002 (2):28-30.

[94] 任次学,王倩,李清力. 工程总承包体制下的项目管理组织机构设计 [J]. 建筑经济,2002 (2):47-48.

[95] 阮明华,贺晓东. 全过程工程咨询的实践研究 [J]. 建筑经济,2019,40 (10):9-12.

[96] 盛昭瀚,薛小龙,安实. 构建中国特色重大工程管理理论体系与话语体系 [J]. 管理世界,2019,35 (4):2-16,51,195.

[97] 王守清,柯永建. 特许经营项目融资(BOT、PFI 和 PPP) [M]. 北京:清华大学出版社,2008.

[98] 王耀辉,马荣国. BT 模式在市政交通工程项目融资中的应用分析 [J]. 铁道工程学报,2008 (1):104-107.

[99] 武菲菲,鲁航线. EPC 工程总承包项目运作模式及其适用性研究 [J]. 东南大学学报,2015,17 (S1):65-66.

[100] 严玲,张笑文,严敏,等. 中国建设项目治理研究发展路径的全景透视 [J]. 科技管理研究,2016,36 (14):191-199.

[101] 杨帆. 工程项目建设投融资模式与管理模式 [J]. 公路,2015,60 (8):185-190.

[102] 叶苏东. 公共基础设施项目的混合开发模式研究 [J]. 公共管理学报,2008 (2):66-72,125.

[103] 尹贻林,张勇毅. 中国工程咨询业的发展与演进 [J]. 土木工程学报,2005 (10):133-137.

[104] 赵仙茹,王海涛,刘唐. 公路建设项目实施"代建制"管理模式探讨 [J]. 中国安全科学学报,2009,19 (7):171-176,180.

[105] 习近平. 中国制造 中国创造 中国建造 继续改变中国面貌 [EB/OL]. 2019-01-02/2021-01-15. http://www.xinhuanet.com/video/2019/01/02/c_1210028823.htm

[106] 国家统计局. 建筑业持续快速发展 企业结构优化行业实力增强——改革开放 40 年经济社会发展成就系列报告之九 [EB/OL]. 2018-09-07/2021-01-15. http://www.stats.gov.cn/ztjc/ztfx/ggkf40n/201809/t20180907_1621436.html

[107] 李克强. 2016 年政府工作报告 [EB/OL]. 2017-03-17/2021-01-15. http://politics.people.com.cn/n1/2017/0317/c1024-29150205.html

[108] 习近平. 决胜全面建成小康社会 夺取新时代中国特色社会主义伟大胜利 [EB/OL]. 2017-10-18/

2021-01-15. http://www.12371.cn/special/19da/bg/

[109] 张爱邦,兰文巧. 企业参与:德国高技能人才培养的经验及其启示 [J]. 商场现代化,2008 (3):271-272.

[110] 张科. 德国"双元制"人才培养模式的探寻及启示研究 [J]. 中学生导报:教学研究. 2013 (7).

[111] 李晓军. 美国大学高等技术人才培养探析 [J]. 职业技术教育. 2015 (7):78-81.

[112] 贾玉超. 美国应用技术人才培养体系——以社区学院、综合大学与理工学院为例 [J]. 世界教育信息. 2015,28 (24):39-43.

[113] 黄藤. 国外高层次应用技术型人才培养模式研究 [M]. 上海:华东师范大学出版社,2015.

[114] 郑成功,李彬. 日本政府推动技能人才培养的组织体系与政策措施 [J]. 日本研究. 2014 (2):12-18.

[115] 姜大源. 论中国高等职业教育对世界教育的独特贡献 [J]. 中国职业技术教育,2015 (36):10-18.

[116] Ellström, P.-E. Arbete och lärande: förutsättningar och hinder för lärande i dagligt arbete. [Work and Learning: opportunities and constraints for learning in daily work. In Swedish] [M]. Solna: Arbetslivsinstitutet,1996.

[117] Ellström, P.-E. Informal learning at work: Conditions, processes and logics [M]. The Sage handbook of workplace learning,2011.

[118] Schaap, H., Baartman, L., Bruijn, E. Students' Learning Processes during School-Based Learning and Workplace Learning in Vocational Education: A Review [J]. Vocations and Learning,2012,5 (2):99-117.

[119] Leontiev, A. N. Verksamhet, medvetande, personlighet: Tätigkeit, Bewusstsein, Persönlichkeit = Activity, consciousness, personality = Activité, conscience, personnalité (I. Goodridge, Trans.). Moskva: Göteborg Progress Fram,1986.

[120] 巫世晶,任辉,朱恩涌,等. 行星齿轮传动系统动力学研究进展 [J]. 武汉大学学报,2010,43 (3):398-403.

[121] Fjellström M. Becoming a construction worker: A study of vocational learning in school and work life [D]. Umeå University,2017.

[122] Okpala I,Nnaji C,Karakhan A A,et al. Utilizing Emerging Technologies for Construction Safety Risk Mitigation [J]. Practice Periodical on Structural Design and Construction,2020,25 (2).

[123] 中华人民共和国应急管理部. 中国安全生产年鉴 [M]. 北京:煤炭工业出版社,2018.

[124] Tixier A J P,Hallowell M R,Rajagopalan B,et al. Construction safety clash detection: identifying safety incompatibilities among fundamental attributes using data mining [J]. Automation in Construction,2017,74:39-54.

[125] Zhang S,Teizer J,Lee J K,et al. Building information modeling (BIM) and safety: Automatic safety checking of construction models and schedules [J]. Automation in Construction,2013,29:183-195.

[126] Lord D,Persaud B. Accident Prediction Models With and Without Trend: Application of the Generalized Estimating Equations Procedure [J]. Transportation Research Record Journal of the Transportation Research Board,2000,1717:102-108.

[127] Chung Y. Development of an accident duration prediction model on the Korean Freeway Systems [J]. Accident Analysis and Prevention,2010,42 (1):282-289.

[128] Andolfo C,Sadeghpour F. A Probabilistic Accident Prediction Model for Construction Sites [J]. Procedia Engineering,2015,123:15-23.

[129] Kang K, Ryu H. Predicting types of occupational accidents at construction sites in Korea using random forest model [J]. Safety Science, 2019: 226-236.

[130] Montibeller G, Von Winterfeldt D. Cognitive and Motivational Biases in Decision and Risk Analysis [J]. Risk Analysis, 2015, 35 (7): 1230-1251.

[131] Sarkar S, Vinay S, Raj R, et al. Application of optimized machine learning techniques for prediction of occupational accidents [J]. Computers & Operations Research, 2018, 106 (6): 210-224.

[132] A A Z, A H A M, B M R D. Development of prediction models for repair and maintenance-related accidents at oil refineries using artificial neural network, fuzzy system, genetic algorithm, and ant colony optimization algorithm [J]. Process Safety and Environmental Protection, 2019, 131: 331-348.

[133] Jin R, Wang F, Liu D. Dynamic probabilistic analysis of accidents in construction projects by combining precursor data and expert judgments [J]. Advanced Engineering Informatics, 2020, 44: 101062.

[134] Choi J, Gu B, Chin S, et al. Machine learning predictive model based on national data for fatal accidents of construction workers [J]. Automation in Construction, 2020, 110: 102974.

[135] Ikpe E, Hammon F, Oloke D. Cost-Benefit Analysis for Accident Prevention in Construction Projects [J]. Journal of Construction Engineering and Management, 2012, 138 (8): 991-998.

[136] 顾晓叶, 于殿宝, 朱玉生, 等. 事故预测数学模型的研究与实践 [J]. 中国安全科学学报, 2009, 19 (12): 23.

[137] 尹柯, 蒋军成. 预测法在安全生产中的应用研究评述及展望 [J]. 中国安全科学学报, 2012 (6): 112-118.

[138] 冯春山, 吴家春, 蒋馥. 定性预测与定量预测的综合运用研究 [J]. 东华大学学报, 2004, 30 (3): 114-117.

[139] 周育才, 秦志斌, 李岳林, 等. 基于神经网络的交通事故预测 [J]. 公路与汽运, 2002, (3): 21-22.

[140] 周志华. 机器学习 [M]. 北京: 清华大学出版社, 2016.

[141] Greibe P. Accident prediction models for urban roads [J]. Accident Analysis & Prevention, 2003, 35 (2): 273-285.

[142] Sarkar S, Vinay S, Raj R, et al. Application of optimized machine learning techniques for prediction of occupational accidents [J]. Computers & Operations Research, 2018, 106 (JUN.): 210-224.

[143] 李书全, 窦艳杰. 基于 RS-SVM 模型的建筑安全事故预测模型 [J]. 统计与决策, 2008 (19): 56-58.

[144] Tixier J P, Hallowell M R, Rajagopalan B, et al. Application of machine learning to construction injury prediction [J]. Automation in construction, 2016, 69 (9): 102-114.

[145] Attwood D, Khan F, Veitch B. Validation of an offshore occupational accident frequency prediction model—A practical demonstration using case studies [J]. Process Safety Progress, 2006, 25 (2): 160-171.

[146] Marcoulaki E C, Papazoglou I A, Konstandinidou M. Prediction of occupational accident statistics and work time loss distributions using Bayesian analysis [J]. Journal of Loss Prevention in the Process Industries, 2012, 25 (3): 467-477.

[147] Mistikoglu G, Gerek I H, Erdis E, et al. Decision tree analysis of construction fall accidents involving roofers [J]. Expert Systems with Application, 2015, 42 (4): 2256-2263.

[148] Luo X, Li H, Huang T, et al. Quantifying Hazard Exposure Using Real-Time Location Data of Con-

struction Workforce and Equipment [J]. Journal of Construction Engineering and Management-ASCE, 2016, 142 (8) .

[149] Heinrich, H. W. (Herbert William) . Industrial accident prevention: a scientific approach [J]. Industrial & Labor Relations Review, 2011, 4 (4): 609-609.

[150] Grant E, Salmon P M, Stevens N, et al. Back to the future: What do accident causation models tell us about accident prediction? [J]. Safety Science, 2018: 99-109.

[151] Esmaeili B, Hallowell M R, Rajagopalan B. Attribute-Based Safety Risk Assessment. II: Predicting Safety Outcomes Using Generalized Linear Models [J]. Journal of Construction Engineering and Management, 2015, 141 (8): 04015022.1-04015022.11.

[152] Kim Y A, Ryoo B Y, Kim Y S, et al. Major Accident Factors for Effective Safety Management of Highway Construction Projects [J]. Journal of Construction Engineering and Management, 2013, 139 (6): 628-640.

[153] Reason, J. Human Error [M]. Cambridge: Cambridge University Press, 1990.

[154] Rasmussen J. Risk Management in a Dynamic Society: A Modelling Problem [J]. Safety Science, 1997, 27 (2): 183-213.